THE PRECARIAT
THE NEW DANGEROUS CLASS
GUY STANDING

プレカリアート
不平等社会が生み出す危険な階級

ガイ・スタンディング 著
岡野内 正 監訳

法律文化社

THE PRECARIAT: The New Dangerous Class
by Guy Standing

Copyright © Guy Standing, 2011

This translation is published by arrangement with
Bloomsbury Publishing Plc through The English Agency
(Japan) Ltd.

日本語版への序文

　2011年8月、1人の若者が警察に殺されたことが発火点となって、ロンドンの街並み全体が炎に浮かび上がることになった。暴動はロンドン市街北東部から郊外へ、さらにイギリス全域の都市に広がった。政治家や裕福な人々は、事件の広がりをテレビで見ながら、衝撃を受け、当惑し、激怒していた。

　これらの暴動と、本書の第1章で描いた、人生が芸術を模倣するというハンブルグの事件とを結び付けるものは何だろうか。さらに、主流派のメディアからはほとんど無視されているものの、全ヨーロッパ25の都市と東京で、数百人、数千人の規模で行われたユーロ・メーデーとを結び付けるものは何だろうか。

　大学を卒業しても就職できないために、路上の手押し車で格安処分品のたたき売りをしていたチュニジアの若者が、警察の取り締まりへの抗議の焼身自殺をしたことから始まって、2011年の中東全体の広場を埋め尽くしたデモを、それらと結び付けるものは何だろうか。ギリシャ全土に広まった「私は、支払わない！」運動とともに、アテネの憲法広場を埋め尽くしたデモと商店焼き討ちを、それらと結び付けたものは何だろう。さらにアメリカのオキュパイ運動、スペインやポルトガルの「怒れる者たち（インディグナードス）」運動のなかで煮えたぎっていた怒り、同じ年にやや遅れてイスラエルのテルアビブで25万人が参加したテンティファーダ運動、チリのサンチアゴでの学生暴動と焼き討ち、2012年にスウェーデンのストックホルム周辺で4晩続いた暴動、2013年6月に当時のエルドアン首相から「ろくでなしの有象無象（チャプルジュ）」と呼ばれたトルコのイスタンブールで起こった抗議運動の波、そのすぐ後にブラジルで起こった大規模な抗議運動を結び付けたものは何だろうか。

　最後に、それらを、「フリーター全般労働組合」や「素人の乱」に組織された毎年の自由と生存のメーデー、さらに、ある程度まで2015年の「シールズ（自由と民主主義のための学生緊急行動）」による安全保障関連法案反対デモにさえ結び付けたものは何だろうか。

　もちろんそれぞれの事件の解説者たちは、それらにはすべて別々の理由があ

り、事件の性格も異なっていると言うだろう。それはそれで正しい。だが、それらはすべて、部分的には、プレカリアートの動きだった。しかも、原初的反抗の局面にある。つまり、自分たちが何を求めているのかはよくわからないが、自分たちが何に反対しているのかだけはわかるという時に、人々が引き起こす抗議や反応の動きだ。それはすぐに変わっていくだろう。いや、変わらねばならない。

どんな新しい社会運動でも、最初は、自分たちは同じだ、共通しているという感覚の現れから始まる。それは絶対に欠かせないもので、それがはっきりした形をとるまでには、時間がかかる。プレカリアートの場合、そんな感覚の現れはひっきりなしだ。あちこちの広場、路上、カフェ、その他の公共空間で、解放されたエネルギーが、自分たちが一つの社会勢力になりつつあるという自己認識を創り出してきた。

2011年以来、ほとばしるように表に飛び出してきたおかげで、プレカリアートのなかのより多くの人々は、朝になって鏡のなかの自分を見つめた時、もはや自分が落伍者とか責任逃れの怠け者とかではなく、多くの人々と共通する同じ苦境に置かれた者の1人だ、と感じるようになったと推測できる。このような承認の感覚は、今日の経済構造はプレカリアートを求めており、誰かが不安定な状態に置かれるとすれば、それは単純にその人自身に落ち度があったわけではないことを知ることで、孤立、力量不足、自己憐憫、あるいは自己嫌悪といった感情から抜け出し、集団としての強さを発揮するようになるために必要なものだ。

日本を含め世界中どこの国でも、プレカリアートの境遇にある人は、不安定で、不確実で、借金を負い、屈辱のなかで生活している。プレカリアートの人々は、シチズン（市民）から、ただ住んで暮らしているだけのデニズン（寄留民）になりつつある。数世代にわたって築き上げられてきた文化的、市民的、社会的、政治的、経済的な権利を失いつつあるのだ。プレカリアートはまた、自分たちが受けてきた教育よりも低い水準の労働や仕事に耐えることが求められている階級だが、そんなことは、歴史上初めてのことだ。ますます不平等になっていく社会のなかで、プレカリアートは厳しい相対的なはく奪状態に置かれている。

日本のプレカリアートの数は、どのくらいになるのだろうか。いまのところ、

標準的な労働統計は、工業化時代にふさわしいものとして設計され、洗練されてきたものなので、この目的には使えない。いずれも理想にはほど遠いようないくつかの指標を用いることによって、プレカリアートの大きさを推定できるだけだ。もっとも、現実には、プレカリアートの大きさとは、部分的には主観の問題である。自分はそのなかだ、あるいはほとんどそうなりつつあるといった、数百万人によって感じられるような、集合的な意識の問題なのだ。それは、もう自分はりっぱな市民として生きていけないという感覚とあいまった、確固とした権利を失いつつあるという感覚なのだ。

　あまりにも多くの解説が、不安定な雇用という最も明らかな特徴に集中しすぎている。それでもなお、その点から見た日本の状況は、急速な悪化を示している。1980年代末には、すべての雇用のなかで臨時雇いあるいはパートタイム仕事の占める割合は、ほぼ15%にすぎなかった。2015年までには、それはほぼ40%、ざっと2000万人になった。いわゆる常勤雇用がすべての雇用の50%を割り込むのはほんとうにすぐのことだと予測されている。

　別の指標は、かつて大学を卒業した者は、そのまま常勤の専門的職業に就くものだったのに、今では新規卒業生の３人に１人が３年以内に転職するようになったことだ。このことは、多くの人々が、決定的に重要な最初の機会を逃していることを示す。もっとも、「次の機会」がいくらでもあるのならば、あるいは、経済がますます宝くじのようになりつつあるとして、国が職を失った人に対して基礎的な所得保障を提供するのであれば、そのように最初の就職機会を失うこと自体は、まったく問題ない。しかし、それは、まともに検討されてはいない。

　問題は、ひとたびプレカリアートになってしまえば、そこから抜け出すのが実に難しいことだ。ある日本の若者は、ロンドンの『フィナンシャル・タイムズ』紙に語った。

「もし最初の就職に失敗すれば、ほんとうに大変です。私には職歴がありませんでした。履歴書に空白期間があれば、就職は、非常に不利になります。」

　そして、プレカリアートの境遇には、貧困がつきものだ。日本の貧困は、ホームレス状態となって労働力から排除される状態と結び付いていた。しかし、今では年々貧困者の比率が上昇し、ついに16%を超え、所得の中央値の50%未満

の人はすべて貧困者ということになってしまった。したがって、労働力に入っているより多くの人が貧困者となっている。

一時雇用（非正規）労働者の所得は、同じ職種の常勤雇用（正規）労働者と比べて、50％以下、しばしば40％でさえある。首相による全般的な賃上げ要請にこたえて、各社は常勤のサラリーマン階級の賃金は上げたが、プレカリアートの賃金は上げなかった。2014年には200万人以上の人々が生活保護を申請した。それは、史上最高の申請者数であり、1990年代初頭の３倍である。そして政府は、生活保護支給額を引き下げたが、それはプレカリアートの境遇にある人々の不安感をいっそう高めた。そんなことをする必要は、まったくなかった。というのも儲かっている企業のためには、法人税が引き下げられたのだ。

そこに、労働市場の力学が働いた。2008年の金融危機以後に職を失った人々の多くは、保険のつかない臨時雇いかパートタイム契約だった。多くの人々が、会社からあてがわれたささやかな社宅を追い出された。しかも失業手当を受け取ることができなかった。そんな人々は目も当てられない状態になった。日本の自殺率が、1990年代から急上昇して世界平均を60％も上回ったのは、確かに偶然ではない。

一般的ではない指標だが、プレカリアートの諸側面を表現する新しいことばの広がりがある。それは、日本ならではのものだ。最初は、「フリーター」から始まった。そして「引きこもり」、「落ちこぼれ」と続く。さらに原発関連の下請け仕事を転々としながら暮らす臨時雇いを指す「原発ジプシー」や「ジャンパー」（あちこちの危険な仕事場にジャンプする人という意味だ）といった言葉がある。原発関連の言葉は、福島の原発事故地周辺の除染労働に引きずり込まれた人々についても用いられるようになっている。

原発事故関連の仕事は、これから30年間は日本を傷つけ続けるだろう。プレカリアートの境遇に落ちこむ境界線で生きながらえる数千人もの人々が、除染労働に引き込まれつつある。除染労働は、きわめて危険なうえ、ほとんど経済的な利益がない。ヤクザと呼ばれる暴力団関係者が、それまで仕切っていた建設業関連の労働者あっせんから除染労働の分野に移りつつあり、除染労働者に提供されるお金のほとんどを吸い取ってしまうからだ。

それは明らかに、日本でのプレカリアートの成長のなかで、最も醜い側面だ。

しかし、全体の構造を見れば、何か劇的なことが起こり始めていることも確かだ。それがどういう結果になるかは、まだまったくはっきりしない。私たちは、人間社会のなかで労働や仕事が行われるやり方が大きく転換する境界線にいるのだ。この転換によって、20世紀に立てられたさまざまな推定は、すべて木っ端みじんに吹き飛ぶだろう。常勤で、長期継続雇用を典型とする「職務（job）」から、「課題（task）」への転換がますます増えてきている。ますます多くの人々が、不特定多数の人を対象にインターネットで請負仕事を募集するクラウドソーシングの「プラットフォーム」を通じて、提示された課題をこなすようになっている。それは全世界で見られる傾向だ。

　日本では、このやり方で「副業」をする人が増えてきた、といったイメージしかない。しかし、世界のあちこちで、ますます多くの人々が、このやり方で主な所得を得るしかないという状況に追い込まれつつあり、日本も例外ではないだろう。政策担当者や研究者がこの傾向について触れることはほとんどない。しかし、この傾向が計り知れない影響を及ぼすことは間違いない。

　地球規模で見れば、プレカリアートの成長に伴って、人々の間に痛みと社会的無規範（アノミー）が広がるだろう。「怒りの日々」として爆発する暴動はますます増えるだろう。しかし、怒るだけでは十分ではない。プレカリアートの幾人かは、醜悪な大衆扇動型の政治家（ポピュリスト）に耳を傾けているが、自分たちの人間性を再発見し、社会に目を向ける人々もいる。全世界で、プレカリアートの内部にはエネルギーがみなぎっている。プレカリアートは、前進する新しい方向を目指して、さまざまな運動を組織し、闘いつつある。

　プレカリアートが、社会を転換する力をもつ新しい一大階級として登場しつつあるという主張を強めてくれる別の動きもある。工業化された世界で続く緊縮経済の追及もその一つだ。それによって、ますます多くの人々が、プレカリアートに押し込まれている。そして、本書で「地獄に至る政治」として描いた傾向が強まっている。さらに、すべてを商品化する大衆迎合的な政治（ポピュリズム）の広まり、そしてアメリカ政府のために世界各国政府高官や大使館や個人など広範な人々を、インターネット関連大手企業の協力を得て盗聴していたことを内部告発したエドワード・スノーデンの勇敢な行為が示したような、監視国家の広まりもそうだ。

緊縮経済とともに、「量的緩和政策」の形をとる金融緩和政策を実質的に制度化することが、正統派とみなされるようになった。それは、日本銀行が数年間実施した後に、アメリカ、イギリス、そしてユーロ圏もまねるようになった政策だ。それは膨大な額のお金を金融業者や銀行や金権政治に注ぎこみ、そのお金を投資のために自由に使ってもらい、金持ちが人のお金を使ってさらに自分のお金を増やしていけるようにすることであり、根本的に逆進的な金持ち優遇政策だ。そのお金のほんの一部分だけでも、プレカリアートの境遇にある人々のために、市民のための基本所得（ベーシック・インカム）の形で提供されるならば、所得面での貧困、不安定、そして経済成長に対する効果は、相当なものになるだろう。

　本書の続編である『プレカリアート憲章——デニズンからシチズンへ（*A Precariat Charter: From Denizens to Citizens*)』（2014年）という本は、この緊縮経済がプレカリアートに及ぼす影響と、緊縮経済政策を支えるやっかいな功利主義的思考を議論することで、現在の論争を前に進めようとする試みだ。その『憲章』は、プレカリアートの不安定さと願望を考慮した一連の政策を提起している。それは政権公約ではなく、あくまでもプレカリアートにとっての新しい課題を設定するための出発点として提起されている。

　その本はまた、本書に対する批判にも答えている。その批判とは、プレカリアートは一つの階級ではなく、本書で主張したような変化は一切ないというものだ。このような批判は、独特な種類のマルクス主義と結び付いた人々からのものだが、この人たちにとっては、資本主義は不変なのだ。だが、グローバル資本主義は、各国ごとの産業資本主義とは根本的に異なっている。労使関係、仕事のパターン、社会保護や規制や再分配のシステムは、グローバル化の時代になって劇的に変わった。新しい階級構造が生まれてきつつあり、その階級構造は、資本家と「労働者」からなる単純なものとはほど遠い。

　最も基本的なことは、グローバル化する階級構造が、所得分配の20世紀的システム崩壊の反映として、出現していることだ。ますます多くの所得が、資産所有者や、独占や寡占による超過利益を追及するレントシーキングを行う人々の手に入るようになっている。近年の政策とは非常に異なった政策が採用されない限り、日本のような先進工業国の実質平均賃金はこのまま停滞を続け、

——そしてプレカリアートの人々の実質平均賃金はさらに低下し、——不平等はますます大きくなり続けるということをしっかりと認識すべきだ。私たちは、これまでとはまったく異なる新しいシステムを組み立てる必要がある。

この新しい階級構造が理解できない限り、首尾一貫した戦略を開発することはできない。かつてのマルクス主義が唱えたブルジョワジーと労働者階級（プロレタリアート）との二元論は、19世紀に出現した資本主義的産業社会のために作られた考え方だ。それは、それら二つの集団内部の共通性を想定している。本書の主張は、現在進行中のグローバルな大転換のなかでは、階級分裂が起こりつつあり、昔ながらのイメージの階級のなかに、同じではない利害感心や願望をもつ人々を押し込んでみても、まったく意味がないということなのだ。

本書は昔ながらの労働者階級の分裂に関する本だ。したがってブルジョワの領域内部で起こっている差異化については、ほとんど注意をはらっていない。この点について検討すれば、まさに形成されつつある階級の構造的な特徴に注目することができるようになる。新しい階級という社会集団は、それまでの構造に覆いかぶさるようにして出現するということを念頭に置いて、プレカリアートを見ることができるようになる。

資本所有の領域での分裂はよりいっそう興味を引くものだ。ここでの目的のために、現在起こっていることの本質的な部分についてだけ指摘しよう。頂点には、金権政治支配層がいる。それは、「1％」ではなく、ほとんど「0.001％」だ。このことは、（トマ・ピケティの主張とは反対に）日本では、他の多くの国ほどには著しいものではないが、グローバルな金権政治支配はいかなる国境も飛び越えるので、日本でも確かに作用している。

世界の億万長者は、ほとんどが地代や利子、配当などだけで生活する金利生活者だ。金融資本、天然資源、先端技術開発から発生する富をコントロールし、しゃぶりつくす。ばかばかしくなるほどの額のお金を受け取る。そして、ぎょっとするようなやり方で政治権力を用いる。このような金権政治支配層の力をそぎ落とすための戦略を含まないような政治プログラムには、それが書かれた紙ほどの値打ちもない。

この金権政治支配層の下に、起業家、会社の取締役、会社のオーナーの資本家からなるエリート階級がいる。これらの人々の所得や富が急成長したこと

日本語版への序文　vii

が、日本での不平等の拡大の根本要因だった。その下に、より大きな集団があり、いわゆる「中小企業（スモールビジネス）」経営者から、ささやかな店を構えるか、市場の一隅を確保して商いをする商店主や零細業者たちがこれに入る。

この一番下の労働する資本所有者集団は、常に存在してきた。19世紀のイギリスでは、この集団は、危険な階級と呼ばれた。この人たちは資本主義的ブルジョワジーにも、プロレタリアートにも属さないからだ。この人たちは、労働者階級の価値観も、中産階級の価値観も受け入れなかったために、危険なものとみなされたのだ。この人たちは、独立心が旺盛であり、本書で描いたような意味での「労働中心主義者」ではなかった。

今日では、危険な階級はプレカリアートだ。このことは、何人かの本書への批判者たちに浮かんだ疑問とかかわる。プレカリアートを階級という用語で考察することは役に立つのだろうか、という疑問だ。プレカリアートは、昔ながらの単一の労働者階級の一部分にすぎないものであり、不安定という意味での「プレカリアート的状態」とは今や誰にでも当てはまる一般的な状態にすぎない、と何人かがコメントしている。本書は、この点について、あまりにも学問的な論議に入り込んでしまうことを避けて答えている。プレカリアートは、一つのカテゴリーであり、プロレタリアートと同じではない。そう理解することは、確かに、分析を行い、政治的想像力を働かせる助けになる。

プレカリアートの境遇にある人々は、教育があり、自分たちがフルタイム雇用の肉体労働をする人だとは思っていない。そして、プレカリアートの人々の多くは、「労働者階級」と呼ばれることを快く思わない。それは科学的な証拠とは言えないが、これまで私の講演を聞いてくれた聴衆の多くは、そう語ってくれている。財産もなく、専門職として雇用されてもいないばかりか、しばしば危険な水準の債務を抱えているこのような人々は、「中産階級（ミドルクラス）」という呼び方にもふさわしくない。古い呼び方はもはや通用しない。一つの新しい階級が出現しつつあるのだ。

マルクス主義者たちが受け入れざるを得ない用語で言えば、プレカリアートとは、異なった生産関係、異なった分配関係、異なった国家との関係をもち、異なった階級意識を生み出しつつある存在として定義される。プレカリアートは、形成途上の階級だ。なぜなら、プレカリアートは、いまだに次の三つのグ

ループに分裂したままだからだ。第一に、ほとんど教育がなく、幾分かは現実のものも含まれるかもしれないが、想像されただけの過去を振り返って、右派のポピュリズム的な政治家を支持しがちな人々。第二に、移民か「よそ者」であって、現在の幸せと安心できる家庭だけを求めて、政治的には中立を保ちがちな人々。第三に、教育があるのに、未来を拒否された人々だ。進歩的な政治的対応を形作ることになるのは、この最後のグループだ。

　「危険な」階級としては、プレカリアートは、自分たち自身を定義するような条件を廃絶するために、十分に対自的階級とならねばならない。そして、そのような過程の中で、階級として消えていかねばならない。別の言い方をすれば、プレカリアートはしっかりと団結して、政治的に強力になり、国家に圧力をかけて、プレカリアートが陥っている不安定な状態をなくすような社会的、経済的な条件を創り出すようにしなければならない。

　このような一連の違いから、プレカリアートの活動家たちと、労働組合との間の関係が、どこでもぎくしゃくとしてぎごちないものになってきた理由が説明できる。そのような関係は、プレカリアートの強さと交渉力が労働組合に匹敵するかあるいはそれをしのぐようになるまで変わらないだろう。そうなるまでに変わらなければならないのは、労働組合のほうだ。労働組合は、たいていの場合、この現実に対応できなかった。その点で、プレカリアートが独立して声を上げる機会を設けようという最初の試みのなかから、日本でプレカリアートユニオンというプレカリアートの労働組合が現れたことは喜ぶべきことだ。

　19世紀末から20世紀末まで1世紀以上の間、プロレタリアートは、時計を気にする大量生産の現場で職長の支持にしたがうフルタイムで安定した労働や雇用の安定のために、扶養家族のための稼ぎ手として、家族とともに闘ってきた。だがそれは、プレカリアートが闘って求めるものではない。今やプレカリアートが成長してきたので、労働の安定のために闘ってきたプロレタリアートは、その性格を変えるだろうと想像することは、歴史と常識に歯向かうことだ。労働組合は必要だが、変わらなければならないのは、労働組合のほうだ。言葉とともに、優先事項も変わらなければならない。

　プレカリアートは、二つのやっかいな現実を評価するうえで、昔ながらのプロレタリアートよりも有利な地位にある。プロレタリアートが昔ながらの福祉

国家を守ろうとするのに対し、プレカリアートには、福祉国家の徹底的な見直しが必要だということがよくわかる。プロレタリアートが実質賃金を守り、賃上げ要求に集中しようとするのに対し、プレカリアートは、実質賃金の値上げ要求は、たとえ望ましい場合であっても、ますます大きくなる不平等を逆転させるための主な方法ではないことを理解するうえで、より良い立場にいる。グローバル化した市場システムのもとでは、OECD 諸国の実質賃金がかなりの程度上がるということは、これからの長い年月の間にはありそうもない。新しい所得分配のシステムが求められているのだ。

　プレカリアートは、自分たちが危険な階級であることを、予期しなかったようなやり方で証明してきた。選挙で投票するのは、そこそこ面倒なものだが、そんな気持ちが思わぬ形で代議制民主主義の正統性を掘り崩してしまっている。2014年の年明けに行われた EU の選挙では、有権者の34％しか投票せず、史上最低を記録した。2014年12月の日本の総選挙の投票率も、史上最低だった。自民党が勝利したが、かろうじて有権者の４分の１の票を獲得しただけだった。高齢者に比べると、若者の投票が少なかった。それは、勝利した保守党が有権者の24％の支持しか獲得できなかった2015年５月のイギリス総選挙と驚くほど同じだった。このような政権成立の仕方は、実際に、民主主義ではない。

　投票率の低さによって、ある種の利害関係者が有利になり、ポピュリズム的な極右政治家のような、とうてい人々を代表しないような特異な集団が多数派になってしまう傾向がある。また、政治が専門家だけのものになってしまいがちだ。プレカリアートによる大量の棄権の理由は、主な政党が、極楽に至る政治、つまり良い社会の未来図を提供していないという単純な理由による。

　労働組合が官僚的な組織となっているために、手を組んで共同行動を続けることが難しく、プレカリアートが労働組合と協力するのは困難だった。騒々しい抗議行動は、これまではほんとうに必要なものではあった。しかしそれだけでは社会を変えることはできないことを認識するという局面に、今こそ一歩前進しなければならない。

　多くの国で、旧来の確立された主要政党をプレカリアートが政治的に無視し、軽蔑し、あざ笑うだけでは、プレカリアートが直面するますます厳しくな

る不安定さの問題を解決できないことが、だんだんと認識されるようになっている。新しい運動や政党を通じて、十分に理解できるような、しかもある意味でみごとな形で、政党政治が文字通りに拒否される場合、政治に対して再びまっとうにかかわっていく道が開かれる。スペインのポデモス（Podemos）やその他のグループ、ギリシャのシリザ（Syriza）、イタリアのシニストラ・エコロジア・リベルタ（SEL）、デンマークのアルタナティヴェ（Alternativet）、ポーランドのラゼム（Razem）といった、プレカリアートの課題に沿って結成された実に興味深い政党がそれだ。これらの政党がすべて、いっそう侮れない、進歩的なものに進化していくことは大いにあり得る。しかし今のところは、それらは、より良い時代への前触れにすぎない。

　進歩的な考えの憲章に基づいて組み立てられた、組織的な政治活動だけが、古い型を破る。ただ反対するだけではだめだ。提案することだ。未来像をつくること。そして人々を呼び集めよう。しかし、昔ながらのプロレタリアートと、出現しつつあるプレカリアートとが団結できるような共通の課題があるなどという考えにだまされてはいけない。プロレタリアートは失われた過去を夢見ているが、プレカリアートは、可能性に満ちた未来を夢見ている。今日のプレカリアートは、実にさまざまな形で環境を破壊することになる、終わりのない労働と消費が続く逆ユートピアではなく、より良い未来を生き返らせようと願う、そんな私たちのことだ。私たちはみんな、そのためになすべきことがある。

　2015年11月

ガイ・スタンディング

まえがき

　この本はこの世界に現れた新しい社会集団、発生途上の階級についての本だ。そこでは、次の五つの問いに答えていく。それは何か。何が問題なのか。なぜ増えているのか。それは誰のことか。プレカリアートというその階級はどこで私たちの社会全体に関係するのか。

　最後の問いが決定的に重要だ。プレカリアートのことが理解されないなら、社会は地獄に至る政治に引きずり込まれる危険がある。それは単なる予測ではない。ぞっとするが十分にあり得る可能性なのだ。それを防ぐ方法はただ一つ。プレカリアートが階級として自分たちを意識し、自分たちの立場をわかりやすく主張する代弁者を見出すこと。そして、政治家を動かし、半政府機関だと揶揄されることが多くなったさまざまな非政府機関（NGO）を含めて、遠回しに「市民社会」と呼ばれる人々を動かして、ちょっぴりユートピア的な課題と戦略を採用させ、新しい「極楽に至る政治」を創り出す力をもつようになることだ。

　世界のプレカリアートを目覚めさせる必要は、緊急だ。世界各地でたくさんの怒りと不安が渦巻いている。この本では、プレカリアートが世界を自由なものへと解放する側面よりも、世界の犠牲者になる側面に焦点を当てる。しかし、プレカリアートを、純粋に苦しむだけの人々と見るのは間違っていると、最初に言っておきたい。プレカリアートの境遇に引きずり込まれた人々の多くは、20世紀の労働中心主義（レイバリズム）によって産業社会で提供されたものよりも、幾分ましなものを求めている。そんなプレカリアートが、犠牲者ではなく英雄だとは、もはや言えないかもしれない。しかし今では、プレカリアートが、21世紀を良い社会にする先駆者であり得ることが、明らかになり始めている。

　それには次のような事情がある。プレカリアートの数はだんだん増えてきたが、2008年の金融危機によってグローバル化の隠された現実が明るみに出された。散々引き伸ばされたあげく、世界的な調整が実現し、あたかも高所得国か

ら低所得国に所得が移転されたかのように、高所得国の所得が引き下げられた。過去20年間、ほとんどの政府が意図的に無視してきた所得の不平等が抜本的に是正されなければ、そのような所得引下げの痛みと反響は爆発的になるかもしれない。グローバルな市場経済によって、いつかは、世界中の生活水準が向上するかもしれない。それは、グローバル化の批判者さえも、望むことだ。しかし確かなことは、グローバル化によって幾百千万もの人々が経済的に不安定になることをグローバル化のイデオロギーに凝り固まった人たち以外は、誰も否定できないことだ。そのようなグローバル化の荒波の最前線にいるのが、プレカリアートだ。しかしプレカリアートが直面する課題を前面に押し出す声は、まだあがっていない。プレカリアートは、「搾り取られる中産階級」でも、「下層階級」でも、「労働者階級下層」でもない。プレカリアートの境遇には、それらとははっきり異なった一連の不安定さがある。したがってまた、それらとははっきりと異なる一連の要求が生まれてくる。

　この本を書いていた最初の段階で、大部分は年配の社会民主主義的な学者たちを相手に報告をする機会があった。ほとんどの人は私の考えを嘲笑し、新しいものは何もないと言う。そんな人たちにしてみれば、今の事態への答えは、昔とまったく同じだ。とにかくもっと仕事が必要だ、しかもまともな仕事が、と。尊敬すべきこんな学者たちに言いたい。そんな答えでは、プレカリアートは動かされないと。

　この本に書かれた考えは、多くの人々に助けられてできあがった。だから、1人ひとりの名前を挙げて感謝しきれない。それでも、この本を書いている間に私が訪問した16ヶ国で、この本のテーマに関する私の報告を聞いてくれた多くの学生や活動家の人々に対して感謝したい。この本の文章には、それらの人々の洞察や質問が透けて見えるだろう。そもそもこのような本の著者は、人々の考えを伝えているにすぎないのだ。

　2010年11月

　　　　　　　　　　　ガイ・スタンディング

目　　次

日本語版への序文
まえがき

第1章　プレカリアート………………………………………………1

プレカリアートが動き出す（1）／プレカリアートが動き出した（6）／グローバル化の子ども（8）／プレカリアートを定義する（10）／労働、仕事、遊び、余暇（19）／プレカリアートの多様性（20）／プレカリアート化（25）／プレカリアート化された精神（27）／怒り、無規範（アノミー）、不安、疎外（29）／おわりに（36）

第2章　プレカリアートが増える理由………………………39

グローバルな転換（40）／労働のフレキシビリティの魅惑——労働の再商品化（47）／不安定な失業（67）／2008年の金融危機（73）／公共部門の空洞化（76）／補助金国家——プレカリアートを破滅させるもの（80）／影の経済（83）／社会移動の衰退（85）／結論（86）

第3章　プレカリアートになるのは誰か？………………88

女性——生きることの女性化？（89）／若者——都市の遊牧民（97）／高齢者——うめく人とほくそ笑む人（117）／エスニック・マイノリティ（127）／「障がい者」——再構築される概念？（128）／犯罪者化された人々——檻の向こうからやってくるプレカリアート（129）／結論的な要点（131）

第4章　移民は犠牲者か、悪者か、それとも英雄か？……132

新しいデニズン（137）／浮動的産業予備軍としてのプレカリアート

xiv

（149）／順番待ちから障害物競争へ？（151）／途上国における安価な
労働としての移民たち（153）／労働輸出レジームの形成（159）／結論
的省察（164）

第5章　労働、仕事、時間圧縮 ·· 167

仕事（work）とは何か？（169）／第三次的仕事場（171）／第三次的
時間（172）／労働強化（173）／労働のための仕事（175）／第三次的技
能（176）／再生産のための仕事（180）／若者と「接続性」（184）／余暇
の圧縮（186）／結論的な要点（190）

第6章　地獄に至る政治 ··· 192

パノプティコン社会（193）／プレカリアートを「幸せ」にする（206）
／セラピー国家（207）／ワークフェアとコンディショナリティ（209）
／プレカリアートを悪魔化する（213）／薄まる民主主義とネオ・
ファシズム（215）／結論（224）

第7章　極楽に至る政治 ··· 226

デニズンシップの公正化（229）／アイデンティティの回復（231）／教
育の救出（233）／労働だけではなく、仕事を（234）／労働の完全な商
品化（236）／職業の自由（238）／仕事権（241）／ワークフェアとコン
ディショナリティの打倒（243）／協同的自由──プレカリアートの
代理機関（245）／平等の復活（250）／ベーシック・インカム（251）／
安全保障の再分配（254）／金融資本の再分配（258）／自分の時間をコ
ントロールする（261）／コモンズを取り戻す（263）／余暇交付金（265）
／結論（268）

文献目録
監訳者あとがき
索　　引
著者・訳者紹介

目　　次　xv

第1章

プレカリアート

1970年代、イデオロギー的な使命感を感じた経済学者たちの一群が、政治家たちを惹き付け、虜にしてしまった。この経済学者たちの「新自由主義（ネオリベラル）」モデルの中心的な柱は、成長や発展は市場での競争に依存するというものだった。競争を最大限にして競争力をつけ、生活の隅々にまで市場原理を行き渡らせるために、あらゆることがなされねばならない、と。

一つのテーマは、各国は労働市場のフレキシビリティ（柔軟性）を高めねばならないというものだった。それは事業を進めるうえでのリスクや不安定性を、労働者とその家族に負わせるという課題を意味した。その結果、グローバルな「プレカリアート」、すなわちおよそ安定した暮らしとは縁のない数百万もの人々が、世界中に創り出されることになった。これらの人々は新しい危険な階級となりつつある。プレカリアートの人々は、たちの悪い、物騒な意見に耳を傾けがちであり、そのような意見が影響力をもつ政治勢力となるように、投票したりお金を使ったりする傾向がある。あらゆる毛色の政府によって多かれ少なかれ採用された「新自由主義的」な課題がまさに成功したことによって、政治的怪物の卵が生み出されてしまったのだ。怪物が生まれて動き出さないうちに、手を打つ必要がある。

プレカリアートが動き出す

2001年5月1日、主に学生と若い社会活動家たちからなる5000人が、もう一つのメーデー抗議行進を行うために、ミラノの中央広場に集まった。2005年5月1日までに、いくつかの推計によれば5万〜10万人以上が集まるようになっ

た。こうして「ユーロ・メーデー」は全ヨーロッパ規模のものになり、主に若者たちからなる幾百幾千もの人々が、ヨーロッパ大陸中の都市の通りを埋め尽くすようになった。このデモ行進は、グローバルなプレカリアートの最初の動きとなった。

　通常のメーデーのイベントを組織化するベテランの労働組合活動家たちは、このような新しい行進を行う大衆に混乱させられるばかりだった。そこでは、国境を越える自由な労働の移動、すべての人へのベーシック・インカムの保障、といった要求が掲げられており、それらは伝統的な労働組合運動とは縁もゆかりもないものだったからだ。伝統的な労働組合は、不安定な雇用問題への答えを「労働中心主義（レイバリズム）」のモデルに立ち返ることによって見出した。伝統的な労働組合は20世紀の半ばに、そうすることによって、長期的な雇用の保障があり、雇用に伴うさまざまな福利厚生給付の仕掛けがあるような、より安定した職務を確保してきたのである。しかしデモ行進に参加した若者たちの多くは、自分たちの親の世代が、さえない、単調な、常勤の職務を行うフォード主義的なパターンに従順であり、労務管理と資本の独裁権力に支配されていると見ていた。何かしっかりとした別の見通しがあるわけではないが、若者たちは、もはや労働中心主義を復活させたいなどとは思わなかった。

　ユーロ・メーデーは西ヨーロッパで始まったが、すぐに全世界的なものになった。なかでも日本では大きな盛り上がりを見せた。ユーロ・メーデーは、教育を受けたヨーロッパ人と若者の運動として始まった。労働市場のフレキシビリティを促進し、経済成長を加速させるように促すEUの競争的市場（新自由主義）アプローチに基づく政策によって人々はさまざまな仕事を渡り歩くようになり、疎外され、不満を抱いていた。それはヨーロッパ中心主義的な運動として始まったが、自分たちが直面するさまざまな不安定が、全世界の人々の間で起こっていることと結び付いていることがわかってくると、すぐに国際的な運動となった。移民たちはプレカリアートのデモ行進のかなりの部分を占めるようになった。

　この運動は、普通ではない生活を送る人々の間に広がった。プレカリアートの二つの側面の間での緊張関係が、いつも創造的な発展の源となった。すなわち、主流の組織や政策によって不利な立場に置かれ、毛嫌いされる犠牲者とい

う側面、そして知的で感情的な防御活動をうまく組み合わせて、そのような主流の組織を拒否する英雄という側面である。2008年までには、ユーロ・メーデーは、同じ日に行われる伝統的労働組合の行進をちっぽけに見せるまでになった。このことは公衆や政治家たちの間ではほとんど知られていないことかもしれないが、ユーロ・メーデーの発展は注目すべきことだ。

　プレカリアートは、自分たちが犠牲者であり、英雄でもあるという二重の意識をもっていたので、団結してはいなかった。さらに問題なのは、闘争に集中することができなかったことだ。誰が、あるいは何が敵なのかがはっきりしなかった。歴史上の大きな運動はすべて、良くも悪くも階級に基づいていた。搾取され抑圧されるある集団（あるいはいくつかの集団）の利益と、搾取し抑圧する他の集団の利益とをめぐり争いが起こった。たいていの場合その闘争は、その時代の生産と分配のシステムのなかで鍵となる資産の使用と管理をめぐるものだった。プレカリアートの場合は、それについてかなりさまざまなことが語られてきたにもかかわらず、その鍵となる資産が何であるかがはっきりしない。プレカリアートにとっての知的な英雄は、不安定さからプレカリアートの境遇を考察したピエール・ブルデュー（Bourdieu, 1998）や、ミシェル・フーコー、ユルゲン・ハーバーマス、そして名著とされる『帝国』を書いたマイケル・ハートとトニー・ネグリ（Hardt and Negri, 2000）であり、その背後にはハンナ・アレント（Arendt, 1958）がいた。さらに1968年の反乱の影響もあって、プレカリアートは、フランクフルト学派のヘルベルト・マルクーゼ（Marcuse, 1964）の『一次元的人間』に結び付けられていた。

　精神の解放、不安定さについての常識的な意識からの解放が問題であった。しかし単純な理解によって、「革命」が起こったためしはない。怒りがそのままで実を結ぶこともない。政治的な課題あるいは戦略が形作られねばならない。プレカリアートの計画的な動きはまだない。それはシンボル探しが続いたり、内部での論争が弁証法的にころころと変わったり、プレカリアート内部での緊張関係がなくなりそうもないことから明らかだ。

　ユーロ・メーデー参加者たちのリーダーは、その場しのぎという意味ではとても良くやっており、見事なスローガンやポスターが現れている。移民と移民でない者たちとの間の利害の一致が強調されたり（2008年のミラノでのユーロ・

メーデーでは、「移民とプレカリアート（Migranti e precarie）」というメッセージが掲げられた）、2006年のベルリンのユーロ・メーデーのポスターでのように、若者と高齢者との間の利害の一致が同情を引くように並べて掲げられたりした（Doerr, 2006）。

けれども左派的な自由至上主義（リバタリアン）的運動としてみれば、それはまだ部外者から見て、恐れを掻き立てるものでも、興味を掻き立てるものでもなかった。プレカリアートの運動の最も熱心な指導者たちでさえ認めている。デモ行進は脅威を与えるというよりも劇のようなものであって、自分たちが不安定な暮らしを経験してきた集団であるということを１人ひとりが確認し、そんな自分たちの姿に自信をもちたいのだと。社会学的に言えば、このような公共の場での自己呈示は、不安定な生活を送る主体のプライドにかかわるものなのだ。ハンブルクで行われたユーロ・メーデーのポスター（2005年）の一つには、掃除人、介護労働者、難民あるいは移民、そしていわゆる「創造的」労働者（おそらくはこのポスターをデザインした当人）という４人のシルエットが重ねられて、反抗して立ち上がった１人の人物になるというイメージが示されている。そこで印象的なのは、その人物たちが手にする、ホームレスの人が一切合財を入れるのに用いる大きな四角い丈夫なビニール製の手提げ袋だ。それは、グローバル化する世界での現代的な遊牧民（ノマド）生活のシンボルになっているのだ。

シンボルは重要だ。シンボルの手助けによって、集団は、見慣れない有象無象である以上の何かにまとまる。シンボルの手助けによって、階級が形作られ、アイデンティティが形成され、自分たちは共通しているという意識が生まれ、連帯感あるいは友愛の基礎が作られる。シンボルから政治的プログラムに移ること、これがこの本の課題だ。プレカリアートが極楽の世の担い手として進化するということは、劇を演じたり解放の視覚的イメージを示すことで、国家を単に煙に巻いたり、イライラさせたりするだけでなく、国家が取り組むべき一連の要求を明らかにすることなのだ。

ユーロ・メーデーというデモ行進は、サルサ音楽や風刺やユーモアに満ちたポスターやスピーチのあるカーニバル的な雰囲気を特徴とするようになってきた。参加者たちの背後にある緩やかなネットワークに結び付いたさまざまな活

4

動は、戦略的に社会に脅威をもたらすようなものではなく、アナーキーで向こう見ずなものだった。ハンブルクのデモでは、参加者たちに、バスのただ乗りの仕方や映画館にただで入る方法が伝授された。今ではこの運動の語り草となっている離れ業として、2006年には、20人ほどのカーニバルのマスクをつけた若者たちがそれぞれにスパイダーママ、マルチフレックス（万能柔軟人）、オペライストリックス（自立労働者の母）、サンタゲバラ（聖ゲバラ）といった名前を付けて呼び合いながら、真っ昼間にグルメ向けスーパーマーケットを襲撃した。若者たちは手押し車に贅沢な食品や飲み物をいっぱいに詰め込み、自分たちの記念写真を撮ると、行進を始め、レジの女性に、自分たちは富を作り出しているが、作り出した富を楽しむことができないと書かれた紙を付けた花を手渡したのだ。このやり方は、『ベルリン、僕らの革命』（2004年）という映画をそっくりまねたものだった。これをやったグループは、ロビンフッド団として知られているが、これまで捕まったことはない。ロビンフッド団はインターネットで、自分たちは、食料を町で一番搾取され不安定な境遇にある労働者である見習い実習生たちに分配したと発表している。

　つまり、支持者を増やして社会の主流の人々の間で影響力をもとうなどとは露ほども思っていないのだ。このような集団のふざけた振る舞いには、歴史的な先例がある。古い権利がむしりとられ社会を安定させる取り決めがかなぐり捨てられるという社会の大きな変動の時期に現れる、「原初的反抗」がそうだ。住むところや雇われ仕事や自分の仕事の不安定さ、そして社会的な保護の不安定という自分たちの中心的な特徴に対して立ち向かうまでにプレカリアートが進化してきたということは、私たちが、その段階に直面しているということかもしれない。エリック・ホブズボーム（Hobsbawm, 1959）が述べたように、そういう時期には必ずロビンフッドが現れる。それはたいていの場合、新しい階級の利害を代表する強力で政治的な戦略が形を整えるまで続く。

　ユーロ・メーデーのパレードや世界中のあちこちで行われた付随するイベントへの参加者は、プレカリアートのほんの一握りの先端部分にすぎない。圧倒的に多くの人々は恐れと不安定のなかで生活を続けている。ほとんどの人はユーロ・メーデーのような運動のことさえ知らない。だからと言って、その人々がプレカリアートでないとは言えない。プレカリアートは、浮草のように

漂う。舵をとる者もなく、それでも潜在的に怒りをもつ。突然、政治的に極右あるいは極左の方向に向かうかもしれない。また、プレカリアートの恐れあるいは病的な恐怖をもてあそぶ、ポピュリズム的な扇動的政治家を支持するようになるかもしれない。

プレカリアートが動き出した

1989年、フィレンツェからさほど遠くないプラートの町はほとんどイタリア人だけが住む町だった。数世紀にわたってその町は、織物と衣類製造の一大中心地であった。18万人にのぼる住民のほとんどは、代々それらの産業に関連する仕事をしてきた。そのような町の古い価値観を反映して、このトスカーナ州の町は政治的には強固な左派であった。それはまるで社会的連帯と中庸を体現するかのようだった。

その年になって38人の中国人労働者がやってきた。中国系の移民とそれにつながるイタリア人によって所有される、新しいタイプの衣類工場が現れ始めたのだ。それらの企業は中国人労働者を次から次へと輸入し、多くの人々が就労ビザなしでやってきた。そのことはすぐに発覚したが、人々は寛容だった。それらの企業は当時の経済の繁栄に加わっただけであり、国からの給付金などを受け取ることもなく国家財政の負担にはならなかったからだ。それらの企業は自分たちだけでかたまり、中国人の労働者が働く工場のある飛び地に囲い込まれて生活していた。中国人労働者のほとんどは、浙江省にある温州という海岸の町の出身だった。その地方は、移住する華僑企業家の出身地として長い歴史をもっている。ほとんどの労働者はフランクフルト経由で3ヶ月の観光ビザでやってきた。ビザの期限が切れてもそのまま密かに働き続け、弱い立場に置かれ、ひどい搾取を受けた。

2008年までにこの町で登録した中国系企業は4200社になり、中国人労働者は4万5000人、町の人口の5分の1を占めるようになった（Dinmore, 2010a, b）。中国人労働者たちは、毎日100万着の衣類を生産し、町当局の計算によれば、それは20年間にわたって全世界の人々に着せるのに十分な数になった。やがて中国本土の企業による値下げ攻勢とインドやバングラデシュからの厳しい競争に直面し、これらのイタリア企業は労働者たちを解雇した。2010年までには、

これらの中国系企業が雇う労働者数は2万人になった。それは2000年の労働者数よりも1万1000人少なかった。中国系企業は縮小するにつれて常勤の労働者よりも一時的な雇用を増やしていった。

そこに金融危機がやってきた。それはヨーロッパや北アメリカの古い工業地帯を襲ったのと同じような打撃をプラートの町にもたらした。倒産は何倍にもなり、失業者は増加し憤懣は手に負えないものになった。数ヶ月のうちに政治的な左派は消え去り、排外主義的な北部同盟が政権に就いた。北部同盟はすぐに中国人を標的にした。深夜に中国系工場や「奴隷工場」を襲撃し、労働者を一斉検挙し中国人を悪者に仕立て上げた。それは、北部同盟の政治的な同盟者であるシルヴィオ・ベルルスコーニ首相が非合法移民について語る時に、「悪の軍団」を打ち負かすと表現したのと同じだ。驚いた中国大使がローマから駆け付け、これは1930年代のナチスを思い出させると語った。しかし不思議なことに中国政府はこれらの移民たちを本国に送還しようとはしなかった。

問題は寛容さに欠ける地方の人々によって引き起こされたというだけのものではない。中国人労働者は飛び地で生活していたということも関係している。プラートの古い工場の人々が競争で必死になり、イタリア人労働者たちが別の収入を得るために必死になっている時に、中国人労働者たちは自分たちのコミュニティに閉じこもっていたのだ。その飛び地を運営し、中国からの脱出の手引きをしたのは中国人のギャングだと言われている。もちろんその世界ではロシア、アルバニア、ナイジェリア、ルーマニアのギャングさらにイタリアのマフィアとの間で激しい競争があった。そして、中国のギャングの活動はプラートだけに限られていたわけではない。中国のギャングは中国の会社がイタリアの土木工事、たとえばチビタベッキア港の近くの数百万ユーロもする「中国ターミナル」の建設工事などに投資する際の仲介も行っていた。

プラートは、グローバル化とプレカリアートの成長によってもたらされるジレンマのシンボルとなった。このような中国人の奴隷労働が広がるにつれて、イタリア人は正規労働者であるプロレタリアートとしての役割を失った。不安定なプレカリアートの職を奪い合うようになった。そこに目を付けた当局は、プレカリアートのなかの移民たちを懲罰の標的にした。それなのに移民たちは飛び地のコミュニティに閉じこもり、自分たちだけの怪しげなネットワークに

すがっていたのだ。これは決して特別な事例ではない。プラートの町で起こったことは、グローバル化の水面下の激流を映し出している。

グローバル化の子ども

1970年代の後半、後に「新自由主義者」や「自由至上主義者」（この二つの言葉は同義語ではなかったが）と呼ばれるようになった大胆な社会経済思想家たちの一団は、数十年も無視された後に、自分たちの見解が聞き入れられるようになったことに気が付いた。ほとんどは、世界大恐慌で苦しんだ経験もなければ、第二次大戦後に主流派として席巻していた社会民主主義的課題に没頭した経験もないほどの年齢の若手だった。

この思想家たちは国家を嫌い、国家が計画と規制の装置をもつというだけで中央集権的なものだとみなした。この思想家たちは世界がますます開かれた場となり、投資、雇用、そして所得は、条件が最も整えられたところに流れていくと見ていた。したがって、とりわけヨーロッパ諸国の場合、第二次世界大戦後に工業労働者階級と官僚的な公共部門が作り上げてきた安定性が取り除かれ、労働組合が「手なずけ」られなければ、脱工業化（当時の新しい概念であった）が加速し、失業が増大し、経済成長が鈍り、投資活動はよそに向かい、貧困が激化するだろう、と論じた。それは冷静な評価だった。この思想家たちは抜本的な対策を望み、マーガレット・サッチャーやロナルド・レーガンのような政治家が、自分たちの分析の通りに政策を実行してくれる指導者になってくれるものとみなした。

悲劇は、この思想家たちの診断は部分的に正しかったが、経過観察が無感覚だったことから起こった。以後30年間以上も、この悲劇は続き、いっそう酷くなっている。新自由主義者たちが風穴を開けようとしたシステムを作り上げてきた社会民主主義政党は、ほんの短い間、新自由主義者たちの診断に抵抗したが、ついにはぎこちなくその診断と経過観察の両方を受け入れてしまった。

1980年代に具体化された新自由主義の一つの主張は、各国は「労働市場のフレキシビリティ（柔軟性）」を追求する必要があるというものだった。労働市場がよりフレキシブル（柔軟）なものにならなければ、労働コストが上昇し、企業は生産と投資をより低コストなところに移してしまう。金融資本は「自国」

8

よりもそのような低コスト国に投資するだろう、というわけだ。フレキシビリティには多くの次元があった。賃金のフレキシビリティとは、とりわけ下方への需要の変化に対応するスピードを上げることを意味した。したがってそれは、雇用の安定や保護を減らすということになる。職務のフレキシビリティとは、被雇用者たちを企業の内部で移動させ、反対やコストを最小限にして職務の構造を変えてしまうことを意味した。技能（スキル）のフレキシビリティとは、労働者の技能をたやすく適応させることを意味した。

　結局のところ、軽率で厚かましい新古典派経済学者たちによって提唱されたフレキシビリティとは、被雇用者たちを系統的に、より不安定な立場に置き、それが投資と仕事を確保するために必要な犠牲だと主張することだった。一つ一つの経済的な落ち込みは、公平な判断の場合もそうでない場合もあったが、すべて部分的に、フレキシビリティの欠如、そして労働市場の「構造改革」の欠如のせいにされた。

　グローバル化が進むにつれて、そして各国政府と企業が労使関係をよりフレキシブルなものにしようとお互いに競い合うにつれて、不安定な就労形態におかれる人々の数が増大していった。それは技術的の進歩のせいではなかった。フレキシブルな就労形態が広がるにつれて、不平等がはなはだしくなり、産業社会を形作っていた階級構成が、何かより複雑なものに変化していった。もちろんそれによって階級社会としての特徴がなくなったわけではない。これについては後で触れよう。このような政策の変化と企業の対応によってグローバル化する市場経済の独裁が始まったが、それによって世界中に引き起こされた事態を、新自由主義者あるいはこのような政策を実行した政治指導者たちが予見していたわけではなかった。

　何百万もの人々が、豊かな市場経済の出現のなかで、プレカリアートになっていった。それは過去の例を引きずるものとはいえ、まったく新しい現象だった。プレカリアートは「労働者階級」あるいは「プロレタリアート」の一部ではなかった。労働者階級あるいはプロレタリアートという言葉は、長期的に見て安定した、勤務時間が固定した職に就き、昇進の道も確保されており、労働組合に加入し団体交渉で労働条件を決めることができ、両親がその仕事を理解してくれ、雇用主の名前や特徴が地元でよく知られている、そんな労働者たち

からなる社会階級のことを指す。

　プレカリアートになる多くの人々は自分たちの雇用主について知ろうとしない。また同僚が何人いるのか、あるいは将来どうなるかについても知ろうとしない。プレカリアートは「中産階級」でもない。なぜならプレカリアートは、中産階級がもっていると想定されている、安定した、あるいは決まった額の給料、あるいは地位と特権をもっていないからだ。

　1990年代を通じて、全世界のますます多くの人々が、開発経済学者や人類学者が開発途上国で「インフォーマル」と呼ぶ地位に落ち込んでいった。そのような不安定な生活と労働の仕方が、普通に存在するものだということをはっきりさせることには役立つにしても、おそらく全世界のプレカリアートの人々は、インフォーマル労働者という呼び方が自分たちの地位についての適切な表現だとは思わないだろう。したがってプレカリアートは、労働者階級でも中産階級でもまた「インフォーマル」労働者でもない。ではプレカリアートとは何か。それは、何よりも、不安定な存在であると定義してみると、ちらりと見えてくるものがある。友達、親戚、同僚との付き合いというものは、プレカリアートの存在と同じで、ある種の一時的な地位だと言えよう。今後何年もそのままでいてくれるのか、数ヶ月あるいは数週間だけの関係でしかないのか、まったく保証がない。そして人々はしばしば、友達、親戚、同僚との付き合いについて、そのような保証を求めさえしないし、また保証付きのものにしようともしない。

プレカリアートを定義する

　プレカリアートという言葉を定義する二つの方法がある。第一の方法は、それが社会経済的集団の一つであるとすることで、この定義によってある人物がその集団に属するか属さないかが決められる。この方法は、イメージをはっきりさせ、分析をするために役立つ。この方法によって、マックス・ウェーバーが「理念型」と呼んだ分析が可能になる。こうして、プレカリアートは「不安定な（precarious）」という形容詞と「プロレタリアート」という名詞を組み合わせて作られた新語だということになる。この本では、ある範囲内でだが、プレカリアートという言葉をしばしばこの意味で使うことにする。プレカリアートは形成されつつある階級であり、マルクス的な意味ではいまだに対自的階級

となっていないと主張したい。

　社会集団について考えてみれば、農業的な社会の場合は例外として、グローバル化時代の各国の国内の階級構造は、断片化されていったと言えよう。不平等がはなはだしくなり、世界がフレキシブルな開放的労働市場に向けて動き出したが、階級はなくならなかった。むしろ、より断片化されたグローバルな階級構造が現れてきた。

　「労働者階級」、「労働者」そして「プロレタリアート」は、数世紀にわたって私たちの文化に根付いた言葉だ。人々は自分たちがどのような階級に属するかについて語り、服装や話し方そして立ち居振る舞いによって、他の人々がどのような階級に属するかを見分ける。今日ではこれらの言葉が、かつてのようにさまざまな感情を呼び起こすことはない。アンドレ・ゴルツ（Gorz, 1982）はずいぶん前に「労働者階級の終焉」について書いた。この言葉の意味と分類の基準をめぐって、引き続き苦闘している学者たちもいる。私たちは現実に合う新しい言葉を必要としている。それは21世紀のグローバルな市場システムにおける階級関係を反映するものでなければならない。

　世界のあちこちには古い階級も残ってはいるが、大雑把に言って、七つの集団を見分けることができる。頂点には「エリート階級」がいる。この集団は、数は少ないが圧倒的に金持ちのグローバル市民だ。全人類に対して殿様顔をして威張っており、数十億ドル（数千億円）の資産をもつ、偉大で善良な人たちとして「フォーブズ」誌の長者番付に登場し、世界中どこの政府に対しても影響力を振るうことができ、気前のいい博愛的な言動にふけることができる人たちだ。このエリート階級の下に、「サラリーマン階級（サラリアート）」がいる。今でも安定した常勤雇用の下にある。その内の幾人かはエリート階級になろうと望んでいるが、大多数はそのままだ。しばしば国家からの補助金による年金、有給休暇、そして企業内福祉（福利厚生）の恩恵を受けている。サラリーマン階級は、大企業、政府系機関、そして公務員を含む行政組織に集中している。

　サラリーマン階級と並んで、さまざまな種類の職業からなる、（どちらかと言えば）より小さな集団である「専門技術職階級（プロフィシャン）」がいる。この言葉は、伝統的な発想の「専門職（プロフェッショナル）」と「技術職（テクニシャン）」を組み合わせたものだ。それは多様な種類のスキル（技能）を含むが、

そのスキルによって自ら市場で取引、契約し、コンサルタントあるいは独立した自営労働者として高い所得を得ることができるような人々のことだ。専門技術職階級は、中世の独立自営農民（ヨーマン）、騎士、騎士の従士である大地主（スクワイアー）に等しい。この人々は、一つの企業で長期間の常勤雇用を得ようなどとは思わない。思い通りの生活をし、自由にあちこちを移動したいと思っている。いわゆる「標準的な雇用関係」とは無関係な人々だ。

専門技術職階級の下に、所得の面では縮小しつつある「核」である手仕事の被雇用者、かつての「労働者階級」の中心部分がいる。福祉国家はこの人々の精神に沿って作られた。労働に関する規制の諸制度もそうであった。しかし労働運動を形成した工業労働者部隊はすでにしなびて縮小し、社会的連帯の感覚を失ってしまった。

これらの四つの集団の下に、ますます増大する「プレカリアート」がいる。その両脇には失業者軍団と、社会に順応できず社会の層のような暮らしを送る、やや離れた集団がいる。このような断片化した階級構造の性格については、他のところで議論した（Standing, 2009）。ここではっきりさせたいのはプレカリアートのことだ。

社会学者たちは通常、マックス・ウェーバーの階級（class）と地位（status）の区別による階層化の諸形態の議論、すなわち階級への帰属は生産における社会関係と労働過程における位置によって決定されるという考え方に従っている（Weber,［1922］1968）。雇用主と自営業者を別とすれば、労働市場の内部の主要な区別は、賃金労働者とサラリーマン（俸給を受ける被雇用者）との間にある。賃金労働者は、出来高や時間決めで、決まった率のお金と引き換えに労働を提供する。したがって努力に対してお金が支払われるというイメージが付きまとう。サラリーマンは、人物への信頼に対してお金が支払われるということになっているので、奉仕活動に対するお礼というイメージが付きまとう（Goldthorpe, 2007: Vol. 2, Ch. 5; McGovern, Hill and Mills, 2008: Ch. 3）。サラリーマン階級はいつでも経営者、社長、オーナーに近いものだと期待されてきたが、賃金労働者はもともと疎外されており、規律訓練が必要であり、服従させ、飴と鞭の組み合わせが必要だと考えられてきた。

階級とは異なり、地位という考え方は人の職業（occupation）と結び付けられ

てきた。つまり専門家的な仕事、経営、管理に近い職業ほど、高い地位とみなされている（Goldthorpe, 2009）。問題は、ほとんどの職業の場合、その職業の内部で分業と階層制があり、同じ職業の中に非常に異なった地位の人々がいることだ。

それはともかく、賃金労働とサラリーマンの区別、そして職業という考え方は、プレカリアートを考える場合には役に立たない。プレカリアートは階級としての性格をもつ。プレカリアートは、資本あるいは国家に対して、最小限の信頼関係しかもたないような人々からなる。この点でサラリーマン階級とはまったく違っている。プロレタリアートは服従および条件付きの忠誠と引き換えに、労働の安定を提供される。これは福祉国家のなかに隠された暗黙の取引からなる社会契約の関係だが、プレカリアートはそれにも与さない。信用の売買も、あるいは服従と引き換えの安定も求めない点で、プレカリアートはこれらの階級とは異なる。プレカリアートはまた、高い地位の専門家でもなく中間的な地位の技術職でもないという奇妙な地位にある。プレカリアートの地位をあえて表現すれば、「不完全な地位」と言ってもいい。後に見るように、プレカリアートの「社会的所得」の構造は、階級あるいは職業についての古い考え方では捉えられない。

日本では、プレカリアートについて研究する者が直面する問題が見事に現れている。日本では、所得の不平等はそれほどではなかった（したがって Wilkinson and Pickett, 2009は日本が「良い国」だとしている）。しかし地位の不平等ははなはだしい。そして急増してきたプレカリアートによってそれは強められてきた。プレカリアートの経済的窮状は、所得の不平等を示す通常の方法では過小評価されている。日本社会で高い地位を占めるということは、金額で表示される所得だけではとうてい示されないような、社会経済的な安定性につながる一連の報酬がついて回るということなのだ（Kerbo, 2003: 509-12）。プレカリアートには、このような報酬は何も与えられない。だから、所得の不平等ははなはだしく過小評価されている。

「プレカリアート」という言葉自体は、1980年代にフランスの社会学者たちによって、一時雇用あるいは季節雇用の労働者を指すのに初めて用いられた。この本ではそれとは異なった考え方でこの言葉を用いるが、一時雇用労働者と

第1章　プレカリアート　　13

いう地位は、プレカリアートの概念を構成する中心的な要素だ。ここで注意すべきは、期限付きの一時雇用契約を結ぶことは、必ずしも一時雇用労働者になることではないことだ。

　プレカリアートの存在に前向きなイメージを見出そうとする人々は、安定した雇用にしがみつく古い労働者階級の規範、さらに給与が保証された「ホワイトカラー」職に就く人々のブルジョワ的唯物主義を拒否する、ロマンチックで自由な精神の持ち主としてプレカリアートを描く。このような自由な精神に基づく反抗や非協調は、プレカリアートの特徴であり、忘れてはならないものだ。服従する労働者たちを支配する独裁者に対して、若者たち、あるいはそれほど若くない者たちが闘いを挑むことは、新しいことではない。しかし、「ベテランたち」が、不安定な雇用や仕事のスタイルを歓迎し、長期にわたる安定した雇用の後で、不安定な存在の仕方を選ぶようになったことは、新しく、興味深いことだ。この問題については後に考察する。

　大衆的な用法としてのプレカリアートという言葉の意味は、さまざまだ。イタリアではプレカリアート（precariato）という言葉は、不定期な日雇労働で暮らし、所得の低い人々は、正常な生活を送るのが難しく、不安定な存在だという意味で使われた（Grimm and Ronneberger, 2007）。ドイツでは、一時雇用の労働者だけでなく、社会に統合される望みがない失業者のことを指すのに用いられた。それはマルクス主義でいうルンペンプロレタリアートの意味に近く、本書とは異なる。

　日本では、この言葉は「ワーキングプア」の同義語として用いられてきた。もっとも、日本の新しいメーデー運動やいわゆる「フリーター労組」の若い活動家たちが、より良い労働と生活条件を要求する時に用いられるようになって意味が変わってきた（Ueno, 2007; Obinger, 2009）。日本には、「フリーター」と呼ばれる若い労働者たちが出現している。フリーターとは、英語のフリー（自由な）とドイツ語のアルバイター（労働者）を組み合わせた造語で、不定期な日雇労働のスタイルを選ぶようになった若い労働者のことである。

　プレカリアートをワーキングプアあるいは不安定な雇用と同一視するのは正しくない。プレカリアートとこれらの次元は、関係している。プレカリアートの不安定さには、何らかの低所得の職の労働者となることがキャリアを積み重

ねることになるかもしれないという、仕事を基礎にした確固としたアイデンティティは、欠如している。何人かの評論家たちはプレカリアートを自分の労働に対するコントロールの欠如と結び付けた。この点は複雑だ。仕事や労働をどの程度コントロールできるかということは、技能の習熟とその使用、労働に必要な時間、仕事や労働のタイミング、労働の強度、仕事に必要な道具や設備、原料等々をどの程度コントロールできるかという問題など、さまざまな側面があるからだ。さらに、労働者に対する管理の仕方や管理者にはさまざまなタイプがあり、通常の監督あるいは経営担当者だけではない。

プレカリアートは、その労働や仕事を管理することができないような連中だという主張も、あまりにも狭い考え方だ。なぜなら努力、協力、技能の適用、さらにサボり、ちょろまかし、手抜きの範囲は、いつでも両義的で、暗黙の取引が伴うからだ。けれども管理の側面は、プレカリアートの苦境を評価するうえで重要である。

「地位の不一致（status discord）」とでもいうべき問題と関連して、おそらくそれと同じように興味深い問題がある。相対的に高いレベルの公教育を受けた人々は、自分たちの教育レベルにふさわしいと思えない地位あるいは所得の職務を受け入れざるを得なくなった時、その地位に関して強い不満を感じるのだ。この感情は、日本の若いプレカリアートの間で広く見られた（Kosugi, 2008）。

私たちの目的のために、プレカリアートは、次に示す労働の安全保障（labour security）の七つの形態が欠けている人々だと定義できる。それらは、第二次世界大戦後の労働者階級あるいは工業プロレタリアートのために、社会民主主義者や労働者政党、そして労働組合が「産業的シチズンシップ（industrial citizenship）」として追及してきたものだ。プレカリアートに属するすべての人が、これら七つの安全保障を尊重しているわけではないが、プレカリアートの人々は、これらすべての点でひどい目にあっている。

〈産業的シチズンシップを構成する労働の安全保障の七つの形態〉
①労働市場の安全保障……適切な額の所得を得る機会の保障。マクロレベルでは政府が「完全雇用」を保障すること。

②雇用の安全保障……恣意的な解雇からの保護、雇用や解雇に関する規制に従わなかった場合に生じる費用を雇用者負担とすることなど。

③職務（job）の安全保障……雇用において適切な職務を保持することができ、その機会があること、技能の希薄化への対抗措置、そして地位と所得の点での「上昇」移動の機会。

④仕事（work）の安全保障……仕事場での事故や病気からの保護、たとえば、労働時間や非社会的な時間帯での労働や女性の深夜労働の制限、事故の際の補償を通じての、安全や健康に関する規制。

⑤技能再生産の安全保障……見習い制度、職場研修などを通じての技能獲得の機会、また高業績者の行動時性を見習うコンピテンシー向上の機会。

⑥所得の安全保障……適切で安定した所得の確保。たとえば、最低賃金保障制度、物価スライド賃上げ、包括的社会保障、不平等を減らし低所得者に補助するための累進課税など。

⑦代表権の安全保障……労働市場で集団的な発言権をもつこと。たとえば、ストライキをする権利をもつ独立した労働組合など。

　現代の労働の安全保障欠如の議論では、雇用の安全保障欠如、すなわち長期契約でなくなっていることや、雇用を失った場合の保護がないことにほとんどの注意が向けられている。それはもっともなことだ。とはいえ、職務の安全保障欠如もまた重要な特徴となっている。

　雇用の安全保障と職務の安全保障との違いは、決定的に重要だ。例を挙げよう。2008年から2010年の間に、フランステレコム社の従業員30人が自殺した。それは外部から新しい社長が任命された結果であった。６万6000人の全従業員のうち３分の２が、雇用が保障される公務員の地位をもっていた。しかし経営陣は、それらの従業員から系統的に職務の安全保障を奪い取った。それは「移るのは今」と呼ばれるシステムの導入であり、それによって従業員は数年ごとにオフィスと職務を変えることを与儀なくされたのである。その結果生じたストレスが自殺の最大の原因だということが明らかになった。職務の安全保障問題はこのように重要なものだ。

　それはまた公務員の場合にも重要だ。公務員は、多くの人々から羨まれる雇

用の安全保障を備えた雇用契約を結ぶ。しかし公務員はまた、上司が決定した職務に、決められた時に就くことに合意させられている。厳格な「人的資源管理」と機能的フレキシビリティの世界では、このような配置転換は個々人にとって破壊的なものとされている。

　プレカリアートのもう一つの特徴は、一定しない所得と、他のすべての集団とは異なる所得のパターンである。このことは、「社会的所得」という概念を用いることによって明らかにできる。人々はどこでも、自分が受け取る収入によって生き延びなければならない。それは、入ってくるお金、あるいは自分たちもしくは家族が作った生産物の一部である現物形態の所得かもしれない。現物形態の所得は、何が生産されることになっているか、そのうちどれだけ自分たちのために必要だと考えるかによって決まってくる。たいていの社会のほとんどの人々は、いくつかの所得の源泉をもっている。もちろん源泉が一つに限られる人もいる。

　社会的所得は六つの要素から構成される。第一の要素は、自家製の生産物だ。つまり、直接生産され、消費されたり物々交換されたり売られたりする、食物や財やサービスである。これには自分の庭や家庭菜園で育てられたものも含まれる。第二の要素は、労働によって貨幣で受け取る賃金あるいは所得である。第三の要素は、家族あるいは地元のコミュニティによって提供される生活に対する支援である。これはしばしば保険的な要素をもつ非公式の相互扶助の慣習の形をとる。第四の要素は、被雇用者の多くに提供される企業による給与以外の諸給付、福利厚生などだ。第五の要素は、国家による給付金である。これには、社会保険給付、社会扶助、自由裁量の移転給付、直接あるいは雇用者を通じて支払われる補助金、そして補助金を受けた社会サービスなどが含まれる。第六の要素は、私的な貯蓄や投資から得られる利益金である。

　これらの要素のそれぞれはさらに、より確実なもの、あるいは不確実なものなどからなるいくつかの要素に区分される。社会的所得の全体の価値は、それらの要素によって決まってくる。たとえば、賃金は、長期的な契約によって固定されたものと、可変的すなわちフレキシブルなものとに分けられる。もしもある人の給料が固定されていて、次の年も毎月同じ所得が提供されるとすれば、その人が受け取る今月の給料が、お天気次第の仕事や雇用主の生産計画が

未定の仕事から得られる賃金所得と同じ額であっても、固定した給料の方が、価値が高い。同様に、国家による給付金は、過去の積立金に依存する保険給付と同じで原理的な「確実性」をもつ普遍的な「シチズンシップ」的諸権利と、予見できない環境に依存するために得られるか得られないかが不明瞭な、より自由裁量的な移転給付とに分けられる。企業による給与以外の諸給付や福利厚生は、同じ会社に勤めるすべての人に与えられるものと、地位あるいは過去の業績に依存して与えられるものと、自由裁量によって与えられるものとに分けられる。同じことは地元のコミュニティによる支援についても言える。それは家族あるいは親族として当然期待できる支援と、より広範なコミュニティの成員が必要に迫られた時にだけ期待できる支援とに分けられる。

　プレカリアートは社会的所得の構造の点では際立った特徴を持つ。すなわち、ある特定の時点で貨幣の形で所得を得ても、社会的所得の構造の特徴ゆえに不利な立場に置かれているのだ。たとえば開発途上国では、経済が急速に商品化した時期に、多くの人々がプレカリアートとなった。この新しい社会集団は、伝統的なコミュニティの支援を失い、企業あるいは国家からの支援や給付金も得られない状態に陥った。この人々は、自分たちよりも所得は低いが、伝統的なコミュニティの支援を受けられる多くの人々よりも不利な立場に置かれたのだ。また自分たちと同じ貨幣所得を得ているが、企業による諸給付や福利厚生、そして国家による給付金などの一連の社会的所得を得る道が開かれている固定給の被雇用者よりも不利な立場に置かれた。プレカリアートの特徴は、ある特定の時期の貨幣賃金あるいは所得の水準にはない。必要な時にコミュニティの支援が受けられず、企業や国家の諸給付が保障されず、貨幣の形での稼ぎを補完する私的な利益金もないことなのだ。この問題については第2章で考察する。

　労働の安全保障や社会的所得の問題だけではない。プレカリアートになった人々には、仕事に基づくアイデンティティがない。雇用されたプレカリアートは、キャリアにならない職務を行う。そういった職場には社会的に記憶された伝統、確固としたやり方、倫理綱領、行動規範、互恵や友愛をもつ職業共同体に属するという感覚がないのだ。

　プレカリアートには労働者の共同体の一員だという連帯感がない。このことから、職務に伴う疎外や、自分が道具になっているという感覚を強める。不安

定な境遇からくる行動や態度は、日和見主義的なものとなりがちだ。プレカリアートの行動には、自分が今日言うこと、やること、感じることが、長期的に見て自分自身の将来を左右することがあるという感覚がない。「将来を考慮する」ことがない。プレカリアートは、自分がやっていることに将来がないので、将来を考慮する必要がないのだ。明日は「いなくなる」ことがあっても驚かない。辞めてしまうことも悪いことではない。もし他の仕事や、突然やりたくなったことがあるのなら。

　プレカリアートは職業的アイデンティティをもたない。プレカリアートのなかには専門的な職業資格をもつ者もいるし、しゃれた肩書きの仕事に就いている人も多い。だが、その場合でも職業人意識はない。そのような人々にとっては、職業的アイデンティティと言われるような、道徳的なあるいは行動のうえでの縛りから自由になることが大切なのだ。「都市の遊牧民（ノマド）」のイメージや、それに関連する「デニズン」すなわち完全な市民ではない人々のイメージについては、後で考察する。定住者ではなく、遊牧民や旅行者でありたいと思う人々がいるのだから、すべてのプレカリアートが犠牲者とみなされるべきではない。それにもかかわらず、プレカリアートのほとんどは、不安定な境遇から抜け出す展望をもてず、今の境遇を不快に思うだろう。

労働、仕事、遊び、余暇

　プレカリアートの歴史的な先例は、古代ギリシャの「バナウソイ」、すなわち社会のための生産的な労働を行うのに必要とされた人々（自分の所有者のためだけに働く奴隷とは異なる）だった。バナウソイは、上層の人々からは「肉体に縛り付けられた人々」、「精神が野卑な人々」とみなされ、社会の上層に上がる機会は与えられなかった。バナウソイは、メトイコス（外国人居住者）と呼ばれる、権利を制限され、滞在を許可された職人とともに働いた。これらの二つの集団と奴隷たちが、ポリスの生活に参加できるなどとは期待せずに、すべての労働を行っていた。

　古代ギリシャ人は、現代の政策担当者よりも、仕事と労働、遊びと余暇（すなわち古代ギリシャ人がスコーレと呼んだ学びの時間）の違いを良く理解していた。労働したのは市民ではない者たちだった。市民は労働しなかった。市民はプラ

クシス、すなわち家のなかと周りでの、家族や友人たちと一緒に行う仕事にふけった。それは、個人間の人間関係を強め、コミュニティの公的生活への参加に備えるという意味の「再生産的」活動であり、何かのためではなく、それ自体の楽しみのために行われる仕事だった。古代ギリシャ社会は私たちの基準から見れば、特に女性の扱いの点で不公平だった。しかし古代ギリシャ人は、すべてのものを何かのために行われる活動である労働の物差しで測ることが馬鹿げていることを理解していた。

この本の主張は、21世紀が進むにつれて、プレカリアートの「欠点」を乗り越える際の第一の目標は、労働ではないそれ自体の楽しみのための仕事、そして遊びではない学びの喜びの時間である余暇を救い出すべきということだ。20世紀を通じて労働を行う人間の数を最大化することが強調され、労働ではない仕事は貶められ、無視されてきた。プレカリアートはたいてい、自分が選んだのではない条件で、いつでも求めに応じて労働を行うことが期待されている。そして、ひたすら遊びにふけることが期待されている。第5章で論じるように、無報酬の労働のための仕事を行うことも期待されている。しかしプレカリアートにとっての余暇はあくまでも付随的なものとみなされているのだ。

プレカリアートの多様性

プレカリアートをどう定義しようと、プレカリアートは均一なものではない。束の間の仕事で食いつなぎながらインターネットカフェを出入りする10代の若者たちと、警察の目を恐れながら熱心に人的ネットワーク作りに励み、生き延びるために必死で頭を使う移民たちは同じではない。また、来週の食費をどこから工面するかでやきもきしているシングルマザーと、医療費の助けにするために一時的に仕事を行う60代の男性とは同じではない。しかしこれらの人は皆、自分たちの労働が（生きるための）手段であり、（たまたまあったからやるという意味で）便宜的なものであり、（保障されてないという意味で）不安定なものだという感覚を共有している。

プレカリアートを記述する一つの道は、「デニズン（寄留民）」として描くことだ。デニズンは何らかの理由で市民のもつ権利の一部が制限されている人々だ。デニズンという発想は、ローマ時代にまで遡る。たいてい、在住権を与え

られている外国人で、交易に従事する権利をもつが完全なシチズンシップはもたない人々のことだった。

この発想は、人々がもつ権利、すなわち市民的（法の前の平等、犯罪や物理的危害から保護される権利）、文化的（文化を平等に享受し、共同体の文化的生活に参加する権利）、社会的（年金や保険医療を含む社会保護の諸形態への平等なアクセス）、経済的（所得を得る活動を行う平等な権利）、そして政治的（投票し立候補し共同体の政治生活に参加する平等な権利）の範囲を考慮することで、適用される。今日の世界では、ますます多くの人が、これらの権利のうちの一つを失っている。その意味で、どこに住んでいようと、市民（citizenry）というよりは、「デニズン（denizenry）」に属するようになっている。

デニズンという発想は、さらに法人の内部についても適用できる。法人には、さまざまのタイプの市民やデニズンがいると言えるのだ。サラリーマン階級は、企業内の一定の範囲だけの決定や実行について、少なくとも暗黙の投票権をもつ市民だ。株主と法人のオーナーは、それを暗黙のうちに承認するが、企業の戦略的な決定については明示的な投票権をもつ市民だ。法人に関係するその他の人々、すなわち、臨時雇用の人々、日雇い労働者、個人請負就労者などは、デニズンだ。ほとんど何の権限も権利もない。

より広い世界に目を向ければ、デニズンのほとんどはさまざまな種類の移民たちだ。移民については後で考察する。しかしながら、もう一つ別の種類の人々がいる。犯罪者として扱われている膨大な層の人々、有罪判決を受けた人々だ。グローバル化の時代には、ますます多くの活動が犯罪とみなされるようになってきた。ますます多くの人々が逮捕され、かつてないほど多くの人々が投獄され、その結果かつてないほど多くの人々が犯罪者扱いされている。このような犯罪者の拡大現象の原因の一つは、微罪の増加だ。社会扶助制度の不備は不道徳な行為を促す危険を作り出している。貧困のあまり窮地に陥った人々は本当のことを言わずに罰せられる危険を冒すことが多い。その結果、何らかの官僚制度上の規則違反となった場合もこの微罪に含まれる。

一時雇用のキャリアにならない仕事をする労働者たち、移民であるデニズンたち、犯罪者とされた闘士たち、社会福祉給付の申請者たち、…そんな人々を加えてプレカリアートの数は増えていく。残念ながら、労働や経済に関する統

第1章　プレカリアート　**21**

計にはプレカリアートの総数を推計できるようなデータはない。プレカリアートに含まれる多様な人々の数が出てくるだけだ。したがって、その多様な人々を基礎にプレカリアートの全体像を描くしかない。以下、プレカリアートを構成する主な集団について、その集団のすべての人がプレカリアートに当てはまるわけでは必ずしもないことを念頭に置きながら考察したい。プレカリアートの特徴をもつからといって、そのような人々がすべてプレカリアートというわけではないのだ。

　まずは、一時雇用で仕事を行う人だが、そのほとんどはプレカリアートだ。なぜなら一時雇用の人々は、生産とのかかわりが弱い。同じ仕事をやる他の人々と比べて低所得だ。職業として見た場合に成功できる機会も少ない。一時雇用と分類される仕事の数は、フレキシブルな労働市場の時代になって恐ろしく増大した。イギリスのようないくつかの国では、一時雇用の仕事は厳しく定義されている。そのため、定義にはあてはまらないが雇用の保護がない職の数を見極めるのが難しい。しかし多くの国々では、過去30年間のうちに一時雇用の地位にある労働力の総数も割合も急速に上がってきたことが統計で示されている。一時雇用の労働者数は、日本では急速に増加し、2010年までに労働力の３分の１以上が一時雇用の仕事に就いていた。しかし比率で見ればおそらく韓国が最も高く、韓国の定義による一時的な「非正規（non-regular）」の仕事に就いている労働者は、半分以上を占める。

　一時的な職に就いているということは、その人がキャリアにならない職をしているということを示すが、必ずしもそうではない場合もある。実際、この本で「専門技術職階級（プロフィシャン）」と呼ばれる人々は、プロジェクト指向であり、短期のプロジェクトから別の短期のプロジェクトへと渡り歩く。決まりきったいくつかの課題を繰り返し行うような長期の仕事には、熱中できないのだ。一時的な職に就くことは、社会的な条件さえ整っていれば、良いことだ。しかしグローバル経済システムによって、多くの人々が一時的な職に就かねばならなくなっているとすれば、政策担当者は、なぜ人々が不安定になるかを考えるべきだ。

　最近では、一時的な職に就くことが、不安定な境遇を示すことは明らかだ。何人かの人々にとっては、それはキャリアを積み上げるための一歩にすぎない

かもしれない。しかし大部分の人々にとっては、より低収入の地位に駆け下りて行く一歩かもしれないのだ。多くの政策担当者が次のように主張している。失業期間の後で一時的な職に就くことで、年々、収入は減少していくだろう、と（Autor and Houseman, 2010）。ひとたびより低い地位の職に就いてしまえば、社会的に上の地位に移動する可能性、あるいは「まともな」所得を得る可能性は、永久に閉ざされていく。臨時の日雇い職に就くことは多くの人々にとって必要かもしれないが、それは社会移動を促進することにはつながらないだろう。

　プレカリアートになるもう一つの道は、パートタイム雇用だ。それは、産業社会とは異なる第三次化した経済の特徴だが、誤解を招く遠回しな言い方だ。多くの国々で、パートタイムは、週に30時間以下の雇用で報酬を得ることと定義されている。しかしパートタイムの職を選択する、あるいは選択せざるを得ない多くの人々は、当初の取決めよりも長時間、あるいは支払われる時間よりも長く働かねばならない。したがって、いわゆるパートタイム労働者と呼ぶほうが正確だ。パートタイム労働者はたいていの場合女性だ。キャリアへの道をあきらめ、より搾取される道にはまり込み、報酬が支払われる時間以外にも多くの無報酬の労働のための仕事をやらねばならない。そして自分の身を削って働き、ある種の隙間の位置を確保するために余分な仕事をこなさねばならない。

　パートタイム職の増加は失業や不完全雇用を隠すのに大いに役立った。ドイツでは、多くの人々が年間賃金の平均月額400ユーロ以下の「小さな職（mini-job）」に移動したことから、高い雇用が達成されているという幻想が維持された。何人かのエコノミストはこれを見て、金融危機の後にドイツの雇用が奇跡的に回復したという馬鹿げた主張をした。

　プレカリアートと重なる他のカテゴリーは、「独立請負人」と「従属請負人」である。多くの請負人の境遇はいくつかの点から見て安定している。また強力な職業意識をもっている。このような請負人はプレカリアートではない。それは自営の歯科医師や会計士を思い浮かべればすぐにわかる。しかし独立請負人と従属請負人の区別は、どの国でも、労働関係の法律家の頭痛の種だ。サービスを提供する人とサービス労働を提供する人との区別、そして中間的な業者に従属する人と隠された被雇用者との間の区別について、果てしない論争が行われてきた。究極的には、区別は暫定的なものだ。他の「当事者」との間での管

第1章　プレカリアート　　23

理、服従、従属のあり方によって決まってくる。とはいえ、自分ではほとんど管理できない課業を割り当てられている人は他人に従属する人であり、プレカリアートに落ち込んでいく大きなリスクを抱えている。

プレカリアートにつながる別の集団は、ますます増加するコールセンター労働者だ。これらの人々はいつでもどこでも人々のそばにいる。そしてグローバル化や電子的生活、疎外された労働の不吉なシンボルになっている。2008年、イギリスのテレビ局チャンネル4は、「憤怒の電話（Phone Rage）」と題するドキュメンタリーを放送した。それはコールセンターの若い従業員と怒り狂う利用者たちとの間の相互の誤解に焦点を当てたものだった。その番組によれば、イギリスの人々は毎年、まる1日の時間をコールセンターへの苦情に費やしており、しかもその時間は増大している。

さらにインターンがある。これは奇妙な最近の現象だ。卒業したばかりの、あるいは現役の学生、場合によっては入学以前の若者が、しばらくの期間、わずかな報酬、あるいはまったく無報酬でちょっとした事務仕事を行っている。何人かのフランスの評論家はプレカリアートとインターンを同一視している。それは正確とは言えないが、この現象が示す不安については示唆的だ。

インターンは若者たちをプレカリアートにしていく手段となる可能性がある。いくつかの政府は、失業を隠すために設計された「能動的（active）」労働市場政策の一形態として、インターンのプログラムを発足しさえしている。だが実際には、インターンを促進する努力にかかるコストは、不十分な補助金政策では対応できないほどだ。インターンには高い管理費用がかかる。そのうたい文句は人々を組織生活に順応させ、仕事をしながら学ばせるというものだ。だがそれは、組織にとっても、あるいはインターンの人々にとっても、あまり価値のないことに人々を使うことになっている。インターンについては後に考察する。

結局、プレカリアートを見る一つの方法は、次のことに注目することだ。人々はいかにして自分自身が望むアイデンティティやキャリアを築き上げる助けにはなりそうにない、不安定な形態の労働を行うようになるのか。

プレカリアート化

　プレカリアートを見るもう一つの方法は、過程、すなわち人々が「プレカリアート化」されていく道筋を考察することだ。プレカリアート化は聞き慣れない言葉だが、19世紀に労働者をプロレタリアートにしてしまうさまざまな力を指す「プロレタリアート化」という言葉に似せて使うことにする。プレカリアート化されるということは、プレカリアートとなるような圧力と経験にさらされることだ。すなわち現在だけに生き、仕事や生活スタイルを通じて達成される確固としたアイデンティティあるいは発展の意識の無い生き方をするようになることだ。

　この意味では、サラリーマン階級の一部は、プレカリアートに流れていきつつある。この点で目覚ましいのは日本の伝説的な「サラリーマン」だ。この20世紀的な労働者は、一つの企業に生涯を通じて雇用されており、1980年代初めに至るまで、きわめてパターナリズム的な労働中心主義のモデルを体現していた。日本（そして他の地域でも）では、金の檻はたやすく鉛の檻になってしまう。檻の外が恐ろしい場所になればどんな檻でも雇用が保障された安定した場所になるからだ。これは、同じモデルを採用した日本その他の東アジア諸国で起こった。会社あるいは組織から落ちこぼれることは明らかな失敗であり、面目を失うことだった。このような環境の下では、人々は、人格的な発達を追及しない。上司に媚びへつらい、常に企みをもって機会を窺うようなせせこましい権力政治にうつつを抜かしてしまう。

　日本ではこのモデルは、極限まで適用された。会社はあたかも家族のようになり雇用関係は「血族関係」のようになった。雇用主は被雇用者を「養子」として迎え、そして被雇用者はその見返りとして、子としての親に対する貢献や義務を果たし、数十年にわたる激しい労働を提供した。雇用主は被雇用者に対して親子間の贈与関係のようなものを期待するのだ。その結果が、サービス残業の文化であり、究極の犠牲としての過労死、すなわち働きすぎによる死亡だった（Mouer and Kawanishi, 2005）。しかし1980年代初め以来、日本の労働力のなかでサラリーマン階級が占める割合は、劇的に減少した。いつまでも職にしがみつく者は圧力をかけられた。多くのサラリーマンが、安定した雇用の保

証がない若い労働者や女性たちに取って替えられた。プレカリアートはサラリーマンに取って替わりつつある。サラリーマンの痛みは、自殺や病的な社会問題の劇的な増加となって表れている。

　日本のようなサラリーマンの変容は、極端なケースかもしれない。しかし、このケースからは、長期的な雇用の罠に心理的に囚われている人が、どのようにして人生の舵取りを失い、不安定な従属状態に流されていくかがわかる。「親」が機嫌を損ねるか、親としての役割を果たし続けられなくなるか、あるいはそれを望まなくなった時、サラリーマンは、自立するだけの技能も、能力開発の力量もないままで、プレカリアートに放り込まれてしまう。長期的な雇用は、労働者の技能を解体することがあり得るのだ。他のところで（Standing, 2009）論じたように、これは労働中心主義時代の最悪の側面の一つだ。

　この定義を拡大し過ぎることには注意すべきだが、プレカリアート化のもう一つの特徴は、偽りの職業移動というべきものだ。それは『エコノミスト』誌2010年6月26日号（The Economist, 2010a）で上品に風刺されたような「肩書きの嵩上げ（uptitling）」というポストモダン的な現象によって典型的に示される。指揮する部下やまとめ上げるためのチームなどないのに「チーフ」、「統括（executive）」、「長（officer）」と呼ばれる人が増えているのだ。特徴的なことにその名前自体が国際管理専門職（Administrative Professionals）協会（かつてはより控えめな全国秘書（secretaries）協会という名前だった）となっているアメリカの職業団体は、その傘下に500以上の職名のネットワークをもつとしている。その職名には「前線事務所コーディネーター（front-office coordinator）」、「電子記録専門家（electronic document specialist）」、「メディア分配長（media distribution officer）」（新聞売り）、「リサイクル長（recycling officer）」（清掃員）、「衛生コンサルタント（sanitation consultant）」（トイレ清掃員）がある。アメリカだけがこのような創意あふれる肩書きを独占しているわけではない。それは今では至るところにある。フランスでは今や清掃婦のことを、格上げして「女性地表技術者（techniciennes de surface）」と呼ぶようになっている。

　『エコノミスト』誌は、このような職名の拡散の原因が、2008年の金融恐慌以後、賃金引き上げをしない替わりに、新しくすてきな職名を与えることが広がり、さらに多国籍企業の内部構造がますます複雑になったことだとした。し

かし、最近になって爆発的にこのような誇張表現が用いられるようになっただけではない。それはプレカリアートの成長を反映している。すなわち職業移動と人格的な発達の偽りの象徴が、仕事の不毛さを覆い隠さねばならなくなったのだ。単調で平板になった職務の構造は、職名のインフレで覆い隠されている。『エコノミスト』誌はそれについてうまく表現している。

　フレキシビリティの追求はインフレ的でもある。階層的な職場の秩序を平板にしてしまうというファッションは、無意味な職名をとてつもなく増殖させるという逆説的な効果をもった。労働者は、重要でつぶしのききそうな職名を欲しがるものだ。それは時代遅れの政治家が、ランカスター公領相や枢密院議長になりたがるようなものだ。重役室から下々の職場に至るまで、誰もが、自分の履歴書を華々しい職名で飾り、クビにされた時の対抗策にしたがっている。

　これはより深い問題点をついている。『エコノミスト』誌は、その鋭い記事を次のように結んでいる。「人々に素敵な新しい職名を与えることの利益は、たいていは短命に終わる。しかしその害悪は長く続く」。そのようなやり方が人々を白けさせてしまい、素敵な職名が人々を消耗品のように扱うことになってしまうと思う人がいるかもしれない。しかし事態はまったく逆だ。使い捨ての消耗品のようなポストを与えられる人がいるから、その人に与えられた職名もまた消耗品のように見えてくるのだ。

プレカリアート化された精神

　私たちの考えや行動が、技術のあり方によって決められると考えることは、必ずしも技術決定論者になることではない。プレカリアートは、自分たちが直面する技術力をコントロールできないという理由からも、対自的な、自覚的な階級ではない。私たちの生活の隅々にまで浸透している電子製品は、人間の脳に、すなわち私たちのものの考え方や、さらに危険なことに、私たちがものを考える能力そのものに対して、根本的な影響を与えつつある。それにしたがって、プレカリアートも変化しつつある。

　プレカリアートは、短期的なものの見方をする人々として定義できる。つまり、１人ひとりの進歩やキャリアの形成の可能性がきわめて低くなり、多くの

人々が長期的にものごとを考えなくなっているのだ。仲間集団は、自分たちの行動規範に従わない人を仲間はずれにすると脅すことによって、このような傾向を強めるかもしれない。何をなすべきか、そして何をしてはいけないかということについての不文律に従わない人々が、ひどい目にあう世界が作られているのだ。

インターネットやブラウズする習慣、文字による通信、フェイスブック、ツイッター、その他のソーシャルメディアなどは、すべて脳の働きを変えてしまう（Carr, 2010）。デジタルな生活は、長期的な記憶を確定するプロセスを損なう。つまり、人間が何世代にもわたって知性とみなしてきたもの、複雑な諸過程を通じて理性を働かせる能力、そして新しい考え方やものごとをイメージする方法を生み出す能力の基礎が損なわれている。

デジタル化された世界は熟考や反省を尊重しない。即効性のある刺激や満足がもたらされ、脳は短期的な決定や反応に注意力のほとんどを奪われてしまう。これには良い点もあるが、犠牲になるのは「教養ある精神」と個性だ。はっきりと異なった知識、経験、そして学習の組み合わせからなる諸個人からなると考えられてきた社会は、個性や創造性よりも表面的で変わりやすい集団的な同意によってほとんどの人々が左右される社会に変わりつつある。このような事態を示す、すてきな言葉がたくさんある。たとえば、「持続性注意不全（continuous partial attention）」や「失認（cognitive deficits）」などだ。

これは誇張のように聞こえるかもしれない。しかし、精神的、情緒的、そして行動面での変化が起こりつつある。そしてそれがプレカリアート化の広がりと軌を一にしていることを否定するのは難しい。教養のある精神、すなわち「退屈」に見えるかもしれないが、じっと立ち止まって熟慮する時間がもつ可能性の尊重、反省的な熟考や、過去、現在、そして想像できる未来を体系的に結び付けることを尊重する精神は、電子的な刺激によるアドレナリン分泌の恒常的な爆撃によって脅威にさらされている。

焦点を絞る能力は、学習されねばならないものだ。それは同時に失われるかあるいは損なわれ得るものでもある。何人かの進化生物学者は、電子機器によって人間が原始的な状態に戻りつつあると主張している。すなわち危険や機会の兆候に本能的に素早く反応するだけの存在になりつつあり、学問的な精神

はすでに過去の異常事態となりつつあるというのだ。このような生物学的な退化説は、人間の進化について示唆するところが多いだけに、実に憂鬱なものだ。

電子的な環境は同時に多くの処理を行うマルチタスキングを許容し、奨励する。それは、後に考察する第三次的社会の特徴でもある。習慣、性向、あるいは必要からはなはだしいマルチタスキングを行い続ける人は、エネルギーを消耗し、それほどマルチタスキングを行わない人に比べて特定の課題を処理する能力が劣ってしまうという調査結果がある。マルチタスキングを行う人はプレカリアートになる第一の候補者だ。なぜならマルチタスキングを行う人は、物事に焦点を合わせることが苦手で、不適切あるいは逸脱した情報を排除することが困難だからだ（Richtel, 2010）。自分の時間をコントロールできず、マルチタスキングを行う人はストレスに苦しむ。こうして精神の発達を維持する能力、長期的な視野で物事を考え、反省しながら学習する感性が腐食する。

要するに、プレカリアートには、自分でコントロールして、役に立たないものから役に立つものを選別する能力を与えてくれるような生活スタイルがない。そして、あまりにも多くの情報を与えられることで苦しんでいる。新自由主義国家がこの問題をどのように扱っているかについては、後に考察する。

怒り、無規範（アノミー）、不安、疎外

プレカリアートは、怒り、無規範、不安、疎外を経験している。怒りは、意味のある生活を進める道筋が閉ざされているように見えることからくる苛立ち、そして他の人々に比べて自分たちがひどい目にあっているという相対的剥奪感から生まれてくる。ある人々はそれを妬みと呼ぶかもしれない。しかし、その妬みは、物質的成功の罠に取り囲まれ、常に成功の罠を仕掛けられている人々の妬みだ。成功した人々のセレブな文化は、そのような妬みの底に渦巻く憤懣に火をつけるかもしれない。プレカリアートは、生涯を通じてフレキシブルな職を求めることに伴うあらゆる不安定さを味わう。それだけではなく、そうやって探した仕事が、意味のある構造あるいはネットワークのひとこまとなって、信頼のできる人間関係を築き上げることにつながらない。このことからも苛立ちを感じている。プレカリアートにはまた、上昇移動する手がかりがない。自分自身をひどく消耗してしまうか、あきらめてやめてしまうかのどち

第1章　プレカリアート　29

らかしかない。

『オブザーバー』紙に引用された24歳の女性ソーシャルワーカーの例を見よう（Reeves, 2010）。彼女は、年収2万8000ポンド（1ポンド＝200円で換算すれば約560万円）で、週に37.5時間働く建前となっている。彼女は、「時たまどころではないほどの夜ふかし」をしていた。なぜなら、担当する家族のいくつかは昼間の訪問が不可能だからだ。その分自分の時間を多く費やすことになり、家に持ち帰る仕事も増える。彼女は、新聞記者に次のように語った。

　とても苛立たしいのは、ずいぶん前から私の昇進が約束されていて、私は自分の役割以上に課題をこなしてきたのに、それが認められないことです。上のポストが空くまで待たなければならないのです。それはたくさんの人に起こっていることだと思います。一緒に仕事を始めた同僚はみんな辞めてしまい、残っているソーシャルワーカーは私だけです。その多くはキャリアへの支援や昇進の問題が原因で辞めてしまったのです。私たちは、大変な、責任のある仕事をこなしています。それが認めてもらえるものならば誰でもこの仕事を長く続けたいと思うでしょう。

この女性は、昇進がなく、それを彼女自身が認めている点で、プレカリアートにつながっている。彼女は、上昇移動を求めて自分自身が消耗するほど働き、仕事のための労働ではなく、労働のための仕事をするようになっている。逃げ出した彼女の同僚たちは、昇進の約束が蜃気楼でしかないことを見抜いていたのだ。

少なくともエミール・デュルケムの著作以来、アノミー（無規範）とは絶望から生まれる無気力の感覚だと理解されるようになった。このような感覚は確かに、技能にもキャリアにもならない仕事に就く者にとっては切実なものだ。アノミーは持続的な敗北による無気力から生じる。そのような無気力は、同時にプレカリアートを、怠け者、無方向、無価値、社会的無責任、あるいはそれ以下だと非難する政治家や中産階級の評論家の言葉によって増幅される。社会福祉給付の申請者は、将来のために「談話療法」がいいと言われても、それに熱心な人が上から目線で余計なお世話をすると感じてしまう。

プレカリアートは不安とともに生きている。その不安は、たった一つの間違

いや不運によって、ささやかだが尊厳のある暮らしから、買い物袋に全財産を入れてさまようホームレスの暮らしに転落してしまうかもしれないと知りながら、綱渡りのような生活を続けることだけではない。あまりにもわずかな財産しかないことに騙されたような気持ちをもつとともに、そのなけなしの財産を失うかもしれないという恐れに伴う、慢性的な心もとなさなのだ。人は「不完全就労」や「過剰就労」のもとでは精神的に不安定になり、ストレスを感じる。すなわち自分自身の労働や仕事から疎外されていると感じ、無規範、不確実、絶望的な行動をとるようになる。自分のもっているものが失われるかもしれないと恐れる人は、常に苛立つ。そういう人は怒り出すかもしれないが、たいていは受動的な怒りにとどまる。プレカリアート化した精神は、恐れによって育まれ、恐れによって動機付けられている。

疎外は、自分のやっていることが、自分で決めた目的のためではなく、尊重も評価もできないとわかった時に生じる。すなわち自分自身が他人のために他人の命令によって動いているだけだと感じることだ。このことは、プロレタリアートを定義する特徴だとみなされてきた。しかしプレカリアートの人々は、それを上回る特別な経験をしている。プレカリアートは仕事に就けるだけでありがたく「幸せ」に思い、「前向き」に生きていると言われると、騙されているように感じるのだ。プレカリアートは、幸せだが、なぜ幸せなのか自分でわからない人たちだと言われる。プレカリアートは、ブライスソンが「虚偽の職業性」と呼ぶものを経験している（Bryceson, 2010）が、それはブライスソンの場合とは逆の心理的な効果をもち、そのような環境に置かれた人は、社会的不承認や根源的な目的の喪失を経験してしまう。そして、職業の欠如からは倫理的な空白が生じる。

プレカリアートが騙されているわけではない。激励の集中砲火を浴びているのだ。しかし知的な精神はそれほど簡単に屈伏してしまうものだろうか？『微笑みか死か（Smile or Die）』（Ehrenreich, 2009）のなかでエーレンライクは現代の前向き思考（ポジティブシンキング）信仰を攻撃している。彼女は1860年代にアメリカに2人のいかがわしい人物（フィネアス・キンビーとメアリー・エディ）が、カルヴァン主義と、神を信じて前向きに思考することが人生を良くするという考えに基づいて、新思考運動を始めたことを思い起こしている。

エーレンライクはそこから始め、現代のビジネスや金融の世界に至るまでの流れを描いた。彼女は動機付けを高めるための会議で、職場を担う良い構成員としてはすでに余計者とされている短期雇用の契約労働者に対して、「前向きな人物」とは「いつも微笑みを浮かべ、不平を言わず、上司の命令には何でも喜んで従う」人だという訓話が行われる様を描いている。ここから次のような中国の古いことわざを思い出す人もいるかもしれない。「皇帝に微笑みを見られないほど低くお辞儀をしろ」ということわざだ。しかし、歯をむき出すと言えば、それはむしろプレカリアートが我慢しなければならない、人を疎外するくだらないおしゃべりへの反応としての歯ぎしりと言ったほうがいいかもしれない。

　憤怒をじっとこらえるのとは異なる対応もある。たとえば、プレカリアートは、『インターナショナル・ヘラルド・トリビューン』紙のインタビューに答えた韓国人が描いたような病的な欺瞞と幻想の世界に落ち込むかもしれない（Fackler, 2009）。記事は次のように伝えている。

　　清潔な、白い大学のロゴ入りパーカーを着こみ、ピカピカの携帯電話をもつリー・チャンシクはコンドミニアム開発会社の経営陣の１人のように見えた。それは昨年の金融危機までの彼の仕事であり、彼は友達や家族にはまだその職に就いていると言っていた。注意深く、誰にも話しかけないようにしながら、彼はカニとり漁船に乗り込んでいった。

　「私がカニとり漁船で働いていたなんてことは、絶対に履歴書には書きません」とリー氏は言う。「私のプライドがこの仕事を許さないのです」。電話では自分の仕事のことは話さないようにしているし、仕事の話が出たとしても、友達や親せきとは会わないようにしていると、彼は付け加えた。カニとり漁船で働いているほかの男性は、自分の妻にさえこの仕事のことを話していないという。さらに別の男性は、自分の仕事について妻に言いたくないので、日本に行ったと話しているという。このような社会的地位の没落についての話はありふれたものになった。それは、風土病のような現代の労働市場の構造的特徴であり、多くの人々に恐ろしい不安を引き起こしている。

　プレカリアートになった人々は、仕事に就いている自分に自尊心も社会的価

値も見出せない。自尊心を得るために常に他人の顔色を窺うが、成功するとは限らない。もしも成功すれば、自分の地位に関する苛立ちは弱まる。すると、束の間のものとして自分で歓迎しているわけではない職に就いたために要求される労働が無益だという感覚は弱まるかもしれない。しかしプレカリアートが自尊心を保ち続ける能力を減退させていることは確かだ。そこには、常に孤独な群衆のなかにあって、自分自身も群衆の一員であるにもかかわらず、自分は孤立しているという危険な感覚がある。

　問題の一部は、プレカリアートがとりわけ仕事を通じて信頼できる人間関係をもてないことだ。歴史的に見れば、信頼は、友愛の制度的枠組みを形成する長期的に持続するコミュニティのなかで培われてきた。人生における自分自身の拠点がどこであるかわからず混乱している人にとっては、信頼は束の間の壊れやすいものだ（Kohn, 2008）。社会心理学者が想定するように、人間には信頼し、協力するという素質があるとすれば、終わりのないフレキシビリティや不安定な環境は、あらゆる協力や道徳的コンセンサスの感覚を危険に陥れるに違いない（Haidt, 2006; Hauser, 2006）。私たちは、咎められることがない範囲でなら何でもやってしまうものだ。つまり、常に非道徳的になる瀬戸際にいて、日和見的に行動している。毎日のようにエリートや有名人たちが罰せられることなく道徳律を破っているという話を聞き、日々の人間関係のなかで将来のことを考える必要がないとすれば、このような行動の仕方は、ますます簡単に正当化されてしまう。

　フレキシブルな労働市場では、人々は長期的な行動規範に縛られ、囚われることを恐れる。なぜなら長期的な行動規範には、お互いにとって利益とならない出費や行動が必要となるかもしれないからだ。若者は、両親が高齢になるまで面倒をみることで、両親の健康状態が悪化し寿命が延びた場合に予想される費用が増大することを恐れるならば、両親との経済的な結び付きを望まなくなるだろう。世代間の取引の衰退は、より偶発的になっている性的関係や友人関係に匹敵する。

　あらゆるものが商品化され、費用と利益の面から値踏みされるとすれば、人々の間の道徳的な互恵関係は、はかないものとなる。国家は、衡平なものではないとはいえ、労働中心主義的な形態の社会保険によって実質的な社会的連

帯の制度を作り出してきた。それが廃止され、それに匹敵するものが導入されないとすれば、それに替わる連帯の形を作り出すメカニズムも消えてしまう。連帯の形を作り出すためには、人間関係が安定し、予測可能だという感覚がなければならない。プレカリアートにはそのどちらもない。プレカリアートは慢性的な不確実性に囚われている。社会保険は、上昇あるいは下降移動、得をするか損をするかの可能性が平等な場合には上手くいく。プレカリアートが成長し、社会移動が限られ減少していくような社会では、社会保険は着実に進展できない。

　これが現時点でのプレカリアートの特徴だ。プレカリアートはいまだに自覚的な階級として団結していない。プレカリアートに「落ち込む」手順について、あるいはプレカリアート化した経験に引きずり込まれていくありさまについて描くことはできる。しかし人はプレカリアートとして生まれてくるわけではない。また、誇りに満ちて幸せな階級という自覚をもつこともありそうにない。プレカリアートがもつのは恐れだ。おそらく怒りもある。また、おそらく自虐的な笑いも。だが誇りはない。この点は伝統的な産業労働者階級とは対照的だ。プレカリアートが自覚的な階級となるには、まだ時間がかかる。しかしひとたびそうなってしまえば、プレカリアートが階級としての要求を掲げる政治勢力となるのを助けるような、強力な誇りと尊厳が生まれるだろう。プレカリアートの幾人かは、パレードやブログや仲間たちの間でのやり取りのなかで、挑戦的な誇りを示してはいるが、階級としてのプレカリアートはまだその段階ではない。

　良い社会には、自分自身を他人の立場に置いてみる能力、すなわち共感できる人々が必要だ。共感する感性と競争とは常に対立しあう。競争状態に置かれた人々は、競争上の有利さを失うのを恐れて、知識や情報を隠し、他人との接触を避け、自分だけの資源を囲い込む。敗北への恐れ、あるいは限られた地位しか得られないという恐れによって、共感はたやすく消え去ってしまう。

　共感を生み出すものは何だろうか。共感は、疎外感あるいは不安感、あるいは貧困さえもが共有された時に生じる。進化生物学者は次の点で一致している。共感は、人々が互いに顔見知りで日常的に付き合いのあるような、小規模の安定したコミュニティの内部で、より発生しやすい（たとえば De Waal,

2005)。何世紀にもわたって、職業的コミュニティが共感を培ってきた。そこでは同職組合の自己規制のルールに支えられて、徒弟制度が、お互いの利益を尊重する態度を作り出す基本的なメカニズムとなっていた。ところがそのような仕組みは、グローバル化によって、アフリカを含むあらゆるところで消え去りつつある（Bryceson, 2010）。プレカリアートは、たいていの場合、人々がどんなに頑張っても、仕事に生きることによっては職業的なアイデンティティを得られないような、ますます拡散する不安定な国際的コミュニティで生きていると感じている。

　ひとたび職務がフレキシブルで便宜的なものになり、賃金が社会的に尊敬され尊厳のある生活を送るには不十分なほど下がってしまえば、ある種の基準、倫理綱領、メンバーの能力に基礎付けられた相互の尊敬、そして長年にわたる行動規範の尊重があって、所属しているだけで身に付いてくる「専門家としての誇り（プロフェッショナリズム）」は消える。プレカリアートになった人々は、専門化した仕事に就けず、深く安定した能力や経験を身に付けることができないので、専門家としての誇りをもてない。プレカリアートにとっては、どんな形の仕事に就いた場合でも、そこから得られるものは不確かであり、「上昇」的社会移動の展望はほとんどない。

　プレカリアートの「社会的記憶」の感覚は弱まっている。自分が何をするかによって自分を規定し、自分が何であるかによって自分のすることを決めるのは、人間性の一部だ。社会的記憶は、何世代にもわたって続いてきたコミュニティに所属することから生じる。最善の場合に社会的記憶によって与えられるのは、倫理的なコードや、感情的で社会的な意味や安定性の感覚だ。これには、階級や職業に深く根差した次元が存在する。それは私たちが何になりたいと熱望するかにまで及ぶ。将来への熱望には、社会的に構築された障壁がある。たとえばほとんどの社会では、労働者階級の子どもが、銀行家あるいは弁護士になりたいと言えば、笑われるだろう。また、中産階級の子どもが、配管工あるいは理髪師になりたいと言えば、顔をしかめられるだろう。あなたはあなたであることにふさわしくないことはしない。私たちは誰でも私たちが何でないかによって、それと同じように何であるかによって、何であり得なかったかによって、それと同じように何であり得たかによって、自分を規定する。プレカ

第1章　プレカリアート　35

リアートは、単独で存在しない。プレカリアートもまた、それが他の階級と比べて、何でないかによって規定される。

労働のフレキシビリティを促進する政策は、技能と仕事に対する建設的な態度を再生産するために不可欠な職場の人間関係や同僚集団同士の相互関係を崩している。人々がいつも自分のやっていることを変え、しょっちゅう「雇用者」を取り換え、同僚を取り換え、さらに、自分が何であるかまで変えるとすれば、労働倫理は常に争う余地のある、便宜主義的なものとなってしまう。

ヘイトのような観察者は、労働倫理は社会のなかからのみ形成され、強制されうると論じている（Haidt, 2006）。これはあまりにも過大な期待だ。倫理は、職業集団、親族、あるいは社会階級のような、より小さな、より同一視しやすい顔の見えるコミュニティから発生する。労働のフレキシビリティを促す体制は、暗黙の裡に、強力な職業的コミュニティによって作り出されている労働倫理を拒否しているのだ。

2009年にドイツで行われたギャラップ調査によれば、すべての被雇用者のうち13％のみが自分の職務を大事に思っており、20％は全く大事にしていないことが明らかになった（Nink, 2009）。フレキシブルで可動的になり、同時に幸せになるために仕事を頑張ることがあらゆるやり方で熱心に促進されているにもかかわらず、先が見えない不透明な時代では、むしろ仕事を大事にしないことが健康的なのだ。しかし人生における仕事の重要さを思えば、それは確かに良いことではない。

要するに、湧き上がってくる怒り、無規範、不安、疎外が混ぜ合わさり、「フレキシビリティ」と不安定性を経済システムの根本理念として、社会の裏面が形作られているのだ。

おわりに

正確な数字を挙げることはできないが、現在のところ、多くの国々で、成人人口の少なくとも4分の1がプレカリアートになっていると推定できる。これは単に、雇用が不安定になっているというだけの問題ではない。また、人々が限られた期間しか就労せず、労働者の保護が最低になっているというだけの問題でもない。確かにこれらの問題が恐ろしく広まってはいるのだが。問題は次

のような地位にある人々が現れてきていることだ。すなわち、いかなるキャリアの感覚も与えられず、確固とした職業的アイデンティティも与えられず、たとえあったとしてもわずかで、国家や企業による福利厚生給付の受給権がほとんどない人々である。自分たちが産業プロレタリアートあるいはサラリーマン階級に所属するとみなしてきた幾世代もの人々は、この国家や企業による福利厚生給付を期待してきたのだが。

　これが、熱く語られており、競争、能力主義、そしてフレキシビリティに基づく生き方を促進するとされるシステムの現実だ。人間社会は、過去数世紀にわたって、恒常的に絶え間ない変化にさらされて形作られてきたのではない。人間社会は、安定したアイデンティティをゆっくりと形成する、むしろ「硬直的な」安全圏に根差してきた。フレキシビリティの福音は、人々に、フレキシビリティの敵が硬直性だと告げている。啓蒙思想の教訓は、人間は自分自身の運命を、神あるいは自然の力ではなく、自分自身の力でコントロールすべきということだ。だがプレカリアートは、市場の力に応えねばならない、しかも際限なく市場の力に適応しなければならないと告げられている。

　自分自身はその一部だとは思っていない人々が、どうしてプレカリアートの成長について心配しなければならないのだろうか。それには利他的な理由がある。つまり私たちは、自分自身がそのようになりたくないと思えば、すでにそうなっている人々がより良くなることを望むのだ。しかし別の理由もある。私たちの多くは、プレカリアートに転落することを恐れているか、あるいは自分の家族や友人がプレカリアートになることを恐れている。エリート階級やサラリーマン階級のより自信に満ちた部分や専門技術職階級は、次のように考えるかもしれない。社会移動が減少した世界でも、自分たちは快適なまま、無傷で生き残るだろうと。しかしそれらの人々は、プレカリアートが現れつつある危険な階級だという考えによって、目覚める時が来るかもしれない。将来にどんな安全あるいはアイデンティティも見出せない集団は、恐れと苛立ちを感じ、自分たちにかかわると認められる理由あるいはまったく想像上の理由によって、突然襲い掛かるかもしれない。しかも経済的豊かさと進歩の大きな流れから突き放されることによって、そのような集団はたやすく不寛容になるかもしれない。

第1章　プレカリアート　　**37**

プレカリアートは、自覚的な階級ではない。その理由の一部は、プレカリアートの内部に争いがあるからだ。プレカリアートのあるグループは、別のグループを、その弱さと尊厳のなさ故に非難するかもしれない。一時雇用の低賃金労働者は、いわゆる「福祉へのたかり屋」を、わざわざ自分で費用をかけて、より多くのものを不公平に受取ろうとする者だと見てしまうかもしれない。都市の低所得者地帯に長く住む住民は、流入してくる移住者のことを、自分たちよりも良い職にありつきながら、福祉給付金を求める行列の先頭に飛んでいくような連中だと見てしまうかもしれない。プレカリアート内部での緊張によって人々がお互いに反目するようになれば、社会的、経済的な構造が、自分たちに共通する弱さを作り出していることが見えなくなる。多くの人々が、ポピュリズム的な政治家やネオ・ファシストの訴えかけに引き付けられてしまうだろう。それはすでに、ヨーロッパ中で、アメリカで、そしてその他の地域で、はっきりと見られるようになった現象だ。これが、プレカリアートが危険な階級であり、プレカリアートの恐れ、不安定さ、そして熱望に対応する「極楽に至る政治」が必要となっている理由なのだ。

第2章

プレカリアートが増える理由

　プレカリアートが増える理由を理解するためには、グローバルな転換の性質を知る必要がある。グローバル化の時代（1975〜2008年）は、社会に埋め込まれていた経済が社会から「切り離された」時代だった。なぜなら金融業者たちと新自由主義的な経済学者たちが、競争と個人主義に基づいたグローバルな市場経済を創り出そうとしたからだ。

　プレカリアートは、そのような時代の政策や制度の変化があったからこそ、成長した。早くから、開かれた市場経済を進めることによって、先進工業諸国は、無限の低コストの労働力をもつ新興工業国（NICs）や「チンディア（中国とインド）」からの競争圧力にさらされた。市場原理を進めることによって、企業のネットワークとフレキシブルな労働慣行によるグローバルな生産システムの形成が、容赦なく進められていった。

　経済成長の目的は、私たち全員をより豊かにすることだとされた。そして、そのためとして、進歩的な再分配の手段としての財政金融政策をやめることが正当化された。高い税率の直接税は、長い間、不平等を減らし、低所得者に経済的安全保障を提供するために用いられてきた。だが今では、労働、貯蓄、そして投資意欲の妨げになり、投資と雇用を海外に追いやるものとされた。社会的保護が、社会連帯から、貧困対策や対人サービスに方向転換したことは、社会の失敗とみなされた。そのために、資力調査付きの社会扶助への流れ、さらに「ワークフェア」への転換が導かれたとされた。

　グローバル化の中心的な側面は、「商品化」という泣く子も黙る一つの言葉で要約できる。この言葉はあらゆるものを商品として扱い、売り買いされるも

のとして、需要と供給によって決まる価格をもち、市場の力に従うものにした。されに商品の有効な「代理人」はない（すなわち商品自身には抵抗する能力がない）とされた。商品化は、生活のあらゆる側面に拡張された。すなわち、家族、教育システム、企業、労働制度、社会的保護政策、失業、障がい、職業的コミュニティ、そして政治にまで拡張された。

　市場の効率性を追求する際に、商品化を妨げるものは打ち倒された。規制というものは、集団の利益が競争を妨げるのを防ぐために必要だというのが、新自由主義の原理であった。グローバル化時代は規制緩和の時代ではなく、再規制化の時代であった。すなわち、それまでのどの時代に比べても、はるかに多い規制が導入された。世界の労働市場では、新しい規制のほとんどは命令的なものだった。人々に対して、できることとできないこと、そして国家の政策の恩恵を受けるには何をしなければならないのかを告げていた。

　集団的な制度への攻撃は、広範なものだった。企業は社会的制度だとして攻撃された。労働組合は被雇用者を代表するとして攻撃され、職業的コミュニティは技術者や専門家の同職組合だとして攻撃された。教育は自己利益や商業主義からの解放の力だとして攻撃された。家族は互恵性と社会的再生産の制度だとして攻撃された。市民的サービス（公務員の労働）は公共サービスの倫理に導かれているとして攻撃された。

　このようなごたまぜのでっちあげ攻撃によって、労働の配分はずたずたにされ、階級がバラバラにされた。そして製造業の衰退とサービス業への流れを伴う仕事と労働の「第三次化」によって事態はさらに悪化した。この章では、このような全体図に肉付けをする。ただし全面的にではなく、なぜプレカリアートがグローバルな階級になったのかを評価できるようにする限りで、詳しく述べていく。

グローバルな転換

　1970年代以来、世界経済は統合されてきた。世界のどこかでの発展が、ほとんどすぐに他の地域に影響を与えるまでになった。1970年代には、1ヶ所の株式取引所の動きが他の取引所に反映することは、ほんの限られた場合だった。今日では、株式取引所の動きは全世界で同時進行する。1970年代、多くの国で

貿易は国民所得の小さな部分を占めるだけであり、主として補完的な商品からなっていた。今日では、貿易は、あらゆる財とサービスのますます大きくなる部分を占め、ほとんどが多国籍企業の企業内ネットワークで行われる。相対的な労働コストは、貿易の進展のなかでますます大きな部分を占めるようになってきた。

資本とそれに伴う雇用は、OECD（経済協力開発機構）諸国から、台頭してきた市場経済の国々に流れていっている。それはこれからも続くだろう。中国、インド、インドネシア、タイの1人当たりの資本額は、アメリカの3％にすぎない。これら諸国経済の生産性は、単により多くの機械とインフラストラクチャーが建設されるだけで、多年にわたる上昇を見せるだろう。その間にも、工業化した先進国はますます「金利生活者」国家になるだろう。すなわち、平均賃金は上昇しないか、あるいは不平等を減少する手段となる限りで上昇する。

台頭する市場経済諸国は、プレカリアートの成長を決める基本的な要因であり続けるだろう。グローバル化のこの側面が逆行することはないだろう。今日の豊かな国々での不平等と経済的不安定に憂慮するあまり、2008年の世界金融危機とそれに続く経済恐慌に対する有効な対策が保護主義に後戻りすることだと想像するのは、馬鹿げている。とはいえ残念なことに、後に見るように、各国政府は恐慌から生じた不安定と不平等をより激しいものにするような対策をとっただけであった。

中国とインド（チンディア）の台頭

グローバル化によって、いわゆる「チンディア」が台頭した。それによって世界中の社会的、経済的生活が根本的に変わってしまった。中国とインドを組み合わせたチンディアという言葉はあまり正確なものではない。中国とインドは異なった文化と構造をもつ国である。とはいえ私たちの目的にとっては、この両国を組み合わせた言葉は、短い言葉で本質を表す隠喩としては便利だ。

グローバル化以前には、貿易と投資が対外的に開かれた国の労働市場は、約10億人の労働者と求職者を抱えていた（Freeman, 2005）。2000年までに、これら諸国の労働力は15億人になった。その間、中国、インド、そして旧ソ連圏の

第2章　プレカリアートが増える理由　41

国々がグローバル経済に組み込まれ、さらに15億人が加わった。したがってグローバル化した諸国の経済における労働供給は、3倍になった。新しく加わった国々は、ほとんど資本をもたず、きわめて低い賃金水準であったため、世界の資本対労働の比率が変化し、中国とインド以外の労働者たちの交渉力が弱くなった。2000年以来、ベトナム、インドネシア、カンボジア、タイ、さらに新しくバングラデシュその他を付け加えた、他の市場経済諸国が台頭し、労働力の供給を増やした。こうして、「チャイナプラスワン（中国とその他1ヶ国）」という新しい言葉が広まった。多国籍企業が工場をもつ場合は、戦略的な安全対策として中国と少なくともそれ以外の1ヶ国に立地するという意味である。8600万の人口をもつベトナムは、そのような戦略の第一候補である。そこでは実質賃金は過去20年間変わっていない。たとえば、2010年のベトナムの織物工場の労働者の賃金は、1ヶ月100米ドルであり、その額はアメリカやドイツの賃金と比べればきわめてわずかだった。

　変化のスピードを象徴するのは、次のような事実だ。40年間にわたって日本は、アメリカに次ぐ世界第二の経済大国であり、2005年の中国のGDP（国内総生産）は、米ドル換算で日本の半分にすぎなかった。2010年、中国は日本を追い越し、アメリカに迫っている。インドは、はるか後方から追い上げており、年々桁違いの成長を示している。

　中国の成長は、とりわけインフラストラクチャーへの国家の投資と、外国からの直接投資によって主導されてきた。多国籍企業は、中国や周辺地域の代理人を用いて、中国に殺到した。多国籍企業は、何百何千人の労働者たちを急ごしらえの工業団地に囲い込み、塀で囲まれた寮に住まわせ、激しくこき使い、ほとんどの労働者は3年以内に辞めていった。これらの労働者たちは、工業プロレタリアートのイメージにぴったりかもしれない。しかしこれらの労働者たちは、使い捨ての移動労働力として扱われたのだ。賃金を上げようとする圧力は強まってきた。しかし賃金はあまりにも低く、特に生産性が急上昇していく時には生産物一単位あたりの労働コストが低下するように、賃金も長期にわたって豊かな工業国の賃金のほんのひとかけらの水準であり続けるだろう。

　中国は何通りもの仕方で、グローバルな所得の不平等に貢献している。中国の低賃金は、世界の他の地域の賃金を、低下させる圧力になる。こうして賃金

42

の格差が広がった。中国は自国の賃金を明らかに低い水準に抑えてきた。成長が加速するにしたがって、国民所得に占める賃金の割合は、22年間続けて減少し、1983年の GDP の57％から2005年には37％になった。これによって中国は、歴史上最も「資本主義的」な巨大経済になった。

フォックスコン（Foxconn, 鴻海科技集団／富士康科技集団）は、世界最大の委託製造業者であり、中国で起こっている工業団地の悪用と多国籍企業による黙認の典型的な例だ。フォックスコンは台湾の鴻海精密工業（Hon Hai Precision Industry Company Ltd）の子会社であり、中国で90万人を雇用している。そのうち半分は深圳の「フォックスコン・シティ」で雇用されており、15階建ての工場のビル群にいる。それぞれのビルは顧客であるアップル、デル、HP、任天堂、ソニーなどに割り当てられている。農村から都市に出てくる人々は悲しいほどの低賃金で雇われた。精神的にも肉体的にも疲れ果てて辞めていく人々が続出し、毎年の転職率は30〜40％になった。フォックスコン・シティは、そんな戦略を用いて、拡張してきた。

このような就労形態によって、グローバルなプレカリアートは、増大していった。フォックスコンの低賃金と労働強化（時間外労働は月36時間に上った）は、遅ればせながら世界の注目を集めた。2009年と2010年には自殺と自殺未遂が多発した。フォックスコンはやむを得ず、賃金を切り下げ、フレキシブルな労働を選択することで競争に勝ち残ることを断念した。

これらの自殺の効果は次のようなものだった。悪評と非公式のストライキに続いて、フォックスコンは賃金を引き上げた。しかし同時に、無料の宿泊施設や食事、広大なレクリエーション施設の利用が廃止された。自殺に対するフォックスコンの直接の対策は、パターナリズム的なものだった。フォックスコンは工場のビルをネットで取り囲み、労働者が飛び降りても大丈夫なようにした。そして悩み苦しむ労働者のためにカウンセラーを雇った。仏教の僧侶を連れてきて労働者たちの気を落ち着かせ、さらに被雇用者全員に対して「自殺をしません」という誓約書にサインさせることを検討した。アメリカのコンピュータ会社が集まるカリフォルニアのシリコンバレーの有名人たちが懸念を表明した。しかしこの有名人たちが驚くほどのことはなかった。この有名人たちは馬鹿馬鹿しいほどの低いコストの製品によってすでに数十億ドルを儲けて

いたのだ。

フォックスコンはグローバル化を象徴している。フォックスコンは、そのモデルを変化させるだろう。当初の地域での賃金が上昇し、企業の利益が切り下げられると、より多くの生産を低賃金地域に移し、より不安定な被雇用者たちに足場を移していくだろう。フォックスコンのようなアウトソーシングを進める大きな動因自体もアウトソーシングされるだろう。しかしながら、フォックスコンと中国の開発モデルは、世界のその他の地域の変化を加速させ、プレカリアートが人々の注目の的になるような構造を創り出してきた。

企業の商品化

あまり注目されてはいないが、プレカリアートの成長に貢献してきたグローバル化の一つの側面は、会社そのものが商品化され、吸収や合併を通じて売り買いされてきたことだ。それは長い間資本主義の一部ではあったが、これまで用いられることはめったになかった。企業をすぐにでも取引し、分割し、再編することへの熱狂は、グローバル資本主義の特徴である。会社はますます、年金基金やプライベイト・エクイティ・ファンド（投資ファンド）に主導されて、外国人株主によって所有されるようになった。

会社の商品化とは、今日の所有者の会社へのかかわりが、かつてのような意味をもてないということだ。会社の所有者は、明日には所有者でなくなるかもしれない。そうなればどの程度まで頑張って働くか、払いの良さがどれほど信頼につながるか、まさかの時に人々をどのように扱えば良いのか、といったことについての非公式の交渉手段を握る経営管理者集団とその阿吽の呼吸もろとも、会社は所有者の手を離れてしまう。

1937年、ロナルド・コースはノーベル経済学賞を受賞する理由となった理論を唱えた。階層秩序（ヒエラルキー）を持つ企業は、個人だけからなる原子化された市場よりも優れている、というのが彼の理論だ。そのような企業は、信頼に基づく長期的な関係を築いているために、事業を行ううえでの取引費用を減らすことができるというのだ。しかし、このような理由はもはや通用しなくなった。今やどんな機会も逃さない買い手たちが、巨額の資金を積み上げ、業績の良い企業さえ乗っ取ることができるようになった。そうなれば、企業内部

で信頼関係を形成しようというインセンティブはなくなる。あらゆることが偶発的なこととなり、いつでも再交渉に開かれてしまう。

　ここ数年、学術雑誌は、国によって異なる「資本主義の諸類型」についての論文でにぎわっている。それらによれば、日本の例が示すように、ドイツ型の利害関係者モデルではなく、アングロサクソン型の株主モデルに近い、一つのグローバル・ハイブリッド資本主義への融合が進みつつある。1960年代〜1970年代の「日本の奇跡」は、厳格な階層構造、終身雇用、年功賃金、そして企業別組合に基づいていた。それは、低所得国の状態から世界経済に参入する国に適していた。しかしこのモデルは厳格すぎて、日本がグローバル化の時代に適応する邪魔になった。

　その結果、日本政府はアメリカモデルの方向で会社法を修正した。企業は、成果主義に基づく賃金体系、役員や従業員への自社株購入選択権、外部取締役、年功ではなく能力による昇進、株主の資産価値増大の追及、そして中途採用を導入できるようになった。企業は商品化され、金融資本や所有者、すなわち経営者ではなく株主によって組織化されるようになった。それは完全なアメリカ化ではないが、その傾向は明らかだ。

　1990年から2007年の間に、外国人によって所有される株式の比率は、ほとんど6倍になった。株式発行は通常のこととなり、企業が乗っ取りに合う機会が増えた。1990年代末までには、年間500弱の合併あるいは吸収が行われていた。ところが2006年にそれは、ほとんど3000になった。この変化は、会計制度の改革によって企業がより多くの情報を開示して透明性を高めねばならなくなったこと、さらに会社がほかの企業を買収するために株式を用いることができるようにする改革のおかげだった。2007年には、「三角合併」を可能にする法律ができ、外国の会社は自社株を用いて、日本での子会社を通じて日本企業を買収できるようになった。

　乗っ取りの脅しによって会社は、終身雇用を敬遠するようになり、常勤雇用による置き換えのない人員削減が主流となった。「株主重視」を掲げる企業の比率は2007年には40％だったが、「従業員重視」を掲げる企業の比率は13％にすぎなかった。

　ほかの国々も同じような企業の商品化を進めた。そのため被雇用者の生活は

第2章　プレカリアートが増える理由　　45

より不安定になった。サラリーマン階級の人々さえも、自分たちの企業が乗っ取られるか、あるいはリストラのために倒産を宣告されるかによって、明日朝、目が覚めてみると、雇用とそれに伴う生活の安定を失っているかもしれないと思うようになった。会社としては、部分的な防御策として、外部からの脅威に迅速に対応できるようにするために、よりフレキシブルな労働力を求めるようになった。

　企業の商品化は、企業内部での分業をも、より流動的にした。企業活動がどこか別のところで行われた場合に、より安上がりになることが判明すれば、その活動は「オフショア化（海外移転）」（同じ企業内で）されるか「アウトソーシング（外部委託）」（提携企業あるいは他社に対して）された。このようなやり方によって労働過程は断片的なものとなった。企業内の職務構造や官僚制的な「キャリア」は、人々が就くことになると期待していた職務が、オフショア化あるいはアウトソーシングされるかもしれないという不確実性のせいで崩壊した。

　この崩壊は、技能形成の道筋にまで及んでいる。技能に投資する誘因は、技能を獲得する費用、技能獲得の機会費用と、予想される所得増加によって決まる。技能を習得する機会が得られないかもしれないというリスクが増大すれば、技能への投資は減少する。そして会社に対する心理的なかかわりも減少する。結局、企業がより流動的になれば、労働者は企業の内部でキャリアを積もうとする意志を挫かれてしまう。こうして労働者たちはプレカリアートに近づいていく。

　活動を転換する能力という点で見れば、企業は被雇用者よりも身軽になりつつある。多くの被雇用者たちは、簡単に住所を移すことはできない。所得を得ている配偶者、学校生活に馴染んでいる子どもたち、介護しなくてはならない高齢の親戚がいるかもしれない。このことは職業的キャリアを中断させるリスクとなり、より多くの人々をプレカリアート的存在へと追いやることになる。

　21世紀になってますます多くの労働者たちが、企業を、キャリアを積み、所得を確保するための場とみなすことが馬鹿げていると感じるようになってきた。会社で働くこのようなすべての人々に合わせて、社会政策が基本的な安全保障を提供するならば、何の問題もない。しかしいまのところ、まったくそう

なってはいない。

労働のフレキシビリティの魅惑——労働の再商品化

　フレキシブルな雇用関係の追及は、グローバルなプレカリアートの成長の主な直接的原因であった。どのようにしてフレキシビリティがグローバルに広がってきたかについては、別のところで考察した (Standing, 1996b)。ここでは、フレキシビリティの主な形態について、数量、機能、そして賃金の面から考察し、プレカリアートの成長を促進させた諸側面を浮かび上がらせるだけにしたい。

　フレキシビリティへの衝動は留まることがない。経済が沈滞した時にはいつでも、評論家たちが口をそろえてフレキシビリティの必要を叫ぶ。それは、労働力の再商品化の過程であり、労働力の価格すなわち賃金で表される雇用関係が、より直接に需要と供給に反応するようにすることである。このことは第 1 章で示した労働の安全保障の七つの形態すべてが崩されることを意味する。あまりにも多くの評論家が一つの側面だけに注目している。被雇用者の解雇をより容易にし、解雇費用を減らし、臨時雇用や一時雇用の労働者の使用を容易にするという、フレキシビリティによる雇用保障の後退である。これは確かにフレキシビリティの一部分だが、雇用の安全保障の低下は、他の形態のフレキシビリティの増大に用いられているのだ。

　安定した被雇用者たちは、集団として自分たちを組織する傾向が強い。自分たちの雇用主を相手にすることでより大きな安全保障と信頼が得られるからだ。雇用の安全保障は代表権の安全保障とともに進む。同様に、市民労働者（a citizen worker）であるということは、自分自身の職業生活の発展を自分自身でコントロールできると感じられることを意味する。雇用以外の形態の安全保障がなければ被雇用者たちは技能の安全保障を得ることもできない。なぜなら次々に配置転換され、自分たちの個人的な計画あるいは意欲とは別の課業を行うように指令されるかもしれないという恐れがあるからだ。

　鍵となる重要なことは、フレキシブルな雇用関係がグローバルな労働過程の至上命令となっていることだ。私たちは、この変化を逆転させようとして先祖返りの欲望に突き動かされるのではなく、この変化が耐えられるようにするた

第 2 章　プレカリアートが増える理由　47

めに必要なものは何かを突き止めるために、この変化に伴うものは何かを理解しなければならない。

数量的なフレキシビリティ

　30年間にわたって、労働者をより容易に解雇できるようにすることが、職を創り出す方法として提唱されてきた。労働者を解雇することがさほど困難でなくなれば、潜在的な雇用者たちは、それだけ多く労働者を雇用することになるだろうと主張された。雇用の安全保障を弱めることは、国際通貨基金（IMF）、世界銀行、その他の国際機関によって、外国資本を引き付け、留めておくために必要なこととされた。各国政府はこれに従って、お互いに雇用の保護を弱める競争を始め、雇用の保護がない労働者を雇うことはより容易になった。

　プレカリアートについての支配的なイメージは、長い間「非典型的」あるいは「標準的でない」と呼ばれてきた労働形態における数量的フレキシビリティからきている。主な会社は、雇用のほとんどを外部委託に切り替えている。他方で、会社に忠実だと評価された少数のサラリーマン階級（会社内の市民）を保持し、それらの少数者と会社が、最も重要な資産である知識、すなわち第三次的企業としてレントシーキングを行う能力を分かち合う。このようなサラリーマン階級は自分たちの会社のなかで投票権をもち、決定の際に意見を聞かれ、それが考慮される市民である。このような権利は、企画や組織に関する戦略的決定の投票権をもつ会社のオーナーたち、すなわち多数株所有の株主たちによって暗黙のうちに受け入れられている。

　フレキシビリティの一つの特徴は、一時雇用を用いることがますます増えていることだ。それによって企業は素早く雇用を転換でき、企業内の分業を状況の変化に適応させて変えることができる。一時雇用は費用面で有利だ。賃金はより安くなる。経験を考慮した支払いの必要はなくなる。被雇用者が企業利益の分け前にあずかる権利は減る。そしてリスクも減少する。誰かを一時雇用するということは、何らかの理由で被雇用者に生じた異常事態とかかわる必要はないということなのだ。

　財の生産労働ではなくサービス労働が優勢になってくると、労働は持続的なものではなくプロジェクト中心のものとなってくる。そうなると労働需要はよ

り流動的になり、一時雇用の利用はほとんど必然となってくる。一時雇用を増大させるそれほど明確ではない要因もある。一時雇用契約で働く人々は、とりわけこれまで常勤が行ってきた職務の労働強度が強められた場合でも、より一生懸命働く傾向がある。常勤の人々は、どんな変化にも憤慨するかもしれない。しかし一時雇用契約の人々は、よりたやすく半失業状態に置かれてしまう。たとえば、労働時間が削減され支払いも少なくされる。一時雇用の人々は、それを恐れるのでよりたやすくコントロールされてしまう。一時雇用の人々が自分たちに押し付けられた命令を我慢できなければ、雇用主は最低限の騒ぎと費用によってクビにできる。

　一時雇用労働者は、他の人々から譲歩を引き出すためにも用いられる。すなわち他の常勤の人々は、命令を聞かなければ一時雇用に取り替えるぞ、と警告されるのだ。たとえば、アメリカのハイアットホテルで働くルームメイドは、決まった仕事を1日8時間行うという契約であった。ある日突然、1日12時間、より多くの部屋（30部屋）の清掃を行うように圧力をかけられている人材派遣会社の臨時職員と並んで働くようになった。常勤職員は一時雇用に取り替えられつつあったのだ。

　最も衝撃的な例は、日本のサラリーマン・モデルの萎縮である。会社は若者を生涯にわたって雇用するやり方を凍結し、一時雇用契約に転換した。給料はより少なくなり、一時雇用労働者は研修の機会と福利厚生を拒否された。いくつかの工場では、労働者は雇用の上での地位の違いに従って違う色の作業服を着るように義務付けられた。これはオルダス・ハクスリーの空想小説『素晴らしき新世界』に出てくる知識階級アルファと労働階級エプシロンを思い起こさせる。現実が空想の芸術をまねる実例だ。

　より多くの一時雇用を用いる単純な理由は、他社がコスト削減のためにそうするからというものだ。一時雇用を用いることによる競争力の強化は、会社が他国で同じ業種の先進企業によって行われていることを競って模倣したがる、すなわち「優性効果」として知られるパターンが見られるグローバルなシステムでは、ますます重要になっている。多国籍企業は、子会社を設立する場所で自分たちの雇用モデルを打ち立て、たいていは現地の雇用慣行を押しのけていく。こうしてマクドナルドの「ベスト・プラクティス」モデルは、技能の解体、

第2章　プレカリアートが増える理由　　49

長期雇用のベテラン従業員の除去、労働組合潰し、低賃金と貧弱な福利厚生を含むようになった。そして他社もそれに追随した。経営者が引き出すことのできる雇用対策のレパートリーは、多くの観察者によって注目されている（Amoore, 2000; Sklair, 2002; Elger and Smith, 2006; Royle and Ortiz, 2009）。いくつかの会社は独立した労働組合を潰すために、「御用組合」すなわち雇用者によって作られ、運営される労働組合を用いる。会社組織、技術変化、そして政治的な要因が戦術の選択に影響することによって、一つのグローバルなモデルが現れつつある。労働者の側でこれに対して効果的な抵抗が持続するなどと想像することは幻想なのだ。

もう一つの例は、ウォールマートだ。ウォールマートはアメリカ最大の小売業者だ。業界の標準を作り出すとともに、アメリカの長者番付上位10人のうち4人の富の源泉でもある。ウォールマートは洗練されたジャスト・イン・タイム方式によって成長してきた。それは労働のフレキシビリティを極端に追及して労働コストを引き下げるものであり、世界で最も嫌われるモデルとなった。一時雇用がその仕組みの要である。何か文句を言おうものならすぐにクビにされてしまう。

一時雇用への転換は、グローバル資本主義の構成部分だ。それは、企業が速やかにその従業員を一時雇用に転換したり、被雇用者の大部分を請負契約の外注に転換したりするのを助ける、人材派遣業者や労働者派遣会社の成長を伴っていた。人材派遣業者はグローバルな労働過程を形作る巨人のようになっている。スイスに本社をもつアデコ（Adecco）は、70万人の労働者を登録しており、世界最大の民間雇用者の一つとなっている。1970年代に設立された日本の人材派遣業者パソナは、毎日、短期契約の労働者25万人を送り出している。パソナの創業者は、フレキシビリティは企業にとっても労働者にとっても利益であるとして、長期雇用という古い規範は感傷的だとして退ける。「常勤労働者になるということは、生涯を通じて搾取されるということです」と『エコノミスト』誌に語った（The Economist, 2007）。ヨーロッパやアメリカの派遣会社のように、パソナは数十の子会社を設立し、アジア諸国やアメリカでの下請け生産やアウトソーシングのプロジェクトに携わっている。

人材派遣業者は、清掃や病院の補助のような、事務職や単調な仕事に焦点を

合わせるのが伝統であった。その後、「福祉手当受給者」を相手にする儲けの多い仕事のブームがあった。今では、仲介のマージンがより高い専門職の分野にますます参入するようになっている。たとえばアデコの場合、かつては20％が専門職、80％が事務職とブルーカラー労働者であったが、今では3分の1が専門職になった。

　南アフリカのような国での一時雇用、多国籍人材派遣業者、そしてみすぼらしい労働者斡旋業者の成長は、法改正によって促進され、1990年代に民間の人材派遣業者への姿勢を転換したILO（国際労働機関）のような諸機関によって正当化された。日本では、1999年の法律によって一時雇用契約の禁止が撤廃され、多くの分野で民間派遣業者が活動できるようになった。2004年以後は、製造業への派遣も解禁された。このような改革が日本のプレカリアートの成長に貢献したことは疑いない。イタリアでは、一時雇用契約を導入した1997年のトレウ法、そして民間職業斡旋業者を解禁した2003年のビアジ法によって、プレカリアートが拡大した。この国からあの国へと一時雇用を拡大させていくグローバル化の圧力は明らかだ。

　それは、「トライアンギュレイション」というぎこちない用語の下で起こっている事態を伴っていた。労働法と団体交渉は、雇用主と被雇用者間の直接的な関係に基づいて構築される。しかし、第三者が仲介業者となる時、いったい誰が責任を取るのか。被雇用者をコントロールしているのは最終的な雇用主だろうか、それとも仲介業者だろうか。こうして、不安定さに加えて、意思決定と責任の範囲がぼやける。これらの問題については、法律家を喜ばせる膨大な判例がある。しかし一時雇用労働者たち自身は、最終的な雇用主と仲介業者という2人の主人に対して、報告することしか知らないのだ。

　この状態にはしばしば暗雲が立ち込める。カナダのオンタリオ州では、たとえば、一時雇用仲介業者を規制する法により、次のようになっている。一時雇用労働者は雇用契約に署名したとたんに、職場や作業の種類を選択する権利を放棄し、自分の「労働力」の管理を明け渡し、自分自身を商品化してしまう。仲介業者に登録して料金を支払った以上、そうなるのだとされる。これは、権利を切り詰められた二級市民に向かう道だ。一時雇用労働者は、呼び出しにはいつでも応えなくてはならないので、暮らしのなかで自分で管理できる時間が

第2章　プレカリアートが増える理由　51

縮小する。誰でも雇用を得るための時間は必要だが、一時雇用の場合、その時間が労働時間を超えてしまうのだ。

だから一時雇用に向かう傾向は強力だ。いくつかの国々、特にイギリスとアメリカでは、一時雇用として分類される雇用はほとんどない。なぜならば、短期の雇用は、雇用に関する保障がまったくない雇用であり、実質的に一時雇用に等しい場合でも、公式に記録されないからだ。歴代のイギリス政府は、被雇用者にとって何の保障もない期間を延長し、雇用主が契約打ち切りをするために必要な費用を減らしてきた。それは常勤雇用を密かに臨時雇用に変えることだ。ほかの場所では、「標準的な雇用関係」を防御する取り組みのなかで、労働組合と政府と雇用主団体が合意して、常勤と並ぶ一時雇用の被雇用者を設定し、二重の労働力市場を創り出した。

一時雇用の比率が減少する兆候はない。それどころか、2008年の金融危機とそれに続く不況は、企業が「常勤」の被雇用者を取り除き、より多くの一時雇用を迎え入れるための口実となった。2010年までには、一時雇用は、日本では労働力の3分の1を占め、25〜54歳の働き盛り世代労働者の4分の1を占めた。2009年1月には、解雇されて間もない500人のホームレス労働者たちが、東京の中心地にテント村を設置した。そこに政治家やテレビクルーたちが集まった時、当局は、使っていない公共施設を宿泊所として手配した。それは一週間続いただけだったが、社会的保護の広範囲に及ぶ不足が注目を集め、プレカリアートの意識を高めた。しかし、いまだに家族と会社が人々の世話をするものだというイメージが強烈であり、国が手を引いたことは国が失業者の面倒をみる必要はないということを意味していた。人々の間には失業者になることは汚名だというスティグマがあり、失業者は簡単にサポートを求めることができなかったのだ。しかしこの事件は、そのような認識が社会とともに変化することを予告するものだった。プレカリアートは突然、現実の存在となったのだ。

2008年の金融危機以後のアメリカでは、企業は、固定費を避けるために、常勤の被雇用者を「契約身分」に置くという、1991年のソ連崩壊後に形成された戦術を用いた。ソ連の場合、企業は、労働者の作業履歴書を保持しつつ、数百万の労働者を「無給休暇」扱いとした。これは、雇用がもちこたえたという印象を与えた。しかし、労働者は疲弊し、実際、多くの人が亡くなった。アメリ

カでは、被雇用者は、一時雇用契約に転換されたために、健康保険を利用したり、有給休暇をとったりすることができなくなった。アメリカはソ連と同じ道をたどった、というのは言い過ぎかもしれない。しかし、その戦術によって労働者はプレカリアートになり、多くの人々が苦しむことになった。

ヨーロッパもまた、一時雇用を促進しつつある。ドイツでは、数百万人の労働者が一時雇用（Zeiterbeit）という区分に追加された。イギリスでは、派遣業者を通して雇われた労働者に対して、正社員と同等の権利、同じ給料、休暇や基本的な労働条件を与えるという EU 指令に労働党政府が反対し、その実施を遅らせた。労働党政府は、イギリスを、外国からの投資にとって魅力的な場所にしておきたかったのだ。しかし労働党政府はそうやって、一時雇用契約を結んでいるすべての労働者を不安定な地位に押し留めていたのだ。

スペインはその間、労働力の半分が一時雇用契約になり、多層的な労働市場の縮図となった。2010年に OECD は、金融危機以後に失われた職の85％が一時雇用であると推定した。OECD は次のように主張した。常勤被雇用者を解雇するには費用がかかるために、常勤被雇用者が仕事に留まったのだと。しかし、俸給を取る常勤職員にかかる高い費用は、一時雇用への転換だけでなく、外部委託や出稼ぎ労働者への転換も引き起こしていた。政府と労働組合は、より以前のフレキシビリティへの圧力に対しては常勤労働者の雇用保障を保ち、一時雇用への歯止めとすることで対応していた。このことは多層的な労働力を創り出しただけでなく、プレカリアートを犠牲にして組合員だけを守る労働組合に対するプレカリアートの恨みをも創り出した。

数量的フレキシビリティのもう一つの側面は、パートタイム雇用の成長だ。その原因は、女性の地位の変化やサービス業への転換だ。それもまた、半ばかなりの程度非自発的なものだった。アメリカでは、労働統計局が2009年半ばに次のように推定した。3000万人以上の人が「必要に迫られて」パートタイムで雇用されている。それは、失業者数の２倍以上になり、それらの人々を含めて修正した失業率は18.7％になる、と。たとえ経済状況が良くなったとしても、このようなパートタイムの人々は、依然としてパートタイムで低賃金のままだろう。

パートタイムという用語は誤解を招く可能性がある。なぜなら、パートタイ

第２章　プレカリアートが増える理由　　53

ムとされる雇用のなかには、そうではないものも含まれるからだ。第5章で議論するように、企業が形式上はパートタイム労働者として雇っているが、実際は、パートタイム以上の労働を期待しているような場合が数多くある。ある女性は、『ウォール・ストリート・ジャーナル』紙に次のように語った（Maher, 2008）。「私は、パートタイムの身分だけど、フルタイムで働いています」。多くの人々は、ただ生活費を稼ぐために、あるいは、クビになった時の保険として、二つのパートタイム雇用に就かざるを得ない。

　数量的フレキシビリティはまた、外部委託や海外移転を伴ってきた。金融危機によって、生産や雇用が縮小しているにもかかわらず、労働の外部委託へのグローバルな流れは加速された。経営陣は、コストを削減する方法を見つけるために必死になった。一つの方法は、緊急性の低い配送を安価な船荷に切り替え、それまでは、高価な空輸手段を用いても引き合う場合に限られていた海外下請けを、さらに拡大できるようにすることだった。企業はまた、「近隣国からの部品調達」と「近隣国への委託」をいっそう促進した。これらすべての場合に雇用の保障は、蜃気楼のように消えてしまった。

　最後に、「ゼロ時間契約」といううめき声が聞こえてくる。それは、雇用契約は結ぶが、労働時間の規定がなく、求めに応じて働かねばならないが、いくら支払われるかも決まっていないような契約だ。別のうめき声は「無給休暇」で、これは、時には一度に数ヶ月の、時には毎週の決まった日を休日として、無給休暇とするという一時解雇の遠回しな言い方だ。それはフレキシビリティの実現を作動させるためのレバーだ。さらに別のうめき声にインターンの使用がある。この新奇な身分に就く人の数は、金融危機以降拡大した。各国政府はそれに補助金を出して奨励してきた。無給休暇の場合のように、インターンは雇用と失業の統計に表れないので、政府にとっては都合が良い。インターンにかかるコストの大部分は、インターン生とその家族が負担するのだ。

　数量的フレキシビリティのすべての複雑さを考慮すれば、その結果は、プレカリアートの境遇に近づくますます多くの人々の不安定な就労生活だということがわかる。毎年、OECD諸国の被雇用者の約3分の1が、あれこれの理由で雇用主のもとを去っている。アメリカでは、約45％が毎年仕事を辞める。ごく少数の人々はいまだに長期雇用されてはいるとはいえ、長期雇用のイメージ

は誤解を招く恐れがある。離職の3分の1だけが、企業の創設と廃止によるものなのだ。

1960年代、先進国の労働市場に入る典型的な労働者は、退職するまでに、雇用主を4回変えると予測されていた。このような当時の状況では、自分が雇われている企業にアイデンティティをもつことには意味があった。今日、労働者がそうすることは愚かなことだ。現在、一般的な労働者は――女性である可能性が高いが――、30歳に達する前に9回雇用先を変えると予想されている。数量的フレキシビリティによって引き起こされた変化は、このような広がりをもつのだ。

機能的フレキシビリティと職務の不安定

機能的フレキシビリティの本質は、企業が、経費をかけずに素早く分業を変化させ、さまざまな職務、地位そして職場に労働者を配置することを可能にすることだ。グローバルな競争そして現在進行中の技術革命を見れば、なぜ会社がこれを望むのか、そしてなぜ各国政府がこれを支援したいのかが理解できる。けれどもそれは、プレカリアートの数を増大させ、痛みを伴う変化をもたらした。数量的フレキシビリティが、雇用の不安定を引き起こす一方で、機能的フレキシビリティは、職務の不安定をいっそう強める。

それを助長する変化は、労働の編成をめぐる経営者の権限の強化によってもたらされた。それは、1970年代と1980年代の闘争の主題であり、雇用主がその支配権を労働組合や専門職組合からねじりとったものだ。被雇用者たちをより服従させるという意味では、それは「プロレタリアート化」を進めるものであった（Standing, 2009）。しかし逆説的なことに、それは「プレカリアート化」にとって、不可欠なことだったのだ。分業に関する管理者側のコントロールを打ち立てることによって、経営者は、作業進行にかかわる慣行に介入することを含めて、フレキシブルな編成を行うことができるようになった。

多くの企業が多国籍企業になるにつれ、経営者は、自分たちのネットワークやサプライチェーンの内部にある工場の間で、労働者の職務や機能を切り替えることができるようになった。労使関係分析の辞書には新しい言葉が入ってきた。外部委託（アウトソーシング）という言葉が、労働者の配置転換にかかわる、

第2章　プレカリアートが増える理由　　55

重なり合うさまざまな過程のすべてを意味する言葉になった。分業をコントロールすることによって、オフショア化（他の国の工場に被雇用者あるいは課業を移すこと）もインショア化（国内の工場の間で被雇用者あるいは課業を移すこと）も、そしてどちらが有利かに応じて、アウトソーシングとインソーシングを自由に選択することが、より容易になった。

　利益を最重視する経営者あるいは技術者は、このような切り替えができるようになったことが魅力的に見えるだろう。しかし、それに従う労働者への影響を考えてみよう。大部分の人々は、自分でキャリアを築いていくことができなくなった。したがってもはや、何らかの働き盛りのようなものを、理想として思い描くことはできなくなった（Sennett, 1998; Uchitelle, 2006）。しかし今では、さらに多くの人々が、まったくキャリア形成を考えることもできなくなった。経営者の特権を強化することで、職務の不安定を引き起こすことは、新しい規範となった。人々は猶予なく移動させられ、昇進の階段の次の段は突然外部委託されてしまう。こうなればキャリアを築き、職歴を積み上げることなどできはしない。

　関連した傾向として、生活の「契約化」の一部である個人契約の広がりがある。産業社会の規範は、団体交渉によって定められ、たいていの場合、同じ部門の他企業にも適用される労働協約だった。しかし、労働組合と団体交渉の役割が縮小するにつれ、個人契約が増大した。しばらくの間は、少数の労働者だけが、任意の契約で就労していたが、個人契約に向かう傾向は、強くなった。個人契約によって企業は、ある労働者をサラリーマン階級に組み入れ、別の労働者に安定した職務を与え、さらに別の労働者にはプレカリアートの地位を与えることができる。こうして労働者の間での分断と階層化を強め、労働者たちに異なった待遇や保障の度合いや地位を与えることができるようになった。個人契約になると、雇用主は契約破棄に伴う罰則の脅威に促され、厳しい契約条件を課して企業の不確実性を最小限にするようになった。

　個人契約は、中国が1994年の労働法と2008年の労働契約法を制定してから、より世界的な傾向となった。それは、定期契約と自由契約を確立した。これらの法律によって、企業は契約に伴う経費を最小限にすることを学んだので、アウトソーシングとトライアンギュレイションが増大するだろう。中国は、世界

で最もダイナミックで最大の労働市場だ。そこでのこのような発展は、特権的なサラリーマン階級とますます増大するプレカリアートが並んで働くような、多層的なグローバル労働力への移行を示すものだ。

　個人契約や臨時雇用化、その他の外的フレキシビリティの諸形態は、もう一つ別の耳慣れない言葉である「第三次化 (tertialization)」で集約される。それは、サービス業への移行を意味する「第三次部門」が伝える以上の意味をもつ。この数十年で、世界の生産と雇用は、サービス業に移行した。よく知られた用語である「脱工業化」は、誤解を招く。なぜならその言葉は、生産能力が崩壊し失われるという意味を含むからだ。しかし、そのような変化の多くは、技術進歩や生産の性質の変化と両立してきた。ドイツは輸出の強豪だがそこでさえ、生産高と雇用のなかで製造業が占める比率は、20％未満に縮小している。フランス、イギリスそしてアメリカでは、それは、はるかに低い。

　第三次化は、フレキシビリティの諸形態の組み合わせにほかならない。つまり、分業が流動的になって、職場が家庭や公共の場にまで広がり、労働時間が変動し、人々がいくつかの仕事上の地位を併せ持ち、いくつかの契約を同時に結ぶようになることだ。それは、人々の時間使用に焦点を当てた、新しい管理システムの先駆けなのだ。それについての影響力のある見方は、マルクス主義文献とフーコー (Foucault, 1977) を参照しながら、職場が拡張して社会になる「社会工場」を創り出す過程として描く、イタリア学派だ (Hardt and Negri, 2000)。

　そのイメージは、あまり正しいものではない。工場は産業社会の象徴だ。そのなかで労働は、大量生産が行われ、固定された職場で直接的な管理のメカニズムのもとにある時間の塊として定義された。それは、今日の第三次的システムとは異なる。フレキシビリティは、より多くの労働のための仕事 (work-for-labour) を伴う。すなわち、職場、自宅、公共の場の区別がぼやけてくる。そして、直接的管理から間接的管理への移行が起こる。そのなかで、ますます洗練された技術メカニズムが採用される。

　機能的フレキシビリティと第三次化の一部として、職場外勤務 (distance working) が増えてきた。それは、被雇用者の集団をばらばらにし、人々を孤立させがちだ。もちろん、多くの労働者が家で仕事をする機会を歓迎してい

る。IBM は、職場外勤務の草分けだ。被雇用者の45％は定期的に職場に来ないので、会社にとっては、年間で1000億ドルの節約になった（Nairn, 2009）。被雇用者はますます「ローミング・プロファイル」を用いて、携帯用パソコンを含む自分が使用するコンピュータのワークステーションに、設定やファイルを転送するようになった。バーチャルな職場は、被雇用者が「在宅」、あるいは自分が望むどこの場所でも働くことで、拡大する。こうして会社は事務所代を節約し、より多くの才能ある人々にアクセスできるようになった（さらに出産後の女性を確保した）。また、稼働する日をより多くし、職場のいがみ合いや同僚との付き合いによる中断を減らした。その結果として、より環境に優しい企業にもなれる。欠点は、インフォーマルな情報の共有ができないこと、団結心が弱まることくらいだ。

　インターネットを通じて勤務するテレワーカーはまた、税や社会保険負担対策のために、従業員給与支払い名簿から外されてしまいやすい。そもそもそのような労働は、記録されないかもしれない。それはおそらく、仕事の範囲や収入を偽装したり、サービスの供給者をますます搾取するためだ。このような影の労働は、第三次化する市場経済にはつきものだ。

職業の空洞化

　機能的フレキシビリティと在宅勤務に加えて、職業構造の変化は、人々が自分たちの職業人としての可能性をコントロールし、開発する能力を破壊してきた。グローバル化時代になって、各国政府は、専門職と技能職の「自主規制」の制度を静かに空洞化し、その代わりに、国家が規制する精巧なシステムを打ち立てた。だが、新しい国家のシステムは、職業団体の能力をはぎ取った。職業団体は、独自の基準を定め、その職業への参入をコントロールし、その職業なりの倫理と仕事の仕方や手順を確立し、再生産し、報酬額とそのための資格を定め、規律訓練の方法と会員の処罰を確立させ、昇進とその他のキャリア形成のための手順を定めるなど、さまざまな機能をもっていたのだが。

　職業人の自主規制への猛攻撃は、新自由主義者の課題の一つだった。ミルトン・フリードマンはマネタリズムの創始者であり、フリードリヒ・ハイエクの後にサッチャーやレーガン、チリのピノチェトを指導した、最も影響力のある

経済学者だった。彼は1945年に、医療専門家を攻撃する本によって、知的な活動を始めた（Friedman and Kuznets, 1945）。新自由主義者は、いかなるものであれ、人々が集団として声を上げることを阻むために、規制を求めた。職業団体は、その槍玉として上位に置かれた。

　競争と市場原理を保つという主張の下で、さまざまな職業に資格が導入され、資格授与が国家機関に移されることを通じて国による規制が強められた。職業団体は、反トラスト法の対象となった。独自の規則を設定するような職業は、独占的に行動することによって、市場を歪めるものだとみなされた。だからより多くの人々が、職業資格のみに従って営業することを求められ、市場原理に従うことを強いられた。

　変化は劇的だった。今日のアメリカでは、1000を超える職種が資格の対象となり、労働力の20％以上を占めるようになった。アメリカ以外の国々での資格の普及も、同じように広範囲だった。労働省あるいはそれに相当する機関が職業に関する規制を管轄するものと思われるかもしれないが、それが財務省に移されるのが大きな流れとなった。アメリカの最高裁判所と連邦取引委員会は、専門職の反トラスト法への適用除外規定を取り除き、1970年代の流れを作り出した。徐々に、ある職業に就く人ができることとできないことを決めるのは、競争と金融機関になっていった。オーストラリアでは、すべての職業は、「競争と消費者委員会」の管轄にある。ベルギーとオランダでは、専門職は、それぞれの国の競争に関する省庁による規制の対象となっている。イギリスでは、政府が支配する規制機関が、競争と消費者の利益を支配的な原則としている。

　市場の規制は、職業の自由化を伴っており、世界貿易機関のサービス貿易に関する一般協定やサービスに関する EU 指令のような国際的な規制の仕組みによって、ある程度まで整えられた。弁護士、会計士、建築家、配管工などの営業に法的な規制があったような国々の職業的な「サービス」の分野で、国内市場が外国からの競争に対して開かれつつある。

　サラリーマン階級と専門技術職階級の聖域であった職業でさえ、「キャリア形成」の切断を通じて、プレカリアート的な傾向が忍び寄っている。金融部門では、今やほとんどの人が短期雇用だ。1000人が働く金融取引が行われる部屋があるとすれば、40歳以上の人は50人、50歳以上は10人しかいないだろう。

第2章　プレカリアートが増える理由　　59

キャリア形成はたいていの場合、たったの5年で打ち切られる。高収入が保障される勝ち組は少数だ。何人かは管理職のサラリーマン階級になる。何人かは消え去り、プレカリアートのなかに飲み込まれる。2008年の金融危機後のアメリカで、自分の寝室やキッチンからわずかな想定上および現実の顧客を相手に、取引を行うパートタイムのミニ金融業者が現れたことも不思議ではない。あらゆる種類の職業で階層化が深まっている。

　機能的フレキシビリティの裏面である雇用の不安定性、そしてさまざまな職業に対する再規制と関連させて、企業は階級の違いに従って、労働者を階層化することができる。すなわち、あまり成績の良くない人々を、将来の展望が見えないか技能を必要としない職務に追いやり、お気に入りの人々には、職業資格証明を伴う常勤の有給職を与えるのだ。そうやって階層区分を決めることは、能力の評価に根差すという面もある。しかし経営者や行政的な規則によって職業構造が管理されることで、専門職の隙間からプレカリアートの道に人々が転換させられる範囲は広がっている。このことは、人々が物事を学ぶ気になるかどうかということに跳ね返ってくる。せっかく職業的な技能を学んでも、それをどう使うか、そしてどう発展させるかを自分でコントロールできないのならば、とても学ぶ気にはならないだろう。

　このような規制によって職業はバラバラにされ、プレカリアートに直結するような専門職もどきが生み出されている。2010年に発行された、最初の国家戦略技能監査報告によると、ここ10年間にイギリスで最も急成長している職には、若干の専門職や技能職、すなわち、自然保護監督官、都市計画士、心理療法士、美容師が含まれているが、大部分は、医療補助員、司法書士、学習補助員などのような半専門職的な仕事となっている。このことは、それぞれの職業人のコミュニティの弱体化と、内部でのエリートとプレカリアートとの分裂、プレカリアートが高い地位に就けなくなったことを反映している。その経緯は、イギリスの大手スーパーマーケットの名前を取って「テスコ法」と呼ばれた2007年の法務サービス法に凝縮されている。その法律によって、最小限の訓練を受け、弁護士には決してなれない法務アシスタントが、スーパーマーケットで、標準化された法務サービスを提供することができるようになったのだ。

　最後に、企業の商品化を反映する職業再編成の領域も新たに出現した。これ

によって、人々がプレカリアートとなる傾向が、ますます強められるだろう。それは、経営の商品化だ。派遣業者を通じて、あるいは、自分自身で短期雇用契約を結んで雇われる臨時経営者が増えている。経営学校の理事たちは、経営が専門職ではないという考えに固執するのなら、多くの臨時経営者が高い地位の専門職から使い捨てのプレカリアートになっても、驚くべきではない。

賃金システムのフレキシビリティ——社会的所得の再構築

　グローバル化にとって不可欠なものは、賃金の柔軟性である。この言葉は、プレカリアートの増大を推進したたくさんの変化を覆い隠すものだ。この言葉が覆い隠したものの本質は、ほとんどの労働者の所得水準が下がっただけでなく、所得が不安定になったことだ。これは、第1章で述べたように、社会的所得という視点で考察できる。

　社会的所得は、再構築されつつある。第一に、ここ数十年間、多くの先進工業国の賃金は停滞した。賃金格差は、常勤の被雇用者とプレカリアートに近い人々との格差を含め、とてつもなく広がってきた。たとえばドイツの製造業では、常勤労働者の賃金は上昇したが、「非典型」契約の労働者の賃金は下がった。日本では、一時雇用被雇用者の賃金は、同様の仕事をしているサラリーマンに支払われる額の40％だ。しかも、1年間の賃金総額の20％相当になるはずの半年ごとのボーナス支払いもない。一時雇用の人々は、会社の社員食堂の社員割引さえ受けられない。2008〜2010年の不況の後で賃金水準が回復した時、数が少なくなったサラリーマン階級の賃金は上昇した。しかし一時雇用の賃金はさらに下がった。

　他の階級の人々と違って、プレカリアートは、貨幣賃金に大きく依存する。20世紀のうちに、サラリーマン階級とプロレタリアートは、貨幣賃金ではない形態の報酬に大きく依存するようになった。主にフルタイムの被雇用者にとっては、賃金への依存から、企業や国家の福利厚生給付への依存という変化があった。その変化は、ソ連と中国で最大だった。中国の「単位」体制（「鉄飯碗」）は、従順であり続けるという条件で、国営企業の従業員に、さまざまな福利厚生やサービスを「ゆりかごから墓場まで」与えた。貨幣賃金から現物給付への移行はまた、福祉国家でも起こった。西ヨーロッパでは、公的給付がより多く、

アメリカと日本では、企業の福利厚生給付がより多いという違いはあったが。それはまた、発展途上国でも起こった。発展途上国の「近代的部門」は先進国で起こっていることをコピーしていたからだ。

エスピン・アンデルセン（Esping-Andersen, 1990）のような何人かの学者は、このような貨幣賃金依存からの移行を、「労働の脱商品化」と呼んだ。それは、労働者が所得を市場に依存しなくなるという意味だ。しかしこの表現は、誤解を招く。企業に対する福利厚生の権利のほとんどは、常勤労働者としての労働市場参加、あるいは安定した仕事をもつ「稼ぎ手」に依存していたからだ。より正確には「疑似的脱商品化」と言うべきだ。労働者は、そのような形態の社会的所得を得るために、市場の独裁に従わねばならなかったのだ。それは、所得の市場からの解放と同じではない。

いずれにしても、グローバル化によって、賃金から福利厚生への傾向が逆転した。サラリーマン階級は、ボーナス、有給の療養休暇、医療保険、有給休暇、託児所、交通費補助、住宅手当など、企業によって与えられるきらびやかな一連の福利厚生給付や特権を保持し、享受し続けていた。しかしサラリーマン階級の「中核」は縮小し続け、少しずつそれらの特権を失いつつあった。プレカリアートは、完全にそれらを奪われていた。

このようにして、賃金のフレキシビリティは、プレカリアートを形成していった。特に先進工業国では、雇用主による福利厚生やサービスの負担や提供が、労働コストの大きな部分を占めるようになっていたのだ。チンディアからの競争に直面し、企業は、外部委託と海外移転、労働力の多くのプレカリアートへの置き換え、特に福利厚生を受ける権利のない一時雇用労働者の利用によって、そのような労働コストの負担を軽減してきた。

これは、労働の再商品化だ。なぜなら、報酬のほとんどが貨幣賃金だからだ。それは、雇用がより偶発的で、競争的になることを伴った。たくさんの例を示すことができるが、アメリカで起こってきたことが最も興味深い。サラリーマン階級は企業の福利厚生を保持してきたが、中核的な労働者はプレカリアートに向かっていると予想される。アメリカに本社を置く企業のうち、医療給付を提供する企業の割合は、2000年の69％から2009年の60％に落ちた。2001年には雇用主は、従業員の医療費の74％を支払ったが、2010年までには64％になっ

た。1980年にはアメリカの雇用者は、退職金の89％を負担したが、2006年までには52％に落ちた（Dvorak and Thurm, 2009）。2009年までには企業年金のあるアメリカの被雇用者は、全被雇用者のわずか5分の1だった。

　主な理由は、アメリカの企業がグローバル化の危機に適応するために、コストをカットしようとしたことだ。2009年には、まだ医療保険を提供しているアメリカの雇用主は、平均して被雇用者1人当たり年間平均6700ドル、すなわち2001年のほとんど2倍を支払っていた。これに対する対策として、中核的な被雇用者に「高額控除免責金額付き医療保険」が提供された。それは、被雇用者が規定の額まで、医療費の最初の部分を支払わなければならないというものだ。フォード社は、2008年に「自己負担なし」の医療保険を撤廃した。その結果、被雇用者とその家族は、保険金支払い開始前の最初の400ドルと、医療費の大部分に対する20％を支払うことが要求された。こうして被雇用者の所得の一部がはぎ取られた。

　一方で、プレカリアートに押し込まれた人々からは企業年金の契約が取り上げられている。会社は、年金義務や、退職後の被雇用者への生活援助の支出となる「負の遺産」のコスト削減を促進している。広く使われている退職金制度401(k) は、通常、被雇用者による退職金口座への貯蓄に加えて、雇用者がさまざまな額の拠出を行うこととされている。2009年には、アメリカの企業の3分の1以上が、その拠出金を削減するかあるいは撤廃した。50歳以上の人々の権利を擁護するための非営利団体である米国退職者協会（AARP）でさえ、その団体の職員に対してそうした。コンピュータ会社ユニシスのようないくつかの企業は、古いスタイルの年金制度を閉鎖、または凍結する時に拠出金を引き上げた。それは恨みを買わないようにするためだったが、拠出金の引き上げは、後に停止された。企業年金は消えていくばかりだ。

　これによって雇用主と被雇用者の相互関係が掘り崩された。数世代にわたってアメリカ資本主義の典型であったフォード社は、しばしば拠出金を取りやめ、2001年から2009年の間で拠出したのは2年半だけだった。2003年以降に雇われたサラリーマンには、企業年金がまったく無い。フォード社は、「若い労働者はもはや一つの会社でのキャリアを考えていない」と主張し、労働者が動けるようにするために、自己管理の退職金積み立て口座に切り替えたと主張し

た。実際にはフォード社は、人件費をカットし、リスクとコストを労働者に転嫁していただけだった。労働者の生活は、より不安定にされつつある。

　ミシガン州の大規模な自動車生産地域では、企業による福利厚生の放棄は政府補助金とムダを省くとされたリーン生産方式の核心である労働強化のおかげで、ゆっくりだった。しかし、福利厚生が少しずつ削り取られるとともに、プレカリアートの隊列は、最もありそうもないと思われた形で膨らんだ。自動車企業での雇用は2000年から2009年の間に4分の3に落ち込むほど、低迷した。次々と工場が閉鎖されるにつれて、「GM ジプシー」と呼ばれる国中を移動する自動車生産労働者の集団が現れたのだ。

　アメリカに典型的な20世紀資本主義の社会契約は企業年金の上に成り立っていた。その企業年金が削り取られていけば、イギリスのような国が主導していた国家年金も当然そうなる。今日のイギリスの国家年金は、平均所得の15％にまで低下し、受給資格年齢は65歳から68歳に上がった。受給資格年齢は、70歳、またはそれ以上に後退するだろうと予測されている。労働党と保守党に受け入れられた年金委員会のターナー報告は、より長期間にわたって就労せよ、より多く貯蓄せよ、そうすれば非常に控えめな国家年金が助けになるという、三つの柱からなる政策を提案した。それは、資力調査による受給要件を厳しくすることを意図するものだった。しかし、基礎年金額が上昇し、資力調査による受給要件が緩和されない限り、貯蓄への動機は弱まるだろう。貯蓄によって、自分の年金の受給資格を失ってしまうのなら、低所得者たちは貯蓄しようとしないだろう。

　社会的所得の再構築のもう一つの面は、固定的な支払いからフレキシブルな支払いへの転換だ。繰り返して言うが、フレキシビリティとは、雇用者が有利になり、賃金労働者がより多くのリスクを背負って、不安定になるという意味だ。20世紀の労働運動の要求の一つは、安定した予測可能な賃金だった。しかしグローバル資本主義は、素早く賃金を調整することを望む。そして、グローバル資本主義は、自分の思い通りにならない場合、思い通りにできると思うところまで行きつく。2009年には、平均的なアメリカ企業の給与支払いのなかで、業績に対する報酬のように変動する部分の割合は、1994年の倍になった（Dovorak and Thurm, 2009）。

64

1980年代初頭の不況の時期には、賃金上昇と引き換えに、労働組合と被雇用者が福利厚生の受給資格を諦めるというような、特権に関する取引が急増した。現在、特権に関する取引は、さらに一方的になっている。所得の賃金部分を上げるためとして、労働者の下層から福利厚生が取り上げられているが、賃金は停滞している。2009年には、フォード社の労働者は、生活費手当を諦め、有給休暇と、子どものための大学進学奨学金および学費援助も失った。賃金は同じままだったので、労働者たちの生活はますます不安定になった。そして職業の空洞化を含めて、フレキシビリティのあらゆる形態をさらに増大させる圧力がかけられた。こうしてフォード社は、全米自動車労働組合と次のような団体協約を結んだ。すなわち、未熟練労働者の賃金を凍結し、ストライキ禁止条項を受け入れ、そしてそのような特権を受け入れた見返りとして、現在の労働者にボーナスを支払うというものだ。GM社とクライスラー社でも同様の協定が結ばれた。そこでも、職務分類の数が減らされたのである。GM社の場合は、熟練工の分類はわずか三つになった。

　このような展開は、世界中で起こっている調整過程の一部だ。同じことの繰り返しだ。中国の労働者たちが、より高い賃金とより良い条件を求めて騒いだとき、多国籍企業は貨幣賃金の大幅な増加を認めたが、同時に企業の福利厚生をなくしてしまった。中国深圳市でフォックスコンに囲い込まれた労働者たちは、格安の食料、衣料品、そして社員寮を提供されていた。2010年6月、フォックスコンの幹部は、「今日、我々は、政府に社会的機能を返還するつもりだ」と言い、代わりに賃金を大幅に上げたと発表した。会社は、労働者たちが多くの賃金（賃金は96％も上昇した）を得ているという印象を与えて、貨幣賃金に転換したのだ。だがそれによって、報酬の形態と労使関係の性格は変化した。グローバルモデルは中国に来ていた。

　プレカリアートは、賃金のフレキシビリティの威力のすべてを経験している。プレカリアートの賃金は低く、変わりやすく、そして予測できない。プレカリアートの賃金の変わりやすさが、個人的な必要性からくるものだとは言えそうにない。プレカリアートの境遇にある人々は、病気や家族の不運な出来事など、通常以上にお金が必要となった場合でも、平均以下の所得しか受け取れないことが多い。そうなるとプレカリアートの経済的な不確実性は、金融市場

のやり方に従ってさらに強められる。取引信用度の不足を反映して、プレカリアートはより高いコストで融資を受ける。そればかりか、プレカリアートの多くは必要に迫られて、耐えられないほど高い率の利息と、非現実的な返済計画で、高利貸しからお金を得ることに必死になってしまう。

貧しい人々の間で、所得不安定の一形態が、どのようにして他の形態の所得不安定を強めるかについては、多くの研究と、かなりの数の小説がある。不安定な所得で暮らす人々、とりわけ短期の低賃金に就いたり辞めたりを繰り返し、不親切で厄介な福祉制度に頼ってやりくりする人々は、慢性的な債務に簡単に陥ってしまうのだ。

何年もの間、社会的所得の再構築と賃金停滞の影響は、国からの補助金によって緩和されていた。このことは後に検討する。しかし、プレカリアートへの道を転がり落ちていく人々の所得が停滞し、経済的な不確実性に陥っていたことも、隠されていた。ほとんどのOECD諸国政府が助成する低利融資があったためだ。中産階級の家族は、自分たちが稼いだ所得が減少しつつあるという事実に向かい合うことなく、稼ぎよりも多くを消費することができたのだ。偽りの民間福利厚生給付金が与えられていたわけだ。だが金融危機は、誰もが猛烈な経済成長による第二金ぴか時代で得をしたという幻想を粉々にした。突然、何百万人ものアメリカ人とヨーロッパ人は、自分たちがほとんどプレカリアートに近づいていると感じた。

つまり、グローバル資本主義下の社会的所得は、ますます不安定になっている。会社が「身軽になる」ということは、プレカリアートの所得が不安定になるということだ。そして所得の再構築とは、経済的に不安定な人々の生活の費用が増えることを意味する。不確実性と不安定性によって特徴付けられる市場社会では、保険に入ることが推奨され、保険に入る者は褒められ、保険に入ることができない者は罰せられる。しかし一時雇用契約で暮らす人々が、お金を必要とする確率はより高い。したがって、保険に入ることはより難しく、より多くの費用を必要とすることになる。

グローバル化以後の社会的所得再構築に関する最後の論点に進もう。福祉国家以前には、個人と家族は、コミュニティの助けという非公式の仕組みに強く依存していた。だが、今ではそれはなくなってしまった。コミュニティの助け

は、国家の成長と企業の福利厚生によって弱体化された。数世代にわたって、人々がコミュニティの助けを必要ないと思うようになり、それは消えた。しかし、企業が福利厚生を減らし、国家が資力調査付の給付を選んだ時、頼りになるコミュニティからの支援はもはやなかった。親戚からの助けを得ることができなかったある59歳の失業したスペイン人は、『フィナンシャル・タイムズ』紙に語った「一番助けて欲しい時に、何の助けにもならない」（Mallet, 2009）。家族的な助け合いの関係はすっかり壊れてしまっているのだ。

　要するにプレカリアートは、さまざまな環境の独特な組み合わせに直面している。かつての労働者階級やサラリーマン階級とは異なり、プレカリアートには、所得の安全保障を与えてくれる企業の福利厚生給付も、拠出金ベースの社会的保護もない。そして、プレカリアートは貨幣賃金に依存しなければならないが、労働者階級やサラリーマン階級よりも貨幣賃金は低く、変わりやすく、そして予測できない。所得や福利厚生の不平等は激化している。プレカリアートは置いてきぼりにされて、コミュニティに依存している。だが、そのコミュニティによる社会的な支援は、すでに衰退しているのだ。

不安定な失業

　失業は、プレカリアートの生活の一部だ。しかし、失業に対する見方が変わったために、失業は厄介なものになった。グローバル化以前の時代では、失業は、経済的、構造的要因のためと見られた。失業者は、誤った時と場を選んでしまった不運な人とみなされていた。失業手当の制度は、社会保険の原理に基づいていた。誰もが拠出し、失業者になる確率の低い人々が、失業者になる確率の高い人々を補助するのだ。

　いくつかの国では、そのような虚構が続いている。とはいえ、そのモデルは崩壊した。拠出する労働者の数が減少するか、自分たちのために他の労働者に拠出させようとする労働者が減少した。拠出の規則に基づいて失業手当を受け取る権利をもつ人も減少した。しかしいずれにせよ、失業に対する公的な見方は根本的に変化した。新自由主義的な枠組みから見れば、失業は、個々人が責任をもつべき問題だ。失業はほとんど「自発的なもの」だとされた。人々は、多かれ少なかれ「雇用され得る」人とみなされた。失業問題に対する解決は、

そのような人々をより雇用されやすい人にすることであり、「技能」を向上させるか、あるいは「習慣」や「態度」を改善させることだとされた。これは、失業者を怠け者やたかり屋として非難し悪者にする、次の段階に行くことを容易にした。その結果どうなるかについては、第6章で考察する。ここではただ、どのようにして失業がプレカリアートに影響したかを見よう。

　1980年代初頭のグローバル化時代の最初の不況によって、プレカリアートが出現しつつあった労働市場の下層の人々に対する公的な見方が変わった。また、職を失う人々の間での職に対する見方も変わった。イギリスでは、高い失業率と、フレキシブルな賃金や不安定な職が結合され、とりわけ労働者階級の若者たちは、提供される最低の職を軽蔑することが正しいとみなし、「失業手当」を喜んで受け取るようになった。このような職への拒否を表現したのは、UB40 のようなポップ・バンドだ。このバンドは、バンドの名称（失業給付40号様式）もバンドメンバーも、失業給付のための行列から引っ張ってきたのだ。これは、減少しつつある労働者階級地域で育った若者の少数に影響を与えただけかもしれない。しかし、貧乏人は怠け者で無責任だというイメージをよみがえらせる口実を提供し、公的な見方の変化を助けた。

　本当の問題は、フレキシブルな労働市場だった。賃金が下がり、仕事がさらに不安定になれば、失業手当は、相対的により魅力的になる。それがわかっていたので、先進工業国の政府は給付額を下げ、手当を得ることをより難しく、もらい続けることをより難しくした。それは、ウィリアム・ベヴァリッジ（Beveridge, 1942: 7）が提案した公然たる目的から離れるものだった。彼は失業給付は保険としての性格をもち、一時的な「所得を得る力の停止」への補償として、適切な額の所得を提供するとしていたのだ。しかしこのような政策転換によって「失業の罠」はいっそう広がった。なぜなら、低賃金の職に就くことで給付金が減らされるので、「税金」として取られる額はその賃金の100％近く、あるいはそれ以上にさえ上がってしまったからだ。

　このような悪循環によって、各国政府は醜悪な方向に向かっていった。賃金が下がり、低賃金一時雇用の職が、労働市場の最下層にとって当然のこととなるにつれ、失業手当給付金の所得代替率が上がっていった。中産階級の評論家たちは、「とんでもなく気前の良い」給付金だと嘆き悲しみ、「仕事をする意味

がなくなる」ので給付金はカットすべきと主張した。仕事をする「意味」を与えるために、政府は、就労者への給付金や給付付き勤労所得税額控除を導入した。それは、歪曲と非効率への処方箋とされた。しかし失業の罠は残り、政策立案者たちは、どれほど不愉快で低賃金な職であっても、失業者たちが職に就くように強制する対策を進めていった。

失業手当のグローバルな改革は、プレカリアートの温床として作用した。すべての国で同じではないが、傾向は似ている。最大の変化は、失業のイメージだ。今や失業は、雇用適性がないか、人格的に問題があるか、過大な賃金あるいは不相応な職務を求める人がいるせいとして描かれるようになった。失業手当給付制度は、何かを受け取るに値する人かどうかの確認に基づくようになった。そしてこのような選別は、援助を続けるために、援助を受ける人に対して一定の行動をとるように要求する際の課題となった。

一方、失業保険は、少数の国ではいまだに支配的だ。しかし、どこでも受給条件は厳しくなってきた。受給期間は短縮され、給付額は削減されている。ほとんどの国では、少数の失業者だけが給付金を受け取るが、その数は減少している。そして資力調査付の給付は、それらに付随してさまざまな形で受給者の行動を制限するような給付条件を付けながら拡大していった。

アメリカでは、失業手当を受ける資格を得るためには、通常、前職で少なくとも1年以上はフルタイムで雇用されていなければならない。失業者の半分以上（2010年では57%）はその資格を得ていない。状況は悪化している。なぜなら、給付資格を得られない人々の多くは、労働力市場から脱落してしまうからだ。失業手当受給者の3分の2は、新しい仕事に就けるようになる前に、失業手当の受給期限が切れるのではないかと不安に思っている。2010年までには、アメリカ人の9人に1人がフード・スタンプ（食糧費補助対策）で生活するようになった。失業および不完全雇用の状態にある人々の貧困は、1930年代以来のどんな時よりも悪化した。どの求人に対しても、登録した求職者が6人いた。それは、金融危機以前には1.7人だった。そして長期の失業者は、前回の不況よりはるかに多く、全体の40%を占めた。景気循環の上昇期に生じた雇用拡大が全滅したのは、1930年代の大恐慌以来、初めてだった。

金持ちの先進国世界が雇用をもたらす仕掛けは鈍っている。それは2008年の

金融危機に先立つ。アメリカでは、1940年代から2000年代にかけて、GDP の成長速度は遅くなったが雇用の増加はそれ以上に遅くなった。1940年代には、非農業部門の雇用は、ほぼ40％増加した。1950年代の増加はそれほどではなく、1960年代には少し加速し、1970年代には28％に落ち込み、そして1980年代と1990年代には20％になった。しかし2000年代の雇用の増加は、実際に0.8％にまで落ちた。仕事は「消えて」はいないが、グローバル市場はアメリカの労働者たちを置いてきぼりにしてしまった。

　グローバル化する労働市場では、不況はプレカリアートの増加を促進する。今や、より多くの一時雇用労働者やその他の保護されていない労働者がいて、不況の第一局面で、急速な雇用の削減が行われてしまう余地は、より大きくなった。多数の労働者がレイオフとして一時解雇されても、需要が上向きになると再び雇用される時代は過ぎ去った。底辺の労働者が最初に仕事を失う。しかし、そのような労働者が不況前の雇用統計に、あるいはその後の失業率統計に現れるとは限らない。これによって、もぐり就業や移民労働者のような底辺の労働者が多いヨーロッパのいくつかの国では、公式統計で見る限り、2008年の金融危機の後に失業率がわずかしか上昇せず、雇用もわずかしか低下しなかったことの説明がつく。

　企業は、この不況を利用して、プレカリアートの領域により多くの労働を移し、オフショアリングやアウトソーシングのようなより大規模なものを含めたさまざまの方法を用いて再構築（リストラ）を行った。引き続くアメリカの不況の後で、長期失業の大幅な増大と並んで、より衰弱した労働市場の回復がやってきた。1970年代と1980年代初頭の不況の後に経済成長が回復した時、雇用は直ちに拡大した。それは実質的なものだった。2008〜09年の不況の後に経済成長が回復した時は、１年以上まったく雇用の拡大がなかった。実際、「サンベルト」の諸州では人員削減が続き、「雇用減の景気回復（job-loss recovery）」の恐怖が広まった。

　ドイツでは、失業者の何人かはただ単に国から姿を消した。なぜなら、東ヨーロッパから働きに来ていた人の多くは、出身国の故郷でコミュニティの援助を得ることができるからだ。しかも東ヨーロッパの EU 加盟国から来たのであれば、雇用が回復した時にまたドイツに帰ることができるのだ。それに対し

て、アメリカで不安定な仕事を失う移民たちは、再びアメリカに帰ることができなくなることを恐れて、あえて帰国しようとはしない。ひねくれた言い方をすれば、移民の再入国より容易にすることは、アメリカの失業率改善の助けになるだろう。

　一般に、景気後退によってより多くの人々がプレカリアートの境遇に落ち込む。その理由は部分的には、職を失う人々は再雇用の際に、より低い所得階層に落ちるからだ。アメリカの研究（Autor and Houseman, 2010など）によって、失業後に一時雇用の職に就けば、年間所得と長期的にみた稼ぎが低くなる傾向があることが明らかにされた。失業者がすぐに提供される最初の職を勧められても、断ってしまう理由がこれだ。それは、怠惰あるいはえり好みのせいではなく、単に常識的な判断だ。

　一方、失業者は、待遇の一つとして扱われるようになってきた。あらゆることを契約として扱う傾向は、失業者にも拡張された。失業者は、「依頼者」と名前を変えられ、契約にサインしなければならない。そして、契約条件を守る義務と守れない場合の処罰を、受け入れねばならない。仕事を求めざるを得ない失業者である限り、仕事を得るためには当然サインせざるを得ない。このような状況でサインした契約は、コモン・ローでは通常、無効なのだが。しかしその結果、どうなるかは後で考察しよう。

　失業者もまた第三次化の形態を経験している。失業者には多種多様な「仕事場」——職業紹介所、失業給付金を受け取る事務所、仕事探しのための訓練所——があり、たくさんの労働のための仕事——申込用紙に書き込む、行列に並ぶ、職業紹介所に通う、仕事探しに通う、職業訓練に通うなど——に没頭しなければならない。失業者であることはフルタイム職であり得るのだ。しかもそれにはフレキシビリティが含まれる。いつ呼び出しがあるかわからないのだ。政治家たちが怠惰な失業者と呼んでいるのは、電話の向こうで神経質そうに爪を噛みながら呼び出しを待っている人々のことかもしれないのだ。

不安定の罠

　不安定な労働に基づく労働市場は、マージンが加わるために高い取引費用がかかる。そのような費用には、失業者になった場合に給付金を請求するのにか

かる時間、その期間は所得が得られないこと、職探しに関連する時間と費用、新しい雇用先の仕事を学ぶ時間と費用、新しい一時雇用職の需要に応えるために、職以外の活動によって適応するためにかかる時間と費用が含まれる。これらの費用の合計は、期待する所得と比べて、相当大きなものになるかもしれない。このことが、いわゆる「不安定性の罠」となる。

　失業者の職探しの援助をする企業であるリード・イン・パートナーシップによる2010年のイギリスでの研究は、失業者が職を得るための平均費用を明らかにした。それは就職活動のための衣類、交通費、その間の育児費用、さらに職業訓練の費用などを含めて、総額146ポンドに達した。その額は、長い間失業者だったか、あるいは、一連の一時雇用の低賃金職に就いてきたかもしれない人々にとっては、かなり大きなものだ。しかも就職した最初の１ヶ月間には、さらに128ポンドの費用がかかる。もしも、ただ単に一時雇用の低賃金職しか得られないのであれば、このような不安定の罠による勤労意欲の阻害は、これまで大いに注目されてきた従来の貧困の罠よりも非常に大きい。リード・イン・パートナーシップの最高経営責任者は次のようにコメントした。「私たちのところに来る大部分の人々は、就職面接に行く交通費さえ払えないのです」。

　一時雇用の職で暮らす人々の暮らしには、リスクがつきものだ。一時雇用の職をもち、賃金と生活費が等しいような女性のことを考えてみよう。彼女の職が突然なくなってしまうとしよう。彼女にはわずかの貯金がある。彼女は、なんらかの公的給付を受け取ることができるようになるまで、数週間——もっと多くかもしれない——待たなければならない。その間、彼女は生活水準を落とす。しかし彼女はお金を借りるか、家賃の支払いを待ってもらうなどして負債を背負わねばならなくなるかもしれない。さらに別の要因が加わるかもしれない。一時雇用の職に就く人々はたいていの場合、公的給付の申し込みを急がない。本当に困窮した後でやむを得ず申し込む。だから、親戚や友人や隣人への借金や負債が膨れ上がる。高利貸しがそれを待ち伏せする。不安定なプレカリアートが落ち込む罠は、より手ごわいものとなっていく。

　もしこの女性の運が良ければ、彼女は公的給付を得ることができ、借金のいくらかを支払い、財政的に一息つけるかもしれない。しかしその時、彼女が別の一時雇用の低賃金の職を提供されたとしよう。彼女は躊躇する。いくつかの

給付は、しばらくの間続くだろう。それは、「仕事をしたほうが得」になるのを助け、標準的な「貧困の罠」を減らすという規則になっているからだ。しかし彼女は、職を失った時に、再び恐ろしいほどの取引コストを負担しなければならなくなることを知っている。現実には、彼女がその職を引き受けることはできない。なぜなら、職が続く間に失われる給付のコストに加えて、再び給付をもらうためにさらにコストがかかるからだ。これが不安定性の罠である。

　不安定の罠はコミュニティからの支援の崩壊でさらに恐ろしいものとなる。一時雇用の低賃金職に就いたり辞めたりする場合、国または企業の給付金を受け取る資格を得られない一方で、そのような人々は、お金が必要となった時に、家族や友人からの助けを引き出す力を使い果たしてしまう。これに、借金と、薬物の服用や万引きのような軽犯罪を含む社会病理が輪をかける。さらに、生活の保障がないことのストレスと、派遣業者や潜在的な雇用者に対して、絶えず自分を売り込もうとしなければならないという屈辱によって、事態はより一層悪化する。経済的保障の支えがなければ、フレキシブルな労働市場はこのような結果を生み出すことになる。

2008年の金融危機

　失業者の扱いのより長期的な変化に加えて、2008～09年の金融市場の崩落は、グローバルなプレカリアートの成長を加速した。金融危機はフレキシビリティのさまざまな手段を用いて労働コストをカットするよう、企業にさらに圧力をかけ、そのようなやり方を奨励する政府の政策を促したのだ。

　予想通り、プレカリアートは最初に金融危機の矢面に立った。一時雇用従業員は、単に契約を更新しないだけでよく、削ぎ落とすことが最も簡単だった。世界第二位の人材派遣会社であるランスタッドは、2008年にヨーロッパ全域にわたる一時雇用の急減を報告した。そして企業が以前の不況よりも雇用を削減する傾向が強いと見ている。しかし不況が進むにつれ、プレカリアートの拡大が明らかになった。世界最大の一時雇用派遣業者であるアデコによれば、雇用は再び成長したが、それは一時雇用の労働者に集中していた（Simonian, 2010）。

　イギリスでは、危機の影響として被雇用者数の減少は顕著だったが、自営業者の数はほとんど減らなかった。不況の最初の年には、フルタイムの職は65万

第2章　プレカリアートが増える理由　　73

以上急減した。しかし、パートタイム職は8万ほど増加した。28万人のパートタイム労働者は、フルタイムの職が得られないので、やむなくパートタイム職に就いたと語った。失業者数は、雇用が減った以上に増加した。新しく労働力に加わる若者の流入と、年金と貯蓄の減少に直面している熟年労働者の労働力化率の上昇が主な原因だ。

　アメリカでは、企業は長期雇用者を削減し、長期雇用者以外に対しては、技術革新の導入あるいは外部委託によって雇用を削減した。それは、部分的には企業のぜい肉を削ぎ落として、雇用を削減するコストが将来必要になるのを防ぐためだった。2010年の調査は、不況が始まって以来アメリカで消滅した840万の職の少なくとも4分の1は回復しないだろうと結論付けた（Izzo, 2010）。

　職を削減した後で測定された労働生産性は上昇した。それは、雇用主が職の創出を抑えるために、被雇用者に対してより多くの労働を押し付けていることを反映するものと解釈できる。これは実際に起こっていることのほんの一部分にすぎないかもしれない。なぜなら金融危機によって、外部委託や表に現れない労働への置き換えが加速された可能性があるからだ。たとえば、法的実務を外部委託することがブームになった。この新興市場の先頭を切るのはインドに拠点を置くパンゲア3（Pangea3）であり、その売り上げは一年で倍増した。一方、イギリスとアメリカの法律事務所は新規採用を削減し、法律家たちを整理解雇あるいは一時解雇にするかですったもんだした。この不況は、インドの法律家たちには恵みとなった。

　これまでは、大きな不況のたびごとに不平等が緩和される傾向があったが、今度の不況では、全体的にも、また個々の特定部門でも、所得格差が増大し続けた。金融危機によって、トップに立つ法律事務所とその他の法律事務所との間の業績の格差は拡大した。エリート階級は、サラリーマン階級の一部を一時解雇し、サラリーマン階級の他の部分のキャリア機会を制限することによって、自分たちの所得と地位を守った。一方、プレカリアートとしてのさまざまな不安を背負う法務アシスタントの数は増大している。金融サービスや経済サービスを提供する会社の大手もまた、同じような階級分化によって恩恵を受けている。評判が良くて大きな会社を選ぶのは、不安定な時のリスク回避戦略だからだ。法律の仕事では最も徹底的なリストラが行われているが、すべての

専門職も同じ方向に追いやられつつある。すなわち、少数者が守られているそばで、ますます多くの人々がキャリアとならない不安定な地位に置かれている。

被雇用者に無給休暇を取らせる、すなわち一時帰休（furlough）が、サービス残業の増加と同時に、アメリカで増えてきた。2010年にアメリカの20の州政府は、無給休暇を取ることを職員に要求した。20万人を超える公共部門の労働者が、毎週金曜日に無給の「休暇」を取った。それは、労働者の所得の損失ではあったが、家族とより多くの時間を過ごせるように職場から解放されるひとときとなった。「金曜日の休暇」はアメリカ中で、なくてはならない生活の一部分となった。しかしそれは、被雇用者をサラリーマン階級の居心地のいい場所から追いやる第一歩だった。

一時帰休はヨーロッパにも蔓延した。あるイギリスの大企業は、被雇用者に２週間の無給休暇を取ることを求め、95％が応じた。他の諸企業は、50％の給与で２ヶ月の休みを取ることを提案した。ブリティッシュ・エアウェイズは、すべての職員に対して、パートタイム勤務に切り替える機会を与えた。職員の多くは、自分でそうすることを望み、それによって使えるようになる時間でチャリティーのために働くと述べた。それはまた、人生の立て直しの方法を人々に助言したがっている「ライフ・コーチ」という新しい職業の大当たりにもつながった。

2009年にスペインの銀行のBBVAは、30％の給与で５年間の休みを取ることを職員に提案した。これによって平均的な被雇用者は、健康保険付きで、少なくとも１万2000ポンドが与えられた。銀行は、働いた年ごとに６週間分の退職金の積み立てをするのが嫌でそうしたのだ。銀行は、多くの被雇用者が復帰した時に、再適応に困難が生じるかもしれないと認めたが、それははるかかなたの問題のようだった。

別の国のある銀行は、2008年以降、サラリーマン階級とプレカリアートの二元的な扱いで脚光を浴びた。金融恐慌で危機に陥った結果、イギリス政府から大量の助成金を受け取ったロイズ・バンキング・グループは、２万以上の職を削減した。そして2010年10月、「一時雇用と契約社員の大幅な解雇で正社員への影響を緩和した」と発表した。この銀行は次の機会には間違いなく、簡単に解雇できる一時雇用や契約社員を増やしていることだろう。

第２章　プレカリアートが増える理由　　75

公共部門の空洞化

　プレカリアートの最後のフロンティアは、労働基準と安定した雇用の長期に
わたる先駆けとなってきた公共部門だ。公共部門では、官僚的な規則と奉仕の
精神に加えて、給与の大部分を占める福利厚生を伴う高い社会的所得が支給さ
れる。

　何世代にもわたって、公務員の待遇が、民間商業部門の目のくらむ高さの所
得に届いたことは一度もない。しかし、標準的な年金、医療給付などとともに、
職務の安全保障こそないものの雇用の安全保障はあった。しかし公務員が、従
うべき主人である政治家たちの支持に従って民間労働市場をフレキシブルにす
る作業を進めた結果、公務員の特別扱いと公務員ではない世間の人々との間の
ギャップははなはだしくなった。公共部門自体がフレキシブル化の主要なター
ゲットになることは、もう時間の問題だった。その時は2008年の危機とともに
やって来た。侵食はかなり前から始まっていたのだが。

　攻撃は、公共部門のサービスを商業化、民営化、外部委託する動きから始
まった。賃金が低く、福利厚生の面で劣る一時雇用契約やパートタイム雇用が、
徐々に入り込んだ。そして政府は、公共部門全体に対して攻撃を仕掛けた。公
的年金は「財政的に維持不可能」で、「不公平」と宣言された。政府は、民間
経済との比較を用いて、公共部門の賃金削減を正当化した。しかし公共部門の
賃金削減は、財政支出による景気刺激政策、量的緩和政策、そしてさまざまな
補助金によって創り出された膨大な財政赤字改善の助けにはならなかった。そ
のような赤字は公共部門のせいではないのに、公共部門は予算削減のための格
好の標的となったのだ。不安定な民間部門は団結していないように見えた。し
かし金融市場までもが、政府は「正しいやり方」で公共支出の削減をしている
と主張した。こうして、公共部門のサラリーマン階級の侵食が進められている。

　世界的に見て、公共部門は、プレカリアートの領域に転換されつつある。こ
のことはアメリカに最も当てはまる。アメリカでは、新自由主義に熱狂した経
済学者たちが財政に究極の嵐（パーフェクト・ストーム）をもたらしたのだ。諸
都市は、税を低く抑えた「均衡予算」体制を要求する財政規則の束縛によって、
慢性的な債務超過に追い込まれていた。多年にわたって公務員は、労働組合と

労働協約によって自分たちの賃金を守ってきたが、民間部門は、賃金の減少と福利厚生の縮小にさらされていた。公務員の労働組合は強力なままだった。2008年には、政府職員の37％が労働組合に加盟していたが、それは1980年とほぼ同じだった。これに対し、民間部門の労働組合加入率は20％から7％に低下した。2009年に、アメリカ全土の労働組合員の半分以上が公共部門の労働者になったが、それは初めてのことだった。公共部門の労働組合はよく自分たちのメンバーを守った。しかし公共部門と民間部門の間の不平等の拡大によって、人々の不満は高まっていった。

　金融危機は、機能的なフレキシビリティを強めることを通じての、公共部門の職務の安全保障削減に利用された。行政の側は、公共部門の被雇用者は、雇われて職務をこなすようなやり方ではなく、自分のものとして職務をこなすべきだ、と主張し始めた。アーカンソー州のある都市の行政長官は、明らかに誇りをもって次のように言った。「私は、より少ない人々に、より多くのお金を支払い、それらの人々に、より多くの仕事を与えて、それらの人々を最大限に活用します」（Bullock, 2009）。裁判所書記官は、今やマーケティングやウェブサイトの管理もする。消防士は救急車のドライバーとして倍増した。そして水処理工場の労働者は、トラック運転手の仕事をする場合、余分の賃金が支払われた。都市や郡への調査によって、多くの行政当局が、同じようなやり方で仕事を再編成するために、金融危機を利用する計画をもっていたことが明らかになった。

　政治的右派は至るところで、不況を利用して公共部門の賃金や福利厚生、雇用の安全保障の削減強化をキャンペーンした。そのような特徴を示すのが、『エコノミスト』誌の「公共部門の労働者は散々甘やかされている」というアメリカに関する言及だ（The Economist, 2009）。その理由は、公共部門労働者は平均して、民間部門の労働者より21％多く稼ぎ、24％多い人々が医療保険を利用できるからというわけだ。州および地方政府の労働者の84％ほどは、いまだに、数年分の「サービス」を付けた最終給与に基づいて退職後の所得を保証する確定給付年金プランをもっていた。しかし民間部門の労働者でそのような年金プランをもつのは、たったの21％だった。この数字は、民間企業がいかに悲惨になったかを示すものと解釈してもおかしくない。あるいは、エリート階級と民

第2章　プレカリアートが増える理由　　77

間のサラリーマン階級が受け取っていたものを比較する資料と言ってもよかったのだ。

　公務員は今、年金への猛攻撃に直面している。それは、公務員の子孫がプレカリアートとなった場合の所得の見通しを悪化させるだろう。またしてもアメリカの状況は最も危険なものだ。全米州予算担当官協会は、アメリカの州は、年金債務のために巨額の財政赤字に直面するだろうと警告した。年金で豊かに暮らす少数の元上級公務員についてのメディアの物語は、反公共部門の評論家にとっては大きな助けとなった。

　アメリカは単に先駆けであるにすぎない。公共部門への攻撃は、2008年以後の調整の一部として、先進工業国の至るところで起こった。ギリシャでは中道右派政権の下で、2004〜2009年の間に、すでに巨大になっていた公共部門でさらに7万5000人の公務員が採用された。2010年に財政危機が来てすぐに、公共部門のサラリーマン階級は削減され、ギリシャのプレカリアートの数を増やした。政府はまた、いくつかの公共部門の専門職への参入障壁を取り除くつもりだと表明し、公共支出を減らすためとしてそれらの賃金を下げた。イタリアでも、公務員への圧力は増大していた。2009年10月には、4万人の警察官が、賃上げと新品のパトカーを求めてローマ中を行進した。新規雇用が凍結されたために、イタリアの警察官の平均年齢は45歳に上がった。警察官だけでなく、何百万人もの公務員が雇用の安全保障を失った。ポルトガルでは、2010年の2月に5万人の公務員が賃金凍結に反対して抗議したが、政府は無視し、公共サービスの削減を進めた。アイルランドは2010年後半に、ユーロ圏の財政援助を受け入れることを余儀なくされ、公共部門がこれまで苦労して獲得してきたもの（そして公共部門における時には時代錯誤な特典）は、数ヶ月のうちに剥ぎ取られてしまった。

　イギリスではアメリカのように、2008年までの10年間の新しい職の3分の2が公共部門だった。公共部門を削減することは、単に雇用における官民の比率を変更することによって、プレカリアートを増大させることだ。しかしその目的は、より多くの公共部門を、民営化、外部委託、臨時雇用を通じてのプレカリアートの領域に転換することだった。

　攻撃の一つの側面は、公共部門のより多くのサービスを、市民社会や非政府

組織（NGOs）の下に移そうとすることだ。イギリスでは、大きな政府を縮小し、大きな社会を生み出す方法として提示された。しかしそれは、専門職の被雇用者によって行われてきた仕事を、不安定な契約や「ボランティア」の人々に転換し、手軽なサービスを入手するための方法だった。慈善団体として登録した法人は、2009年には、46万4000人のフルタイムのスタッフをもつ大規模な雇用主になっていた。これらのスタッフは公共サービスの提供を請け負うので、所得の半分以上が政府から支払われる。しかし、慈善団体の被雇用者の賃金は良いとは言えず、契約は不安定だ。民間からの寄付に依存して、慈善団体は安価な社会サービスを提供する。そして、公共部門での同じ社会サービスを切り下げさせ、「ボランティア」対象の貧弱な契約関係を正当化する。そのため、慈善団体は不況に対して特に弱い。寄付金が枯渇した時、これらの準公務員たちは、自分たち自身がプレカリアートになる寸前だと感じることになる。不況が深まるにつれて、スタッフの多くが慈善団体を辞めて、スーパーマーケットで働いていたことは、驚くことではない。要するに、サービスの民間委託は、小さな慈善団体を弱体化しつつ、プレカリアートを拡大させている。

　政府はまた、公務員の待遇において、機能的フレキシビリティや雇用のフレキシビリティを追求することによって、民間企業のように行動した。たとえば、従業員の労働を分散させたり、フレキシブル化したりすることによって事務所スペースを節約している。アメリカでは、2000年に成立した法律によって、連邦政府とその行政機関は、ネットワーク化政策を確立することを余儀なくされた。2006年までには14万人の連邦職員の19％が、インターネットの特別なサイトを通じて仕事をしていた。これは、被雇用者を孤立させ、集団行動のための場所と機会を制限してプレカリアート化を進めることだ。

　2009年には、２万4000人のスペインの公務員——全体の10％——は、労働時間の50％は職場にいなければならないという条件で、部分的に自宅で労働していた。リモート（在宅）勤務はまた、公共部門が計画的欠勤で悪名高いイタリアでも導入された。イギリスでこの改革を行ったのは、ウィンチェスター市の市議会だった。四つの職場の場所を二つに整理し、デスクスペースや会議室を確保できるようにするため、ウェブ上に予約システムを設置した。この「ホットデスキング」は職場を非人格化するものだ。なぜならそれは、もはや「私の

職場」ではないからだ。この心理的効果は興味深い。なぜなら、職場がますます道具的な手段として扱われることによって、企業あるいは組織への、また守られるべき実体としての仕事仲間への愛着がなくなってくるからだ。

　要するに、長い間サラリーマン階級の砦であり、節度あるまともな労働の基準を築いてきた公共部門は、プレカリアートが成長できるようなフレキシビリティの領域に素早く転換されつつある。

補助金国家──プレカリアートを破滅させるもの

　グローバル化のほとんど注目されていない側面は、補助金の普及だ。それは、経済史上最大の「ペテン」の一つかもしれない。なぜなら、補助金の多くは「税控除」、「課税免除」、「税額控除」という形で資本や高額所得者の手に移されたからだ。たとえばイギリスの金持ちが、所得の一部に対して税金逃れをしたいと思うなら、それを個人年金に組み入れるだけでいい。その所得を受け取る時期は先延ばしになるが、その額の40％になる税金は払わなくて済む。プレカリアートが同じ機会をもつことはほとんどない。

　2008年の金融危機の後に何が起こったのかを考察しよう。全世界で2008〜09年に銀行を支えるために行われた介入は、イングランド銀行によると、14兆米ドルになった。この金額はおそらく控えめなものだ。一方、企業による熱心なロビー活動が行われ、欧米諸国政府は、広範囲にわたる補助金政策を開始した。これは、補助金保護主義と呼ばれるべきものだった。金融投機にふけったために破綻寸前という破滅的な状況にも屈せず、アメリカの自動車会社のGM社は次のよう述べた。わが社は「補助金のお買い物」に行き、政府が最大の補助金を提供してくれるところに、生産と雇用をシフトさせるつもりだ、と。

　補助金は、たいていは、やる気のある「成功しそうな者」支援の手段として、産業政策に不可欠と説明される。現実の補助金は、重要な政治的支持勢力を保持するために、大企業や圧迫されて瀕死の部門を支援するために使われてきた。ところが補助金は、国際的な分業の再編成は阻止できないだろう。なぜなら、仕事が高コスト国から、低コストであるうえ生産性の高い地域に移されているからだ。補助金は、若干の旧式の雇用を長引かせる可能性があるが、その場合は、他の者への支援はできなくなってしまう。補助金が、社会で最も不安

定な諸集団のために用いられることはめったにない。

　自動車販売を刺激するために2008～09年の間に導入された補助金は、他の人たちと比べれば自動車の購入者に、そして、他の労働者に比べれば自動車工に利益をもたらした。それらの人々は、もちろん最貧困層や最も不安定な人々ではなかった。環境面から見れば、このような補助金は、資源保護を犠牲にして資源利用を促進する。さらに、企業の福利厚生のための補助金がある。これは、低い生産性でサービス労働をする労働者への求人を減らす。そして、後で示すように、企業の福利厚生はそれを必要とする若者の求職の際の重荷となる。なぜなら、年配者や移民は企業の福利厚生無しで労働する覚悟が大いにあるからだ。

　給付付き勤労所得税額控除や限界雇用補助金のような労働に対する補助金もまた、実際には、資本に対する補助金となっている。なぜなら、会社はそれによって、より多くの利益を得て、賃金をより低くすることができるからだ。そのような補助金は、経済的あるいは社会的に公正なものとして正当化できない。労働に対する補助金や税額控除の理論的根拠は、次のようなものだ。豊かな国の貧しい人々や教育水準が低い人々が、開発途上国の低コスト労働からの激しい競争に直面している。政府は適切な所得を提供するために、低い賃金を補助金で補う必要がある。しかし、賃金格差を相殺することを目的としながら、これらの補助金は、低賃金のプレカリアートの職の成長や維持を促進する。生存最低生活のような賃金を補充することによって、税額控除は低い賃金を支払い続ける動機を与え、雇用主の負担を取り除く。低賃金労働は、企業もまた効率的であれという圧力をそれほど受けていないということを意味する。税額控除やその他の労働に対する補助金は、スピーナムランド制の21世紀における再現である。スピーナムランド制は、1795年にバークシャーに導入された地主主導の補助金で、イギリス中で農村の貧窮化を引き起こしたとして悪評が高かったものだ。

　愚行はまだ実現されていない。税額控除の道筋を辿っている政府は、ただ単に現状を維持するだけでなく、最も早く走らなければならないのだ。なぜなら、他の新興市場がチンディアに加わることで、賃金を押し下げる圧力が強まっているからだ。『フィナンシャル・タイムズ』紙の社説は、このような論理的帰結を引き出すことなく、以下のように述べた（Financial Times, 2010a）。

もしイギリスが、最低賃金が停滞しているにもかかわらず、寛大な福祉の網を提供し続けるならば、低賃金労働者は、政府の給付金での暮らしが、働くよりも、わずかに利益が少ないだけだということにすぐに気が付くかもしれない。仕事をすれば報われることを確実にするためには、政府は税額控除制度を通じて、低賃金労働者の賃金への補助金を増加しなければならないだろう。

　これに加えて、経費の上昇を制限するために、政府は、「支援に値する」のは誰かという規則を厳しくする必要に迫られた。それは直ちに実行された。

　金融危機から1年以内に、OECDの16ヶ国が、失業の増加を食い止めるために、賃金への補助金、支度金、あるいは公共事業の職を導入した。スペインは巨大な公共事業プログラムを導入したが、イギリスは「高額の支度金」を追求した。それは、誰であれ6ヶ月以上失業していた者を採用した企業に対して2500ポンドまでを提供するものであり、その内訳は、労働者1人の採用につき1000ポンドと、訓練のためにさらに1500ポンドを与えるというものだ。これによってプレカリアートが膨れ上がったのは確かだ。なぜなら、一時雇用の職に就く者が増大し、さらに雇用主が、現存の労働者を解雇して代わりを採用する気にさせたからだ。韓国もまた、次のような政策の下で、新規雇用に対する補助金を導入した。それは、被雇用者に賃金の凍結、団体交渉権のはく奪を受け入れさせ、補助金を受ける新規採用者の賃金を現存の労働者の賃金の3分の2にし、それによって、多層的な労働力の構成を拡大するというものだった。アメリカではオバマ政権が、2010年に130億米ドルの予算を付けた制度をようやく発足させた。それは、失業中の求職者を雇用した場合、企業に税額控除を与えるものだった。便宜主義的な雇用主は、この制度の有益な利用法を、素早く理解するだろう。

　他の国々は、時間短縮への補償制度を支持した。それは、雇用主が、正規の被雇用者が時間短縮によって失うことになる賃金を補うために、一時的な援助を申し込むことができるというもので、大部分は製造業に向けられていた。2010年まで、EUの21ヶ国には、240万人以上の労働者をカバーする時間短縮労働制度があった。ドイツのクルツアルバイト（Kurzarbeit）制度だけで、150万人の労働者をカバーしていた。それは、賃金に対する補助金を含み、2年に

わたって続いた。この補助金は、時間短縮することによる所得の損失の60％を補償するもので、オランダなどの他国もそれをまねて導入した。アメリカではカリフォルニア州を含む17の州が、給与税を一時的に削減した。また、やむを得ずパートタイムの職に就かざるを得なかった人々のために、失業手当の支給を導入した。

　補助金を受けた労働時間の短縮は、まさしく他のあらゆる労働に対する補助金と同じように作用する。それは、モラル・ハザードやインモラル・ハザード（道徳的規律の弛緩や不道徳に陥る危険）、すなわち、非効率性や成績不振に対して報酬を与えることになる。そしてそれは、生産性のより高い地域に職を移転することを妨げて、市場を歪める。一方補助金は、「人々を職に留めておくことで、技能を保持」し、不況の社会的費用を減少させる点では擁護されるべきものだ（Atkins, 2009）。しかし、人々が転職することや、新しい技能を得ること、あるいは、自分のもっている技能をもっとうまく活用することを妨げることになる。

　労働時間の短縮を政府の補助金と結び付けることは、フルタイムの被雇用者が、プレカリアートのなかの、補助金をもらっているパートタイムの一員に変換されるための一つの道筋であった。そして、時間短縮への補助金のほとんどが期限付きなので、多くの人々は、完全に職を失う前に、そのような補助金で一時的な休息の時をもてるだけとなるだろう。

　補助金の究極の皮肉は、それがいつまでも人々をだまし続けることはできないということだ。昔ながらの職を支え、一時雇用の労働を促進し、持続不可能な方法でプレカリアートを増やしながら、補助金は後味の悪さを残す。プレカリアートになるように誘われたと感じた、ある失望した韓国人は次のように言ったと伝えられている。「もし私がこの方法で職に就いたとしても、数ヶ月間働くだけであり、しかもその間ずっと、他の労働者のおかげで存在できる哀れな余計もののように感じることになるだろう」（Choe, 2009）。

影の経済

　もう一つ別の要因が、プレカリアートを拡大する役割を果たしてきた。それは影の経済、灰色の経済、あるいは闇の経済など、さまざまな呼び方で知られている。それは成長しているが、利用可能な統計によっては過小評価されてい

ると言える多くの理由がある。数量的フレキシビリティが成長する時にそうで
あったように、脱工業化が部分的に働いてきた。大規模な工場や雇用が集中す
る事務所からの移行によって、握手によって進められる怪しい労働が容易にな
り、それを見つけ出すことがより難しくなったのだ。福祉国家の変化する性質
もまた、社会連帯と累進的な直接税と社会保険に基づく原則を掘り崩していく
ことで一役かった。

　理由は何であれ、影の経済にはプレカリアートが多く存在し、搾取と抑圧に
直面している。リンツ大学のフリードリヒ・シュナイダーの研究によると（The
Economist, 2010b)、非公式経済は、ギリシャの GDP の4分の1以上、イタリア、
スペイン、ポルトガルの GDP の20％以上、ドイツ、フランス、イギリスの
GDP の10％以上を占めると推測されている。彼は、脱税の多くが「納税者の
反乱」に起因すると見ている。人々は、国によって提供されるサービスが価値
あるものだと思えなかった場合、税を支払うことを嫌がるようになるというの
だ。もしそうだとすれば、財政赤字を減らすための公共サービスの削減は、よ
り多くの納税者の反乱を促すかもしれない。そのような支出の削減は、赤字対
策として不適切だと拒否されてしまうのだ。

　影の経済の大きさや影の労働というクッションの存在を考慮すれば、2008年
の暴落前のような相対的な急成長の時には、かなりの量の労働が記録されてい
なかったと言える。雇用の成長に関するお粗末な記録は、誤解を招くものなの
だ。同様に、不況の時にはまず影の労働の減少が始まるとすれば、雇用はそれ
ほど減少せず、失業率はそれほど上昇していないという印象を与えてしまうか
もしれない。とりわけ影の労働者たちは、国家の給付金を受ける資格がなく、
表に出てこないので、その印象は強まるだろう。

　これは得られるデータと一致している。不況の最初の2年間で、ヨーロッパ
全体の雇用の減少は、経済の収縮率のわずか3分の1にすぎなかった。スペイ
ンでは、2010年までに記録された失業は、450万人以上まで上がった。それは、
労働組合員やその他の人々が、暴動につながると予測したレベルを超えるもの
だった。しかし、暴動はなかった。一部の観察者は、その理由を失業に対する
伝統的な寛容と、コミュニティによる支援を提供する家族のネットワークに結
び付けた。他の者は、むしろそれは繁栄する地下経済に関係していると考えた。

84

スペインの税務検査官組合のヘスタ（Gestha）は、地下経済はGDPの23％以上を占め、そして、記録されたGDPがかなり縮小している間にも、地下経済は拡大したと推定した。

グローバル化する開かれた市場経済は、非公式の契約によって特徴付けられる。パートタイムや一時雇用の職、事業計画の方向付けの仕事や無数の個人的サービス業務は、間違いなく影の労働を増やす助けになる。これは異常なことではなく、グローバル市場システムの一部なのである。

社会移動の衰退

最後に、一番はっきりしてきたことは、グローバル化する労働過程が階層化する性質が、上向きの社会移動を衰えさせたことだ。それはプレカリアートの特徴でもある。ダニエル・コーエンが、フランス（そしてヨーロッパ）の労働者について述べたように、今日では、中間管理職に出世する人はほとんどいない（Cohen, D., 2009: 19）。「今やほとんどの人が、生涯を通じて賃金ランクの一番下に留まる可能性が強い」。イギリスでは、不平等の増大との関係で、社会移動が減少している。2010年に、労働党政府の国民平等調査（National Equality Panel, 2010 なお Wilkinson and Pickett, 2009 も参照）で示されたように、貧困のなかに生まれた子どもが、社会的地位を上昇させることは、1950年代以来のどんな時よりも難しくなっている。1970年に生まれた人は、1958年に生まれた人よりも、社会的地位が上昇する可能性は少ない。これは、今でも出身階級が問題であることを示す一つの兆候にすぎない。

最も衝撃的なのは、高い位置に移動する機会が最も多いという自己イメージで凝り固まってきたアメリカで、長期にわたって社会移動が減少していることだ。世代間移動は、国際標準からみて低い（Sawhill and Haskins, 2009）。分位点が最も低いか最も高いところに生まれた子どもは、イギリスよりもいっそうそこに留まりそうであり、スウェーデンあるいはデンマークよりもさらにいっそうそうなりそうだ。記録的な水準に成長している不平等や社会移動の減少によって、新自由主義的な経済や社会のモデルが、実力本位の社会移動を生み出すというその主張の実現に失敗したことはもはや明らかだ。

社会移動が低迷している一つの理由は、中位の所得の職が減らされているこ

第2章　プレカリアートが増える理由　　85

とだ。たとえばイギリスでは、十分位で見た上位の賃金の職の数は、1979年と1999年の間で80％近くにまで増加した。十分位の２番目は25％まで増加し、底辺の二つもまた増大した（Goos and Manning, 2007）。しかし、十分位の中間の六つの職は減少した。多くの国で繰り返されているこの傾向が意味することは何だろうか。それは、「中産階級」がプレカリアートに押し込まれ、所得面での不安やストレスに苦しんでいるということだ。

結　論

　グローバル化時代の社会契約は、粗雑なものだった。労働者は、職を維持する措置の見返りとして、フレキシブルな労働を受け入れることを要求された。その結果、大多数は生活水準の上昇を経験した。それはファウスト的契約だった。生活水準は、消費が所得を上回るようにし、収入が職で得られる以上のものになることによって維持された。職で得られる以上の収入があることによって非効率と市場の歪みが促進された一方で、所得を上回る消費によって多くの人々が途方に暮れるような債務に陥った。遅かれ早かれ、悪魔が仕事にとりかかった。多くの人にとって厄介な清算の時は、2008年の金融危機とともにやって来た。不況で減少した所得は、さんざん借り入れを勧められたことで膨れ上がった債務の清算に必要な額を下回った。こうして新しく多くの人々がプレカリアートに加わってきた。

　グローバル化時代の果てに、この社会契約は壊れてしまった。雇用主側は、より「身軽になる」ことを望んだ。労働者側には、多くのストレスや不安、サイコロジカル・ディタッチメント（心理的距離）と呼ばれる意欲の喪失があった。仕事に関係する自殺は、フランス、日本、社会民主主義のメッカであるスカンジナビアの至るところを含む、多くの国々で増加した。アメリカでは、一年で28％増加した。一方、アメリカのコンサルタント業者のセンター・フォー・ワークライフ・ポリシー（the Center for Work-Life Policy）によると、雇用主への忠誠を公言している被雇用者の割合は、95％から39％に落ちた。そして、雇用主を信頼している人の割合は、79％から22％に落ちた。プレカリアートの時代には、忠誠と信頼は偶発的で壊れやすい。

　なぜプレカリアートが増大しているのかは目に見えてわかりやすい。しか

し、プレカリアートの規模が大きくなればなるほど、プレカリアートの隠された機能不全の諸側面は、ますます不気味に成長していく。安全保障の欠如は、社会病理や依存、無規範への恐怖を生む。刑務所は犯罪者であふれる。ロビン・フッド的な盗賊団はユーモアのセンスを失う。そして、闇の勢力が政界に蔓延する。この点については、プレカリアートに入りつつある人々や、グローバルな市場社会の鍵となる資産に起こりつつあることを考察した後で戻ろう。

第**3**章

プレカリアートになるのは誰か？

「私たちみんながそうだ」というのが一つの答えだ。何かの事故が起きたり、頼りにしてきた保障の仕組みが破壊されるような一大事件が発生すれば、私たちのほとんどはプレカリアートに陥ってしまう。もっともプレカリアートは犠牲者だけで構成されるわけではない。利用できる他の手段を望まずにプレカリアートになる人々もいれば、その時置かれた特殊な状況に合うのでそうなる人もいる。つまり、多様なプレカリアートがいるのだ。

人は災難や失敗によってプレカリアートになることもあれば、そうなるよう駆り立てられたり、近道とはならないとしても、他の何かへの踏み台となることを願ってプレカリアートに足を踏み入れたりもする。わずかばかりのお金や経験を得ようという高齢者や学生などは、手段としてプレカリアートであることを選ぶ。日本でますます一般的になっているように、プレカリアートの活動を他の何かと組み合わせている人もいる。自分たちが何年もやっていることや、そのために訓練していることが、安全保障が欠如したプレカリアートという存在の一部となることに気付く人もいるだろう。

この章では、プレカリアートになる可能性が比較的高い人の属性について考える。第4章は、そのなかでも特に移民について考える。

人の属性は、男性に対する女性、高齢者に対する若者というようにまとめることができる。それぞれの集団に、プレカリアートの職を歓迎する「ほくそ笑む人」と、他にやりようがないので仕方なくそんな職に就く「うめく人」がいる。若者のなかでは、「ほくそ笑む人」は、長い目で見て将来のない臨時職に喜んで就く学生やバックパッカーだ。「うめく人」は、研修や試用期間などの

うちに何らかの理由で労働市場に参入できなくなり、企業の福利厚生を必要としない、「より安い」高齢者と競争せざるを得なくなっている人だ。

　高齢者のなかでは、「ほくそ笑む人」は、適切な額の年金と健康保険の保護を受け、活動の喜びを得るため、または余分にお金を稼ぐために臨時の職に就く人だ。「うめく人」は、適当な年金なしに、自分たちよりも元気のいい若者や自分たちよりも貧乏でない高齢者との競争に直面している人だ。女性のなかでは、「ほくそ笑む人」は、サラリーマン階級のパートナーをもち、そんな職を副業としてあつかうことのできる人だ。「うめく人」は、自分以外に稼ぎ手がいない状況にある人や、有給の職に就く必要があるだけではなく、子どもや高齢の親戚へのケアを行わなければならないという三重の重荷に直面している人だ。男性のなかでも、「ほくそ笑む人」として、適度な収入を稼ぐパートナーをもつ人がいるかと思えば、「うめく人」として、自分だけが稼ぎ手なのにプレカリアートの職しか得られない人がいる。

女性——生きることの女性化？

　グローバル化時代の初期から、労働力の女性化へと向かう世界的な傾向のなかで、すべての職において、女性が以前よりも多くの割合を占めていることが明らかとなった（Standing 1989, 1999a）。この女性化には二重の意味がある。第一に、より多くの女性が職に就いていること、第二に、より多くの職が、女性の職に典型的なフレキシブルな形態になっていることだ。この傾向は、労働がインフォーマル化され、サービス産業が成長し、輸出加工部門で若い女性が使用されたことを反映していた。それは、あらゆるところで女性の所得や労働条件が改善したことを意味しない。世界のなかには少しずつ改善している地域もあるだろうが、性差に基づく賃金と社会的所得の差異は相変わらず不公正なままだ。

　この時代に拡大した職は、長い間女性に標準的とみなされてきた不安定で低賃金の職へと男性をシフトさせただけでなく、いっそう多くの女性を必要とした。フレキシブルな労働が、より短期間の職の意味だとしよう。すると——それが正しいかはともかく——、長期間にわたって忠誠を尽くすと考えられてきた男性雇用の重要性はほとんどなくなる。女性は妊娠するかもしれないし、子

育てのために退職するかもしれないので、雇い主は女性を雇うことで生じる賃金以外のコストを恐れる。しかし、数ヶ月間だけの職や、需要次第で解雇でき、そもそも縛りのない契約の場合、または断続的な労働のコストがかからない場合、そのような恐れは無縁となるのだ。

　グローバル化時代の途上国の輸出主導工業化は、図々しくも若い女性をプレカリアートとして組織することを土台とした。彼女たちはわずかな収入で働かされ、長く職に就くことを期待されなかった。二重の意味での労働の女性化には他にも多くの要因があった。一つは「家族賃金」の消滅だ。家族賃金は産業化時代の特徴の一つで、資本と労働者階級との間の契約だった。産業プロレタリアート階級は、男性労働者が自分1人だけではなく核家族を養うのに適切な賃金を得ることを見込めるようになっていたのだ。しかしこの一般則は崩れ去った。「個人化した」賃金により、女性の雇用が望ましいものとなった。低い賃金は男性が生産量をあえて調節するという駆け引きの「エフォート・バーゲン」を引き起こすが、女性は家族賃金などそもそも期待していない。

　加えて、より多くの労働がサービス職となった。丈夫な肉体は必要とされず、長い訓練期間も標準的ではなくなった。そこには政治的な要因もあった。社会民主主義が目指してきた課題設定が推進力を失ったことの一つの特徴として、1980年代には「平等」よりも社会的な「公正」が強調されるようになった。差別や、性別に基づく賃金格差を小さくすることが優先的な目標となり、構造的な不平等を小さくすることは二の次とされた。たとえ不平等を際立たせることになっても、社会的公正のために立案される政策すら存在した。かつてのような社会全体に関する平等主義的な課題設定がなくなるということは、次のようなことを意味した。反差別法の受益者はすでに有利な立場にある女性だったのであり、社会のなかで不利なところにいる女性は、何の恩恵も受けていなかったのだ。

　原因なのか結果なのかはともかく、労働市場における女性の役割の拡大は、プレカリアートの拡大と同時に起こった。そのほとんどが一時雇用の契約か、そもそも契約がないというような不安定な職に占める女性の割合はあまりに大きくなった。これはヨーロッパや北アメリカだけで起きたことではない。日本では、非正規労働へのシフトと労働力に占める女性の割合の増大が同時に起

こっている。2008年には、日本の女性の半数以上が不安定な職に就いていた（男性の場合は5分の1）。韓国では、女性の57％がこのような職に就いている（男性の場合は35％）。

　日本は極端な事例だ。文化的な遺物であるジェンダー間の不平等が、ジェンダー化されたプレカリアートのなかに脈々と流れこんでいる。女性は一時雇用の生産性の低い職に集中し、結果として男女間の賃金格差は先進諸国中最大となっている。2010年には、日本で働く女性の44％は最低賃金よりも低い額しか受け取っていなかった。一時雇用労働の拡大も要因の一つだ。正規の（常勤）職に就いている女性の賃金は男性の68％だが、期間が決まっている職では、女性の賃金は男性の50％以下だ。それゆえ、この傾向は二重の望ましくない効果をもつ。このような不公正に加えて、多くの日本女性が、哀れなほどの低賃金となっている高齢者の介護職に流しこまれているのだ。

　これは21世紀の問題をよく表している。グローバルな女性化の進行と同時に、より多くの女性が「三重の重荷」に見舞われている。女性は、子どもと「家庭」のためのケア・ワークのほとんどを担い、「家庭」を養うために市場で労働し、増えていく高齢の親族の面倒を見ることを期待されているのだ。

　その原因は、女性が常にケア・ワークのほとんどを担ってきたことが経済統計や社会政策で無視されてきたとことだ。これが20世紀に馬鹿げた最悪の地点に達したのは、ケア・ワークがまったく仕事とみなされなかった時だ。お決まりの自由主義的レトリックは役に立たなかった。ほとんどが家庭内に限定されるケア・ワークは、労働が公的領域とされたのに対して、私的領域のものとみなされた。そして公的領域は人々を自由にすると見られていたので、どんな職でもいいから、より多くの女性を職に就かせることが女性を自由にすることだとされた。こうして、女性の労働力参加率が自由の尺度となったのだ（Sen, 1999）。

　それは中産階級の、高い教育を受けた女性にとっては良い。彼女たちは月給制のキャリア志向型の雇用を期待できる。しかしほとんどの女性は、組み立てラインでの反復労働や、薄暗い路地裏の衣類工場での根をつめた縫製労働、チェックアウトカウンターに座ったままの長時間シフト労働などしかない。そんな職が自由をもたらすなどとはとても言えない。それらは三重の重荷の一部

となる。そして女性は「余った時間」で子どもや高齢の親戚の面倒を見ることになる。

職に就くことで得られるものがあるのは確かだ。しかし、それは代償を伴う。その代償のほとんどは女性が、またある程度は男性が支払う。しかもほとんどはパートタイム、一時雇用、あるいは一回限りの職なので、職業的な発展の望みもない。それなのに政府は女性にそのような職に就くように勧めている。

イギリスでは、雇用されている女性の40％以上がパートタイム職に就き、フルタイムよりもずっと低い時給で働いている。2009年には、政府はフレキシブルな働き方を強調し、フルタイムの職にある女性がパートタイムの職に移ることを補助金で支援すると提案した。政府はパートタイム職の国内データベースも創設した。これは「仕事復帰」をしようとしている、いわゆる「出無精の」母親をねらったものだ。それに加えて政府は、幼い子どもをもつひとり親に「仕事」を探させる計画を発表した。

ドイツではフランスと同じように、女性はすべてのパートタイム従業員の80％を占めるが、彼女たちの稼ぎは男性の75％を下回る。学校や店が開いている時間の問題や、デイケアの不足によって、子どものいる女性がフルタイムで働くことは難しい。メルケル政権は「両親手当」を導入した。これは稼ぎに結び付けられた給付であり、それまでの給与所得の一定割合を保障されて両親のどちらかが最大12ヶ月間休職できるようにするというものだ。しかし、政府のなかの保守派は、デイケアを拡大するという決定と、「在宅保育手当（Betreuungs-geld）」という新しい給付をセットにすることにこだわった。この在宅保育手当は、子どもと一緒に家にいる母親にしか与えられない。これは不公平だ。子どもの面倒を見るだけでなく、外で働くことを望む、もしくはそうせざるを得ない女性を処罰するような条件を課しているからだ。

女性のプレカリアートが増大することで、子育てという伝統的な役割や高齢の親戚のケアという新しい役割をこなしながらも、いっそう多くの女性が第一の「稼ぎ手」となっている。これは単にシングルマザーや1人暮らしが増えただけではない。ジェンダーの役割そのものも逆転してきているのだ。アメリカでは、男性と比較した女性の教育水準は上昇しており、30〜44歳の年齢層では大卒者は男性よりも女性の方が多い。1970年には既婚女性のうち夫よりも稼ぎ

が多いのはたったの4％だったが、今では20％がそうなっている。いっそう多くの人々が同じ学歴グループ内で結婚するようになってきているので、高収入の男性は高収入の女性と結婚する傾向が強く、それが世帯間の不平等を大きくしている。野心家の女性に公衆の注目が集まりがちだが、パートナーよりも稼ぎの多い女性は低所得世帯に、すなわちプレカリアートの世帯に最も多く見られるのだ。

　イギリスでは女性の「稼ぎ手」の増加は、キャリアへの道を踏み外したか、もしくは実りのない競争をあきらめて、家庭でのケアの担い手となる男性の増加と同時に起こった。1960年代には、16〜60歳の女性のうち、パートナーよりも多く稼ぐのはたった4％だった。2009年には、アメリカと同じように、5人に1人――つまり270万人――が「主な稼ぎ手である妻」となっていた（National Equality Panel, 2010）。21万4000人の男性が、家族の面倒をみて、家事をしているので労働市場に参加していないと答えた。この数字は15年前と比べて80％も増加している。その一方で、同じ答えの女性の数は270万人から200万人へと、4分の1も減少している。圧力団体である「父としての責任研究所（Fatherhood Institute）」の代表理事、ロブ・ウィリアムズはこう言う。「男性が自分たちを稼ぎ手とみる考え方は崩壊しつつあります。1970年代から、男性はほんとうに平等主義者になり、キャリアの階段から降りて、子どもともっと多くの時間を過ごしたいと願う男性がどんどん増えてきたのです」（Barrow, 2010）。

　しかしながら、非自発的な役割の逆転の方がより多い。不況が続くたびごとに、男性の失業率は女性の失業率よりも跳ね上がり、職における女性のシェアが高まった。実際、2008年の金融危機以後、歴史的に特異な瞬間が訪れた。2010年、初めてすべての職の半分を女性が占めるようになったのだ。

　大不況は「男不況（マンセッション）」と呼ばれてきた。核となっていた（産業労働者階級の）職が消え去ったことで、職の喪失のほとんどは男性へと降りかかった。アメリカでは、職にある男性の比率は2009年に70％を下回り、1948年の調査開始以来最低の記録となった。2010年には、25〜55歳男性の5人に1人が失業していた。1960年代には同じ年齢層の95％は職に就いていたのだ。EUでは、2000年以降に生まれた職の4分の3が女性によって担われてきた。

　皮肉にも、経済活動への女性の「公的な」参加の増大は、不安定さがもたら

すさまざまな形の失敗への恐れに伴うものだった。ぞっとするような名前だが、「ホームレス女性症候群 (bag lady syndrome)」と呼ばれるものがある。それは職を失うことが原因で路頭に迷うことへの恐れだ。2006年には生命保険会社の調査によって、90％のアメリカ人女性が家計の不安定を感じ、半数近くが、「ホームレス女性となってしまうことへの凄まじい恐怖」を感じていることが明らかとなった。これは年10万ドル以上稼いでいる女性の間でさえ広く見られた。さらに多くの女性がお金のことでストレスを感じていると答えた。ある女性いわく、「私のなかに、顔はしわだらけで髪はぼさぼさのホームレス女性がいます。冗談なんかじゃなくて、彼女は将来の、最悪のシナリオでの私の姿なのです」。これが世界を主導する経済で起きていたことだ。それは金融危機以降、もっとひどくなっている。

　主流の分析のほとんどはまた、主に女性の分野となっている性サービスに従事するプレカリアートを除外している。世界中で何百万人もの女性がそれに従事している。多くの人々が、強制され、経済的な困窮に駆り立てられてそうしているが、なかにはさまざまな理由からそれを選んでいる人々もいる。性サービスには階級差別が広がっていて、底辺の女性はプレカリアートの存在を具現化している。彼女たちは、まったく思い通りにすることができない自らの身体を貸し出しているのだ。彼女たちを犯罪者とみなし、諸権利を否定してしまうことは、彼女たちが置かれている苦境を強めることにしかならない。

　では、プレカリアートになろうとしている男性はどうだろうか。問題は同じではない。地位の低下への適応がおそらく最大の問題だ。不安定さというのは自分がもっているものを失うことに関連する。過去の自分自身や、前の世代の男性や、家族や文化によって植え付けられた期待や願望と比べたうえで、いっそう多くの男性がそれらすべてを失うという状況に置かれている。プレカリアートが増大し、キャリアを望める職が消え去るとともに、体面の喪失が所得の喪失と結び付き、ますます低い地位に落ちていく罠にはまっていく。不安定な労働を生み出す世界では、安定と昇進を自己イメージとしてもつことに慣れた男性は、精神的な傷を負う危険がある。それだけではなく、職業コミュニティが破壊され、職業的キャリアについての古い考えが崩壊することで、人々は自分の地位に失望するようになる。自分自身のキャリアが切り詰められてい

るという現実に直面する時、失望はさらに強まる。

「男らしさ」の挑戦？

プレカリアートにおいて、女性と男性がそれぞれ違った困難に直面している
一方で、プレカリアート運動の萌芽は、さまざまなセクシュアリティから支持
されている。それにはもっともな理由がある。ゲイやレズビアンの人々は、大
多数の異性愛者や、標準的な核家族向けに設定されている社会のなかで不安を
感じているのだ。しかしそれとは別の緊張もある。それは労働のあり方の変化
と関係している。労働の女性化は、男らしさや女らしさについての伝統的な考
え方に影響を及ぼす。ここしばらくの間、社会学者の関心を集めているのは、
若い男性がどんどん疎外やアノミー（無規範）に陥っていることだ。

昔から、若い男性には目指すべき男性像が存在した。それは男のプライドを
くすぐる次のような考えに示されていた。男は両親の世話をし、妻と子どもを
養うだけの稼ぎを得て、尊敬される年寄りとして人生を終えるというものだ。
それは性差別的で家父長的であり、とても賛美されるような構造ではないが、
世代を越えて深く染みついていた。しかし、今や労働者階級の若い男性が、そ
れを見習うことで自尊心を得られるような役割モデルはほとんどなく、家族の
ための「稼ぎ手」になるという将来の展望はかすんでしまっている。

1980〜90年代のフレキシブル化によって、次の世代には、希望のある役割モ
デルがなくなった。その結果、若年男性は自身を奮起させられなくなり、青年
期を延長する。イギリスの慈善団体ヤング・マインドの理事ルーシー・ラッセ
ルが言う通りだ。「役割も職もないのに、どうやって男の子が大人の男になれ
るというのです？」

そのような事態はすでに学校に見られる。女子が、ますます男子を圧倒して
いるのだ。イングランドとウェールズでは、女子の64％が一般中等教育証明試
験（GCSE, 15歳または16歳で受ける試験）に合格している。それに対し男子は54
％だ。男の子たちは、家庭にあって目指すべき男性像を得られないばかりか、
学校でも主に女性から教わっている。およそ5000の学校で、男性教員が1人も
いない。この性別間の違いは学歴が上がっても続く。男性の37％に対して、女
性の約半数が高等教育に進む。似たような傾向は他国でも見られる。概して、

アメリカやヨーロッパの大学では、女子学生は男子学生よりも約30％多い。大学卒業後はというと、イギリスの大卒者のなかでは、男性は女性より50％も失業しやすい傾向にある。

　そんな男性の抱える不安定さの結果として、両親と同居するか、近くに住み続ける若い男性が増加している。これはイタリアでよくある現象だ。若い（そしてそんなに若くはない）男たちが家族と一緒に暮らしている。時には40過ぎまで。彼らはイタリア語でマザコンを意味する「マモーニ」と呼ばれている。イギリスでは、25〜29歳の男性の４分の１以上が両親と同居している。これは同年代の女性の倍の割合だ。また男性の10人に１人が35歳になっても両親の家にいる。それは「ブーメラン息子」というイメージがぴったりだ。彼らは教育を受けた後に家に戻ってきて、無気力、アルバイト、借金、麻薬、そして「旅をしたい」というぼんやりした望みに迷い込んでいる。

　不安定さは結婚の邪魔になり、高齢出産をもたらす。2008年には、イングランドとウェールズで結婚したカップルは23万2990組で、1895年以来最低の数値だった。人口当たりの婚姻数として算出される婚姻率は、1862年に記録が始まって以来最低の水準にまで落ち込んだ。人々の生活の不安定が広がっていった19世紀の終わり、ポランニーが『大転換』で唱えた、市場が社会に埋め込まれたものでなくなる最終局面にも、同じように婚姻率が低下した。この婚姻率の低下傾向は、同棲の増加とともにヨーロッパ中で似通ったものとなってきた。2015年までには、イングランドとウェールズにおける新生児の半数以上が未婚の両親のもとで産まれると予測されている。

　男性も女性も晩婚化が進んでいる。1998年から2008年の間に、イングランドとウェールズの平均初婚年齢は、男女ともに３歳上昇した。初婚時の推定平均年齢は、男性32.1歳、女性29.9歳だ。この年齢の上昇はコストの増大——実際のコストと失敗のリスクというコストの両方——を反映するものかもしれない。しかし、このことは不安定さの感覚が男性と女性の両方に、違った仕方ではあれ、影響していることの証となっている。

　このような傾向は、先進国での１人暮らし世帯増加の一因となっている。しかし、先述のように、若者が両親の家に戻る場合もある。これによって、しばしば若者の不安定さと両親の抱えるそれとが合わさってしまう。そんな人々を

指す造語も生まれた。「両親のポケットに入って退職後の貯蓄を食いつぶす子どもたち（kids in parents' pockets eroding retirement savings）」という表現の単語の頭文字を集めた「キッパーズ（Kippers）」や、同様にして「不安定で、押しつぶされそうで、重税をかけられ、借金に苦しみ、節約する（insecure, pressurized, overtaxed, debt-ridden and saving）」から造られた「アイポッズ（Ipods）」がそうだ。

これに関する論争的な本（Howker and Malik, 2010）には、著者たちのような若い男性がどのように自分に向き合っているか（履歴書はそんな自画像のすべてを暴露してしまう）が描かれている。「彼らの」存在は次のように要約されている。

　ぼくらは、短期契約の仕事をして、短期契約の家で過ごす。ぼくらの生きていく道はどんどんあてがなくなっている。ぼくらの多くにとって、子どもの頃の家はただ一つのよりどころさ。……イギリスを窮地から救う世代なんて現れないさ。それどころか借金がどんどん増えて、職はどんどん少なくなって、生活はどんどん苦しくなっている。

若者——都市の遊牧民

全世界の15歳から25歳の若者人口は10億人以上だ。それは、若者の年齢集団としては史上最大だ。その大部分は開発途上国にいる。世界は高齢化しているかもしれないが、同時に、とてつもない数の若者がいて、多くのことに苛立っている。他の多くの集団もまたプレカリアートを構成しているけれども、一番一般的なイメージは若者のプレカリアートだ。中学・高校や大学を卒業して、それから先の不安定な存在へと足を踏み入れる。そして、そのことをしばしばいっそう腹立たしく思わせる理由は、親の世代はおそらく安定した職を得ていたことだ。

若者はこれまでもずっと、自分の力の証明を期待しながら、学んでいくことが必要だと感じて、不安定な地位ではあっても労働力に参入していた。だが、今日の若者にはまともな取引条件が提示されていない。多くの若者が一時雇用の職に就くが、その職は「雇用可能性」の証明に要求されるよりもずっと長引いてしまう。フレキシビリティという名案は、企業が合法的に低い賃金しか払

第3章　プレカリアートになるのは誰か？　97

わず、福利厚生をほとんど与えずに済むように、試用期間を延長するためのものなのだ。

長期契約に移る可能性が下がることは、苛立ちを強める。たとえばフランスでは、若い従業員の75％は一時雇用契約で働き始めるが、たいていはその契約のまま働き続ける。学位をもつ人だけが、「常勤」の地位に移ることを期待できる。伝統的には、最後にはインサイダーとなることが期待できたから、若者は働き始めの期間、アウトサイダーであることに耐えることができた。その一方で、若者は両親に頼っていた。家族の結束が最初の頃の不安定さを和らげていた。しかし、今日では不安定さが長引く一方で、家族の結束は弱まっている。家族は前より壊れやすく、年配の世代は若い世代からのお返しで世代間の互恵関係のつり合いが保てるとは思えなくなっている。

社会的所得の再構築と賃金のフレキシビリティの特徴は、年配の世代と比較した若い人々の賃金と所得の低下だった。より多くの若者が、とにかく賃金の低い不安定な職に就いているというだけではない。企業や国家による福利厚生給付がないことで貧困に陥りやすくなり、就職する際の交渉力が弱まっているのだ。

日本はその一例だ。20代の労働者の平均年収は1997年から2008年にかけて14％も低下した。厚生労働省が2010年に出した報告書は、16歳から34歳の雇用労働者のうち56％が、基本的な生活費用をまかなうために第二の収入源を必要としていることを明らかにした。

若者はこの不安定さに慣り、たいていはある種のキャリアを追い求めている。しかし若者の多くは、人生の充実への望みをもってはいるが、雇われることの苦労やストレスについての年配世代の話には感銘を受けない。若者にとって、安定したフルタイム職を延々と続ける労働中心主義（レイバリズム）はまっぴらごめんなのだ。国際的な世論調査では、若い人々の３分の２近くが、職に就くよりも、「自営業者」として自立して働きたいと答えている。しかし、年配世代の政治家と商業利益によって推進されたフレキシブルな労働市場は、プレカリアートに何年も留まる若者を非難されるべき者とするのだ。

若者はプレカリアートの中心だ。今後、プレカリアートが生存できる未来の創造を先導しなければならない。若者はこれまでもずっと、現在への怒りを蓄

え、より良い明日を創る先駆者であった。ダニエル・コーエン（Cohen, 2009: 28）のような評論家は、1968年5月を、若者が「自律的な社会的勢力」として出現した時点と見ている。確かに、「ベビーブーム世代」は、親世代が創り出した取り決めを粉砕した。しかし、若者は歴史を通じて変化をもたらす担い手だ。それよりむしろ、1968年は、産業社会とおもしろみのない労働中心主義の拒否によって、プレカリアートの始まりを示したのだ。その後、ベビーブーム世代は資本主義を罵りながら、年金や他の給付を受け、新興市場経済諸国からの安い商品を享受してきた。そして、フレキシビリティと不安定さを次の世代へと先送りしたのだ。大学を出たけれどみじめにも職のない者の1人はこう言う（Hankinson, 2010）。「ベビーブーム世代は無料で教育を受けて、家が買えて、年金はたっぷりもらえて、早期退職して別荘まで手に入れられた。ぼくたちに残されたものなんて、いつになっても返し終わらない学生時代の債務と引換えに手に入れた教育と、腐ったはしごの先にあって絶対に手に入らない財産だ。それに金融システムだって、親たちは豊かにしたけど、ぼくたちにはゴミみたいな職か無職のどっちかを選べっていう選択を残してくれるだけだ。」

　もちろん、前の世代への長たらしい非難には間違った描写がある。それは階級を無視している。今では、イギリスの全高卒者のうち半数が何らかの高等教育に進むが、ベビーブーム世代で大学に入ったのはほんの少数だった。年配世代の多くが、脱工業化の荒廃に苦しんだ。坑夫や鉄鋼労働者、港湾労働者、活版工は過去の存在となったからだ。そして、ほとんどの女性は、それに加えて経済の周縁にいることの負担を抱えていた。世代間の思い込みはまるで陽動作戦のようになり得る。それは、グローバル化の役割を慎重に除外した保守派の見方とうまく調和するのだ（Willetts, 2010）。今日の若者は前の世代よりも不遇というわけではない。苦境は単に異なるだけでなく、階級によって多様なのだ。かつての労働者階級のコミュニティには、世代から世代に再生産される社会的連帯の精神があった。そのようなコミュニティは、今では、イタリア人たちが「そうではない仲間たち（alternativi）」と呼ぶ、新しい生き方を実践する大学のキャンパスやコミュニティに見られるように、プレカリアートの領域にある。

　かつての労働者階級の衰退は、今日の若者に三つの困難をもたらした。第一に、若者は自分たちの親が地位や所得、プライド、安定を失ったと考えてきた。

第二に、若者にはまねるべき役割モデルがない。そして第三に、頻繁な失業や強制的な無為が挟み込まれる低賃金の職に就くことによって、若者は、不安定性の罠に囚われる。低所得の隣人たちの間では、「仕事の倫理」が世代を越えて受け継がれている (Shildrick, MacDonald, Webster and Garthwaite, 2010)。しかし、プレカリアート化された存在の経験もまた、その態度や行動規範が次の世代に移されていく。系統的なフレキシビリティに支配された最初の世代は、1980年代に大人になった。21世紀初頭に労働市場に参入しようとしているのはその世代の子どもたちだ。その多くは、親の世代よりも少ない稼ぎと弱々しいキャリアしか期待できない。驚くべきことに、イギリスの若者たちのより多くが、若い頃の親たちよりも、自分たちは労働者階級に属していると考えている。若者には、どんどん暮らし向きが落ちているという感覚があり、目前に見えるものはそれを裏付けているのだ。

教育の商品化

教育の商品化もまた、落胆と怒りをもたらしている。「人的資本」を向上させる教育システムの動きも、より良い職の展望を生み出すことはなかった。教育は、ほとんどの買い手にとっては経済的な見返りのない投資財として売られた。つまり単純に言えば、それは詐欺だった。一例を挙げよう。スペインの大学生の40％は、卒業から１年後には、大学卒業資格がまったく必要ではない技能水準の低い職に就く。それは、地位に対する不満という流行病を生み出すだけだ。

現在では、大学に行くことで生涯に得られる金銭的な平均利益はかなりのものだ。それはイギリスでは男性で20万ポンドにもなる (Browne, 2010)。そうすると、高い学費を課すのは公平に思える。しかし、高い学費は、大学がまったく経済的見返りをもたらさないリスクを過小評価し、さらにそのような経済的見返りが、「相加平均（算術平均）」で計算されることを無視している。市場社会では、勝者がすべてを得るという勝者総取りの市場が蔓延する。これこそが、生産性を理由に正当化できる範囲を超えて所得格差が広がる原因だ。ほんの少数の学生が高所得の見返りを得るようになり、それが相加平均の値を上げている。したがって、より多くの学生が、平均よりもはるかに低い稼ぎの職に就く

ようになる。

次に、労働市場で起きていることをいくつかの要素に分けてみよう。経済は常に新しいタイプの職を生み出すが、それがどんな方向を向いているかは明らかだ。たとえば、これから10年間、アメリカで生まれるすべての新しい職のうち、学位やそれに匹敵する資格をもつ人向けの仕事は半分もないだろう（Florida, 2010）。過去の経験に照らせば、それらの職のおそらく40％は大卒資格のない人々が占めるだろう。なにしろ、ビル・ゲイツもドロップアウト組だったのだ。したがって、高等教育を完了した若者が就けるのは、すべての新しい職のたった3分の1になるだろう。

大多数の人々は高水準の資格が要求されない職に転がり落ちる。それはもう踏んだり蹴ったりだ。自分たちのもつ資格よりも劣る職に専念し、幸せや忠誠を感じるべきだと説かれるのだ。そのうえ、学位によって高所得の職を得られるという約束を信じたばかりに背負った借金を返さねばならないのだ。

新自由主義国家は、学校のシステムを市場社会と調和させるように作り変えてきた。それは教育を「人的資本」形成と就職準備とする方向を推進してきた。それはグローバル化の最も醜い側面の一つだった。

あらゆる時代を通じて、教育とは、精神が新しい能力を開花させるのを助けるために、人々を自由にして解放し、疑問を投げかけ、それまでの考え方を破壊していくことだと考えられてきた。啓蒙の本質は、学びと語り合いを通じて、人間が世界を形作り、自分たち自身をより良くすることだった。市場社会では、そのような教育の役割は片隅に追いやられてしまっている。

教育システムはまさにグローバル化のさなかにある。教育は、軽率にも産業として、利潤や輸出収益の源泉として、国同士の競争の領域として描かれている。大学や学校はパフォーマンスを示す指標によってランク付けされる。まさに事実は小説より奇なりだ。市場に合う「ビジネスモデル」を押し付けながら、行政が、学校や大学を乗っ取ってしまった。その水準はひどく低下してきたにもかかわらず、このグローバル「産業」のリーダーはアメリカだ。「学位記」や「卒業生」という商品の生産加工が、その発想だ。大学はより良い教育によってではなく、「ぜいたくモデル」の提供で競争するようになってきた。見栄えのいい学生寮や、スポーツやダンスのための派手な設備、教育とは関係ないこ

第3章　プレカリアートになるのは誰か？　101

とで名を馳せる有名教授陣などがそうだ。

　啓蒙思想の価値が失われたことを象徴するように、イギリスでは2009年に、大学を管轄する官庁が教育省からビジネス省へと移った。その時のビジネス大臣だったマンデルソン卿は、この管轄移動を次のように正当化した。「私は、大学にもっと努力の果実を商業化してほしいと思っている……ビジネスが中心でなければならない。」

　あらゆる段階での教育の商業化はグローバルな現象だ。スウェーデンの業績良好な営利企業は、教師と生徒とが直接に接する機会を最小にし、お互いが電子モニターを通じて接するようにした標準的学校システムを輸出している。高等教育になると、教師のいない教育や「教師のいない教室」がどんどん増えている（Giridharadas, 2009）。マサチューセッツ工科大学は、オープン・コースウェア・コンソーシアムというものを始めた。これに参加している世界中の大学には、教授の注釈、授業のビデオ、試験も含めて無料のオンラインコースが設置される。さらに、誰でもコンピュータにダウンロードできるiTunesポータルのソフトは、バークレーやオックスフォードなどの大学からの講義を提供している。また、イスラエルの企業家によって設立された「ピープル大学（University of the People）」は、授業料なし（そして授業なし）で学士資格を与えている。「仲間から仲間への教育」と呼ばれるものを通じて学ぶ学生は、教員からではなく仲間の学生から、質問と回答をオンラインで送り合うことで学ぶことになっている。

　このような商業化の推進者たちは、これは「消費者に任せること」だと主張する。サン・マイクロシステムズの社長であり、学位をオンラインで提供しているウエスタン・ガバナーズ大学への出資者でもあるスコット・マクニーリーの議論はこうだ。教師は「コンテンツを創る人ではなくコーチ」として自分の立ち位置を直さなければならず、他の教師の優れた指導のパイプ役となると同時に、学生向けに教材をカスタマイズすべきだと。このような商品化と標準化は、教育職という専門的職業の統合性を解体し、インフォーマルな知の伝達をなくし、教育を格安商品にしてしまう。それは、勝者総取りの市場を強化し、職業人コミュニティの消滅を加速する。人的資本の市場では、有名な教師や大学がますます強調され、一般的規範と紋切り型の知識が好まれるようになるだ

ろう。聖書のたとえを借りるならば、好戦的で無教養な実利主義のペリシテ人は門前に迫っているどころではない。すでに教育のなかに入り込んでいるのだ。

世界銀行のような国際金融機関は、経済に関係のない「不適切なカリキュラム」をなくすように求めている。フランスの大統領、ニコラ・サルコジに任命された委員会が作成した報告書は、初等教育は雇用可能性に焦点を当てるべきであり、経済学をすべての小学校で教えるべきと論じた。イギリスでは、労働党政権が金融庁に対して、どうすれば学校に「起業家文化を植え付ける」ことができるかを助言するよう強く求めた。イタリアでは、シルヴィオ・ベルルスコーニ首相が、「三つのi」すなわち、英語（inglese）、インターネット（internet）、事業（impresa）こそが、学生が学ぶべきすべてだと主張した。文化や歴史について学ぶ代わりに、子どもたちは効率的な消費者であるとともに就職するための方法を教わらねばならないのだ。

アメリカの四つの都市で始まった実験的な取り組みでは、生徒はお金をもらって勉強する。ダラスでは、小学2年生は本を1冊読むごとに2ドル支払われる。シカゴでは、高校生はいい成績をとればお金をもらえる。ワシントンD. C. では、ミドルスクール（日本の小学5年〜中学2年）の生徒は、生活態度と出席が良ければお金がもらえる。この傾向に対しては、学ぶこと自体への内面的な動機付けが崩れると不満をもらす親もいる（Turque, 2010）。しかし市場はお構いなしで進んで行く。

一方、集団的な集中力不足症候群とあわせて、読む力の喪失が報告されている。『スーパーマンを待って』というノンフィクションは、アメリカでは初めて、前の世代よりも読み書きのできない世代が現れたと報じている（Harris, 2010）。イギリスのマーク・バウアーライン教授は、ニューヨーク・タイムズ紙に次のように語った（Bernstein, 2009）。「私たちは市民的知識や歴史的知識の点では、底なしの無知になっている」。商業化を進める人々にとっても、これは、憂慮すべきことと思う人がいるかもしれない。だが、市民的知識で職を得ることはできない。だから、あなたを「幸せ」にすることさえできないのだ。

反復学習や標準化されたコースは、教育システムの上にまで続く。フランスの経済学者ダニエル・コーエンは満足げに言う。「大学は新しい世紀を切り開く。フォード主義企業が旧世紀を切り開いたように」（Cohen, 2009: 81）。しか

し、学校教育は歴史的に先例のないものを作り出している。人々は次から次へと、ますます価値が下がっていく「証明書」を売りつけられているのだ。売り手はますます生産を増やし、買い手はそれを買うように駆り立てられる。買い手がそれまでの「卒業資格」を買った結果として借金を背負ったとする。そうなると買い手は、次のレベルの「卒業資格」を買うためにさらに借金を背負う。そうして次のレベルの「卒業資格」を買っていけば、それまでの投資額に見合うような職を確保できるだろうと考えるからだ。この狂った状況はプレカリアートにとってどのような意味があるのだろうか。

能力開発への影響を考えてみよう。『魂の技としての職業訓練クラス (*Shop Class as Soulcraft*)』(Crawford, 2009) というベストセラーのなかで、マシュー・クロウフォードはアメリカが熟練労働を軽んじていると非難している。彼の議論はこうだ。学校の生徒たちは、かつては自分が興味をもつ (「職業訓練クラス」で) 職業的技能を教えられていたのに、いまでは競争力のある大学を受験させるための一連の授業を取らなければならない。現実に役立っている技能が、紙の証明書をより多く得るように駆り立てることの犠牲にされつつある、と。

プレカリアートは、教育システムを大衆向けの安易なものにすることからも生まれてくる。教育システムは、「情報量」を最大化することで利潤を最大化するゲームになっている。イギリスでは、何百もの公立大学で、学術的でない履修科目の学科に対してさえ、学術的な卒業資格が与えられている。イギリスの納税者連合 (The Taxpayers' Alliance) という団体は、2007年にこのような「あり得ない学科」を特定した。そのなかには、プリマスのセントマーク&セントジョン大学で学士号 (BAHon) を取得できる「哲学的野外冒険 (outdoor adventure with philosophy)」学科、リーズ・メトロポリタン大学の同様の「ライフスタイル・マネジメント」学科などがある。

代替医療の学科も流行っている。トムキンスは、42の大学にある84の学科を挙げている (Tomkins, 2009)。そこではリフレクソロジー、アロマセラピー、鍼治療、生薬のような科目があり、そのうち51の学科で理系の学士号 (BSc) を取得できる。これは、真理の光を万人に注ぐという合理主義的な啓蒙の考え方から、宗教や迷信と結び付いた感情的な思考方法にいきつく、「愚民化」という暗黒時代への逆転の流れを反映している。科学的な証明がない時、代替医

療の主唱者たちは患者の証言を引用する。もちろん本当の薬でなくても薬だと信じただけで効いてしまうプラシーボ効果があるので、信じるものが癒やされることがあるのは当然なのだが。

　高等教育の商品化は非合理性を正当化する。需要があれば、対価を喜んで支払う顧客に売りつけることができれば、どんな学科でも受け入れられるのだ。誰でも、まがいものの学科に入って、そこで学歴として通用する学位を得られる。それは「あなたはそれに値する」ということを証明する。しかしそれは、次のことを意味するにすぎない。あなた、あるいはあなたの両親には支払い能力がある。だから私たち大学は、あなたの欲しいものを与えた。私たち大学は、何世代にもわたる知識の積み重ねに基づいて、科学的だ、あるいは真理だ、と信じることを与えたのではない、と。合格率を最大化し、入学を辞退して高額の学費を支払わない学生を減らすために、大学の学科や試験はますます簡単なものにされている。

　大学で学ぶ費用は、特にアメリカでは、収入よりも速いペースで上昇してきた。1970年から2010年までの間に、世帯所得の中央値は6.5倍となったのに対し、私立大学に通う費用は13倍になり、州立大学の場合は、州内の学生にとっては15倍、州外の学生にとっては24倍にもなった。その費用に対する教育の価値は転落した。1961年には、4年制大学のフルタイムの学生は平均して週に24時間勉強していたが、2010年にはたったの14時間となっている。退学率や休学率も高い。4年で卒業する学生は40％しかいないのだ。大学教員も学生も、短期的には得をしている。教える負担が小さくなれば、大学教員はより長期間研究者として自分を売れるようになる。単位のインフレによって学生は学位という商品を容易に得ることができる。計画怠業は儲かるのだ。アイビー・リーグの大学では、年配の大学教員は、大学にいる時にはほとんど教育活動をしないのに、今では3年ごとのサバティカルの機会をもつ。かつては7年ごとだった。最低限のお役所的義務だけをこなし、教師としてはいないも同然となっているのだ。

　そんな教師と学生を非難すべきではない。彼らは市場社会に合わせて行動しているだけなのだ。このシステムは教育における専門職業の倫理を破壊している。市場は日和見主義に基づくものだ。自己利益をアダム・スミスは賛美し、

新自由主義的な経済学者も伝道する。しかし、この商品化した空間にいる多くの大学教員や教師たちは、皮肉屋でも不正直者でもない。その多くは、適応しようとしてうつ病になり、ストレスを抱えている。商業的な行動様式を培養する新自由主義国家は、罰則や制裁をちらつかせ、上っ面の業績評価や監査のためのテストや指標を導入することで、標準的な教育を行うことに乗り気でない教員に対処している。若者と教員は損失を分かち合っているのだ。

　一方、2008年の金融崩壊への国際的な対応のなかには、国家教育予算削減と、学生や家族へのいっそうの負担押し付けがあった。カリフォルニアの前知事、アーノルド・シュワルツネッガーはカリフォルニア大学の予算を10億円削減した。学費は20％上がり、サポートスタッフは解雇され、大学教員は無給休暇を取らねばならなくなった。彼のやり方はアメリカ中で模倣された。イギリスでも、2009年に政府は高等教育の予算削減を計画していると発表した。大学教員組合は、30の大学が廃止される可能性があり、そうなると１万4000の職が失われると抗議した。新政府は計画された削減額を増やした。高等教育は今よりもっと経済的に機能すべきという考えをはっきり示したのだ。人文科学と社会科学はなくても済むものになった。

　世界的に見れば、国家支出の圧縮によって商業的な学校教育の拡大が促進されている。アメリカ最大の「教育サービス供給業」である私立のフェニックス大学は、2009年に世界中から受け入れているその入学者数を、38万4000人から45万5000人に増やした。イングランドでは、企業家と会社が学校などの「学術機関」のスポンサーとなり、カリキュラムや専門分野に対して影響力を握っている。この仕組みは労働党政権によって始められ、保守党と自由民主党の連立政権によって拡大された。ルパート・マードックのメディア・グループは、すでにニューヨークで行っているように、ロンドンでも学校のスポンサーになることを計画している。その右翼イデオロギー的な罠が持ち込まれることは疑いない。ロンドンの別の学校の場合は、2008年の華々しい倒産の前に、不幸なリーマン・ブラザーズがスポンサーとなっていた。

　このような教育の商品化は社会の病だ。これには必ずしっぺ返しがある。教育が投資財として売られ、卒業証明書が無制限に供給されている。そしてその証明書からは約束された見返りを得ることができない。卒業証明書を買ったこ

とで良い職に就けて、しかもそれをもっと買うように促されて背負いこんだ借金を返せるだけの高所得が得られなければ、プレカリアートになっていく人々は怒り、苦しむことになるだろう。買い手が商品について無知という情報の非対称性がある市場では、粗悪品があふれて全体の厚生が低下するという経済学のレモン（粗悪な中古車のこと）市場の話が想起される。それは次のようなかつてのソ連のジョークのようなものだ。労働者はこう言う。「やつらは俺たちに金を払うふりをするだけさ。それで俺たちは働くふりをするのさ」。それを教育にあてはめれば、こんな風になる。「やつらは俺たちを教育するふりをするだけさ。それで俺たちは学ぶふりをするのさ」。こうして、エリートではなく大多数の人々の精神が幼児化する。学科はますます簡単になる。合格率は最大化される。大学教員はそれに従わねばならない。

若者をプレカリアートに流し込む学校教育

商品化された教育システムが、再編成されている兆候がある。若者たちを特権的エリートと少数の技術労働者階級と増大するプレカリアートからなるフレキシブルな労働システムのなかに、流しこむようにするのだ。教育産業が商品を売るだけであり、多くの学生は専門的キャリアに進むつもりがないのならば、「大衆的」商品を供給する余地が大いにある。あるサーフィン好きの10代の若者は、「サーフィンの科学とテクノロジーを学ぶために」プリマス大学に行くのだと言う。その学科は、「必修として、週２回はサーフィンをすること」を彼に要求するということだ。これは愚昧化された労働者のための愚昧化された学位だ。

ドイツでは、有名な徒弟制度のシステムが縮小する一方で、より多くの若者が、持続的な技能を生み出すことなどない補習学校という「移行システム」に押し込まれている。徒弟の訓練は高度に専門化され、認可された学校しか提供できない。パンを焼くこととケーキを作ることは別の科目編成となっている。マクドナルドの店舗で経営を担当したいなら、「システム調理（Systemgastronomie）」を修めなければならない。このような狭い専門主義のせいで、職を得るのが難しくなっている。2005年には、修了者の３分の１以上が、訓練を終えて１年たっても失業したままだった。工業時代に適していたこのシステムは、そ

の硬直性ゆえにフレキシブルな経済のなかでは必然的に齟齬を生み、機能しなくなったのだ。

職業転換を容易にする一般的な訓練を導入し、より広範な学校に職業訓練の権利を与えようとする動きがある。しかしドイツのシステムは、より多くの若者をプレカリアートに押し込むように変わってきている。子どもたちは10歳の時に、3種類の中等教育に振り分けられる。一番低い層である「基幹学校（Hauptschulen）」は、伝統的には徒弟制度へと新卒者を輩出していたが、今や勉強のできない子どもたちの受け皿となっている。そしてそこを出た者の多くは移行システムに入っていくのだ。徒弟制度システムは、中位の学校である、「実科学校（Realschulen）」から新卒者を集めている。それはかつてはホワイトカラー労働者を供給していた。最上位のグラマースクールである「ギムナジウム（Gymnasien）」でさえ徒弟制度に新卒者を供給している。もともとそれは生徒を大学に進学させるためのものだった。教育システムが、若者のあり方を変えてしまっているのだ。

この流れは労働市場に続く。ドイツの国家官僚制は四つのキャリアパス（昇進経路）を定めている。一つを選んだら他へ移るチャンスはほとんどない。そのうち一つは「マイスターブリーフ（Meisterbrief）」という、最高の職人資格をもつ人々のためのものだ。このような硬直的なシステムでは、人生の初めに特権的な経路に入れなかった人は希望がないと感じるにちがいない。

ドイツのシステムは若者の役に立っていない。2001年に OECD によって行われた詳細な比較では、15歳の学力は先進国のなかで最低だった。5分の1以上はきちんと読むことや計算ができず、10代の多くが退学していた。国内の一部では、職業学校と大学との間のカースト制を壊す改革が行われてきた。しかしその歩みは遅い。それどころか、ドイツは、エリート、技術労働者、プレカリアートという三つの道に若者を流し込む方向に向かっている。そのシステムでは、プレカリアート生活に若者を準備させる部分がいっそう大きくなっている。

このような流し込みはアメリカでも拡大している。アメリカでは、職業訓練は早い年齢で将来の機会を潰すものとして侮蔑されてきた。大学は高給取りやグローバルな活躍への道と考えられてきた。職業科目をとる高校生は、1982年

に３分の１だったが、2005年には５分の１しかいなかった。しかし、労働需要は大学の学位購入者に対して厳しくなってきた。おそらくこれを受けて、オバマ大統領の経済諮問委員会は、２年間のテクニカル・カレッジの学位を増やすことを提案した。いくつかの州は徒弟制度を復活させることに取り組んでいる。学問的なカリキュラムと、労働経験の伴う技術的なカリキュラムを合わせた「キャリア・アカデミー」が広まっている。オバマ大統領は、すべてのアメリカ人に最低１年の職業訓練をやってみることを勧めた。コミュニティ・カレッジは今や新たな期待の的だ。低水準の労働者生活へと若者を用意させる媒介となる流し込み教育が形をとりつつあるのだ。

　世界の反対側では、何百万もの人々が二流の大学を出て中国人プレカリアートとなっている。大学入学者数は、2000年の100万人から2010年には700万人に増大した。このシステムは社会的階層によって固定されたおなじみの経路を作り出した（Chan, 2010）。良い初等学校に行く者は良い中等学校へ行き、トップの大学はそこから学生をとる。しかしほとんどの人は貧しい家庭に生まれ、貧しい地方に住み、粗末な初等学校に行き、トップの大学が生徒をとることのない粗末な中等学校を終える。

　2006年から、毎年100万人以上の大卒者が卒業と同時に失業者になっている。このような大卒失業者は、「蟻族」（Si, 2009）や、「流浪の民」と呼ばれてきた。限られた人脈に群がったり、支援と励ましのネットワークを維持するための絶望的な努力として、母校のキャンパスをさ迷い歩いたりするからである。大卒者のグループは、都市の周縁部の小さな住居でともに暮らしている。その４分の３は農村部の出身であり、戸籍登録証をもっていない。ほとんど全員が独身であり、低賃金の臨時の職でしのぎ、稼ぎを分け合っている。その賃金では、その窮屈な住居のほんの一部を買い取るのにさえ１年間は働かなければならないだろう。

若者を捕らえる不安定性の罠

　高等教育を出た若者を捕らえる二つの不安定性の罠がある。一つは借金の罠だ。やっと卒業した若者は、職業的アイデンティティとキャリアを築きたいと願う。そのためには長期戦略が必要だ。若者は卒業証書と借金を手に大学を卒

業する。その借金には、若者が稼ぐようになるや否や（稼げなかったとしてもだが）不気味に待ち構える国家公認の取立人がついている。若者の多くは、自分が就ける職が一時雇用で、借金を返すには賃金が低すぎることに気付く。そんな職は自分の卒業資格や希望に合うものではない。若者は、何百万もの仲間が、自分のスキルには不釣合いの職にずっと留まっていることを見聞きしている。貴重な職業的アイデンティティを築き上げるような職ではなくても、とにかく自分にできる職をつかまざるを得なかったのだ。そんな若者を雇用しようかという人は、このような借金状態を知れば、信用の面で不安になるかもしれない。そうなれば、不安定性の罠はさらに悪化する。

　日本では、奨学金ローンを返済しなかった学生はブラックリストに載せられる。そして、人から怪しまれるような信用記録によって、ただでさえ限定的な職へのアクセスに追い討ちがかけられる。それが採用する際に応募者をチェックする企業に見つかってしまうのだ。こうして不運が連鎖していく。一般的に言って、若者は、卒業証書や勉強した年月に裏付けられた自分の志望と、収入の必要との間で引き裂かれる。これが二つ目の不安定性の罠だ。若者は生きるため、そして借金を少しでも返すために収入が必要なので、一時雇用の職に就くかもしれない。あるいはキャリアを築き上げていくという別の可能性をつぶしたくないために、一時雇用の職には就かないかもしれない。後につながらない一時雇用の職を拒否すれば、怠け者だとか居候だとか言われる。しかしそのような職に就けば、自分のキャリアへの道を見失うのだ。

　今日の若者は、仕事に対して以前の世代とは違う考えをもつのではないかということが、さんざん議論されてきた。若者は、政治家が「ワーク・ライフ・バランス」と呼ぶものを求めているとも言われる。これはほとんど同義反復の決まり文句だ。仕事と生活のバランスが崩れることを望む人などいるはずがない。「ジェネレーション Y」、「ミレニアルズ」、「iPod 世代」などとさまざまな言われ方をされる世代（大まかに言って、1970年代半ば以降に生まれた世代）は、ベビーブーマー（1946〜1960年生まれ）や「ジェネレーション X（前二者の間の世代）」よりも物質的に欲がなく、職に打ち込んだりしないと言われている。だが、それは、単に若い世代が就ける職の性質や、不安定性の罠の蔓延を反映しているだけだ。そんな境遇による心理的、経済的な理由で、すぐに蒸発してし

まうような職に打ち込む余裕は、若者の多くにはないのだ。

いくつかのアメリカの研究で、ほとんどの若い従業員が、雇い主に忠実だと答えていることが明らかにされている（Hewlett et al., 2009）。しかし、大卒従業員を対象とした二つの企業における調査では、ジェネレーションＹの89％、ベビーブーマーの87％が柔軟な働き方もまた大切だと考えており、3分の2以上が、何時間かはリモート勤務をしたいと考えていることも示された。どちらの世代でも、自分が「仕事中心」だと答えた人はほんの少数派で、ほとんどの人々は職を幸福への道とは考えていなかった。二つの世代の姿勢は似通っている。違うのは取り巻く現実だ。これらの研究は月給制の職に就くことのできた人々に焦点を当てている。月給制の職は、そうでない人々よりも、より大きな職への愛着を示すと考えられる。

あるイギリスの研究（Centre for Women in Business, 2009）もまた、若い専門職の人々が会社への忠誠を示しているが、その忠誠は条件付きで、ほとんどの人は昇進しなかったら転職する用意があることを明らかにした。親世代の「組織」への信頼は裏切られてきたと感じており、自分たちはもうそのような落胆はしたくないのだ。21世紀の世界的な大不況は、ジェネレーションＹの「権利があって当然という空気」に対して、必要な「目覚まし」として機能したと主張する者もいる（Tulgan, 2009）。若い人々の感覚を強化してきたものがあるとすれば、それは若者たちに牙をむく「システム」なのだ。

結局、不安定性の罠は、若い人々の希望と、偽りの入学案内で学歴主義の卒業資格を売りつける「人的資本」準備システムとの間の齟齬を反映している。求人中のほとんどの職はそのような学校教育の年月をまったく必要としない。したがって、学校教育の目的を就職準備にしてしまえば、緊張と欲求不満が引き起こされ、それは幻滅に変わるだろう。

インターンの狂気

一方、若者のために特別に設計された新しい形のプレカリアートの仕事が広がっている。徒弟制度がそうであったように、古い形の見習い雇用は、少なくとも原則的には、安定した雇用へとつながっていた。だがインターンシップは違う。それは安定した職への潜在的な入口を、直接的もしくは間接的に供給す

ることを意図した有用な経験を得る方法として描かれている。だが実際には、それは安くて取り換え可能な労働を得るための手段として多くの雇い主に利用されているのだ。にもかかわらず、若者はこのような無給または非常に給料の低いインターンのために猛烈な競争を繰り広げている。忙しくし続け、技能や経験を得て、人脈を広げ、もしかすると、そのつかまえにくい職をものにすることを願っているのだ。

インターンシップは、いくつかの国では中産階級の若者の通過儀礼となってきている。アメリカには「バーチャル・インターン」というものさえある。それに参加する若者は一つまたはいくつかの会社で、調査やセールストーク、マーケティング、グラフィックデザイン、ソーシャルメディア開発などをリモート勤務で行う。学生は将来の仕事にしたい領域に触れ、それが自分に合えば働くことができるようになるかもしれない。一方、その学生は孤立し、人脈が作れないという潜在的な欠点もある。

アメリカでは、雇用先を探していると言い張れる限り、インターンをすることでおよそ月400ドルの失業給付を受けることができる。インターンをすることで失業を偽装し、偽りの雇用を得て、履歴書をましなものにできる。連邦法は、インターンを常勤被雇用者の代わりとして用いることを禁じている。しかしそれを確かめるのは困難だ。法的問題を避けるために、インターンシップを、学校の承認を得た学生に限っている企業もある。そのせいで、インターンシップに参加するためだけに、学校に籍を置く若い労働者さえいる。失業者となった若者もまた、インターン市場に加わる。これらインターン応募者へのアドバイスには、キャリア変更をしたい、あるいは何かを学ぶことを求めている、と言うように、そして、職を失った、あるいはすることがない、などとは言わないように、とある（Needleman, 2009）。なんとも悲しく、絶望的な光景だ。

インターンシップは労働市場政策に取り入れられてきた。2008年に始まった韓国の公務員インターン計画は、大卒者に一時雇用労働を提供している。参加者は11ヶ月を上限に、政府省庁や公的機関にインターンとして配置される。インターンは公務員とはみなされず、労働基本法や国家公務員法で守られない。参加者はこのプログラムの後で公務員として雇用されることを禁じられ、フルタイムの公務員に切り替わることもできず、最低賃金よりも低い額しか支払わ

れない。被雇用者向け研修を受けることはできるが、それはリモート研修だ。しかもほとんどのインターン期間は、規定にある11ヶ月の上限ではなく5ヶ月だけなので、この訓練は限定的だ。ある調査では、インターンシップによって専門的スキルを高める機会を得られたと答えたのはたった8％しかいなかった。

　イギリスでは、インターンになる若者は主に中産階級の出身だ。履歴書に付け加えるちょっとしたおまけと、実際の職への道筋を探る青春時代をサポートする余裕が家族にある場合だけだ。メディアや他の特権的な業界では、インターンシップのためのオークションさえ存在してきた。無給または有給の「仕事経験」が、「まともな職」へのアクセスにいっそう求められるようになってきたからだ。何も支払うことなく誰かを雇うことは法に反しているにもかかわらず、インターンの場合にはこれが起きてしまっている。2009年の判決（ニコラ・ヴェッタ対ロンドン・ドリームズ）では、たとえインターン女性が映画会社で「経費のみ」支給を基本とすることに合意していたとしても、彼女は国の最低賃金への権利を有しているとされた。法的なポイントは、誰も違法な契約に「合意」できない、ということだった。しかしこれはいつも起きていることだ。

　インターンシップは、プレカリアートの若者とその周辺の若者の両方にとって脅威だ。給与の支払いがあったとしても、インターンは安上がりでそれっきりの労働をしており、賃金を下げ、インターンがいなければ雇用されたかもしれないほかの誰かの機会を減らす圧力となる。インターンシップは、少数の若い人々には有利な地位を与えるかもしれないが、それは宝くじを買うようなもので、しかも家族によって支払われる私的な補助金で買うようなものなのだ。

　最後に、インターンは豊かな国や中産階級の若者の特徴と考えるのは誤りだろう。韓国はともかく、それは中国でも広がっている。仏山市にあるホンダの広大な自動車部品（トランスミッション）工場でのストライキは、インターンが全従業員の3分の1を占めていることを明らかにした。これは、中国の製造業で学生と一時雇用労働者が広範に使用されていることを反映している（Mitchel, 2010）。他のあらゆる場所と同様に、インターンは正規労働の替わりに使われるプレカリアートなのだ。

世代間の緊張

先進国の若者は、労働市場に参入すると同時に、増大する年金生活者の退職後の所得をまかなうために、低い賃金のなかからいっそう多くを拠出しなければならなくなるだろう。人口統計を見ると暗い気持ちになる。高齢化の傾向が最も進んでいる日本では、年金生活者1人を支える労働者の数は、1950年の10人から2000年には4人へと下がり、2025人には2人になると予測されている。国の社会保障予算の70％以上は高齢者に使われ、子どものケアに使われるのはたったの4％だ（Kingston, 2010）。年老いた人に何が起きているのかはまた後で考察する。ここでの関心は、それが若者にどのように影響するかだ。

21世紀の若者は、キャリアへの入り口に到達するという低い可能性——多くの若者にとっては消えゆく幻だ——のために、高い費用を払って過去に例を見ないほど多くの卒業資格を追い求めねばならないだけではない。たとえ成功して職を得たとしても、今度は現役労働者として、過去の雇用者の年金のために拠出金を支払わねばならない。主に高齢化を原因として社会保障の費用が上がっているために、国は、現役被雇用者が支払わねばならない拠出額を引き上げ、さらに年金を得られる年齢を後ろ倒しにしている。現役の被雇用者にとって、この取引をさらに魅力的でなくしていることがある。国は将来の国家年金の実質価値を切り下げようとしているのだ。そして、現役労働者はもっとリスクを負わなければならないのだと告げられている。もっと多くの拠出を、確定拠出年金（保障された額の年金とは異なり、拠出金が投資基金にまわされるので、年金受給額は上下する可能性がある）につぎ込まれるのだ。労働者はしばしば、自分たちに代わって投資を行う年金ファンドに拠出金をつぎ込むことを要求される。そのようなファンドに投資能力があるのかどうかはおかまいなしだ。

発言権の欠如と2008年以降の不況

若者は混乱しながらも労働市場に参入してゆく。その多くは、自分の地位に対して不満を抱え、経済的な不安を感じ、どうやってキャリアを積み上げていけばいいのか見通しをもてないでいる。多くの国で、若者の苦境は失業によってさらに悪化している。金融崩壊は若者にひどく打撃を与えた。何百万人もが職を失い、さらに何百万人もが労働市場に参入できないでいる。そして職を見

つけた者も、自分たちの賃金が前の世代よりも低いことに気付いている。2010年には、スペインの若年失業率（16～24歳）は40％を超え、アイルランドでは28％、イタリアでは27％、ギリシャでは25％だった。アメリカの10代の失業率は驚異の52％だった。世界中で、若者は大人の3倍も労働力からドロップアウトしていた。その多くは、さらに進学するために学生に戻るか、あるいはそうしようと試みた。しかしそのことはまた、さしあたり得られる職が要求するものよりも、はるかにりっぱな「卒業資格」をもつ人があふれてしまうという悪循環を進行させてしまう。

　日本では、金融危機は、ますます多くの若者がプレカリアートになる転機となった。企業が幹部候補であるサラリーマン階級への入り口を閉ざしたからだ。学生は毎年3月に大学を卒業し、終身雇用に身を置くためにサラリーマン職で働き始める、というのが伝統だった。1990年代初頭の不況期にも部分的な採用凍結があったが、2008年以降はそれが拡大した。2010年には、5分の1を超える大卒者の就職が、決まらなかった。サラリーマンモデルは崩れたのだ。すべての大・中企業のうち半分近くが、正規の従業員を雇うことはまったく考えていないと答えた。雇用主側が、終身サラリーマンという規範を捨てることにますます抵抗を感じなくなっている以上、大卒者は新しい人生の展望に自分を合わせねばならない。

　若者は、労働市場で混乱しているだけではない。欲求不満をぶつけ、今よりもプレカリアート化されない将来へ向けて、発言し、交渉していくための主な仕組みからも疎外されている。常勤被雇用者の権限の強化は、20世紀の労働組合や社会民主主義運動の成果だ。しかしそれは、若いプレカリアートの労働組合への敵意につながっている。若者は、労働組合が年配の被雇用者の特権を守っていると考えている。その特権を若者は期待できないからだ。スペインやイタリアのような、労働組合主義の砦であったところでは、若者は労働組合を激しく拒絶する。公正を期して言えば、労働組合は一時雇用の被雇用者にも獲得した給付を拡大することを望んできた。しかし、それを達成することはできなかったのだ。労働組合は、賃金が下がり、職が別の場所に行ってしまい、さらに自分たちの正当性が掘り崩されていくのを見ている。もはや社会民主党の政治家までもが便宜的に労働組合と距離を置くようになるほどだ。労働組合の

第3章　プレカリアートになるのは誰か？　115

リーダーでさえ途方に暮れている。2010年にアメリカ労働総同盟・産業別組合会議（AFL-CIO）の委員長に選出されたリチャード・トラムカは、若い人々にとって「労働組合は、自分の親の時代の経済の面影にしか見えない」と認めた。

今日の若者は、生産過程の場で集団的な自発的結社を作るのは難しいと考えている。なぜなら自分たちはフレキシブルな労働力の一部であり、一時雇用の職に就いており、リモート勤務であり、などの事情があるからだ。若者は世界中の都市の遊牧民的放浪者のうちで巨大な割合を占めている。公共の場所を転々とし、インターネットカフェから、職場と遊び場を兼ねる場所ならどこへでも、忙しく移動している。ミラノのプレカリアートの運動体であるサン・プレカリオ・コネクションの活動家、アレサンドロ・デルファンティは言う。「私たちの世代は、生産の場では、対立する問題について交渉する権利を失ってしまったのです」（Jahal, 2010）。そのとおりだが、若者は集団として、なんらかの発言をする必要がある。

暗い見通し

若者の困難は重なり合っている。多くの若者を不安定性の罠が誘う。多くの若者が、商品化した教育システムのせいで、卒業後に地位への不満を抱えている。少数の若者にとっては、短期間プレカリアートとなって遊ぶことは、教育を終えた後、裕福なサラリーマン階級やエリートになる前の休み時間かもしれない。だが、大多数の若者には職業的キャリアを高める見込みのない、一時雇用の職の連続という未来が約束されているのだ。ますます多くの若者が、それらの職を通じて「雇用可能性」を叩きこまれる。いかなるやり方でも使えるような、フレキシブルな労働力にされる。だがそんな職には、若者が本当にやりたいことと関係のするものはまったくない。

そんなのはもうたくさんだ、という人々もいる。教育とプレカリアート的な職の展望との衝突の結果、職を求めることをやめてしまうという反応も現れた。それは、イタリアを観察している人が「そうではない人々（alternativi）」とか、「認知労働者階級（cognitariat）」と名付けた、安定と引換えに創造性や自律性に生きる自由奔放な存在になることだ（Florida, 2003: 35）。これをできる人は稀であり、しかもファウスト的な危険な取引だ。自由と興奮への対価は、

後になって年金や物質的な快適さを失うことで支払われるのだ。だが、これはますます多くの人々の気持ちを引き付けている。

アメリカの大富豪ウォーレン・バフェットは雪だるま理論を唱えた。早いうちに自分の技能と野心の核を固めることができる人ほど、より長くそれらを転がすことができ、それを大きく、力強いものにできると言うのだ。貴重な若い時期が不安定な職の暗路をたどるのに費やされては、発展の余地はいつまでも損なわれたままだ。このことが若者を一番怒らせている。ずっと不安定が続くという見通しとともに、これは、仕組まれたことで、仕方がないことではない、と感じるようになり、若者は不快になる。

要するに、こうだ。若者のプレカリアートは、教育の光がかすみ、人生が商品化されたことを罵っている。すっかり商売になってしまった教育過程は、若者たちが得られるはずの卒業資格にはとうていふさわしくないつまらない職の現実と衝突している。若者はみんな、人生とは自分の地位に不満があるからこそ展開していく劇のようなものだと思っている。それでも若者は、親たちの世代にとってすべてであった冴えない労働中心主義は拒否している。何らかの考え直しが必要となっているのだ。

高齢者——うめく人とほくそ笑む人

世界は「高齢化」している。これは、酔いを醒まし、人を冷静にさせる発想だが、今では広く知られるようになってきた。同じ現象は、「若者化」とも呼べる。人々は長生きするようになり、人口に占める高齢者の割合は高まったが、より多くの高齢者がより長い間活動的で精力的であり続けているからだ。今日の70歳は昔の50歳と同じだというのは良く聞かれる話だ。これは、願望から来る考えかも知れないが、おおむね正しい。

若者が自立した生活を始めるのに困難を抱える一方で、高齢者は困惑している。それは、ある人にとってはうれしい困惑であり、別の人にとっては、みじめな困惑だ。何十年もの間、高齢者は、お呼びでないと言われ続け、不況時には早期退職をした。しかし今では、もっと長く働かねばならないと言われているのだ。

1980年代、新自由主義時代の最初の不況で、豊かな国々の政府は、高齢者を

経済の影の部分に追いやった。就業不能ではないのに、多くの人々が就業不能給付や、特別失業給付の受給者とされるか、早期退職させられた。その目的は若者のために職を空けることだった。当時の政治家には賢い選択と思えたのだろうが、その政策は高くつき、失敗だった。その主な結果は、実際の退職年齢が公式の退職年齢より下になったことだ。2004年には、OECD諸国では、24〜49歳の76％に対して、50〜64歳は、60％しか職に就いていなかった。

　一方、豊かな国々では、若い女性が子どもをもたなくなってきた。出生率が再生産率を下回っているのだ。突然、政府は「年金時限爆弾」の警鐘を鳴らすようになった。年金受給年齢に近づく人々の数が、年金計画のために拠出できる労働力となる若い働き手の数を上回ったのだ。危機が高まっていた。

年金の緩慢な死

　年金の時代は、歴史上ほんの少しの間続いただけだが、近代世界の驚異だった。それは、グローバル化がもたらした錯覚の一部だった。先進国では、何年間かは、税と社会保障負担金を差し引いた後の強制年金からの所得は、平均して退職前の純収入の70％、低所得者の場合は80％を超えていた。オランダでは、2005年には平均純年金額は純収入額の中央値を超え、スペインでは80％を超えていた。また、イタリア、スウェーデン、カナダ、フランスでは60％を超え、ドイツとアメリカでも60％近い数字だった。主要OECD各国では、イギリスと日本だけが50％未満だった。イギリスの国家年金は、サッチャー政権によって勤労収入との結び付きが切り離されたことで、このような低水準なものとなった。2012年からはこの結び付きが復活することになっている。

　政治家や年金ファンドのアナリストが恐れているのは、単純な算数の問題だ。世界人口に占める65歳以上の割合は、2010年から2040年までの間に倍増して14％となる見込みだ。西ヨーロッパでは、移民の大量流入に門戸を開かない限り、この割合は18％から28％まで上がる。2050年には、世界人口90億人のうち5分の1が60歳を超え、それは今日の富裕国では3分の1となる。さらに、ほぼ10人に1人が80歳を超える。開発途上国では、すでに4億9000万人もの人々が60歳を超えている。そしてこれは2050年には15億人へと増えるだろう。国連は、世界の出生時平均余命は2010年の68歳から2050年には76歳に上がり、

富裕国では77歳から83歳に上がると推計している。そして、女性は男性よりも平均して５年長く生きるので、いっそう多くの高齢女性があふれることになる。

長生きについてもっと楽観的な人々もいる。寿命の長期的なトレンドは、だいたい１年に３ヶ月の上昇であるため、2050年の平均余命は90歳を優に超えるだろうと言う。それは活動的であるための能力のさらなる拡大となるだろう。65歳を超えた人々の間での身体的機能障害の発生は少なくなっており、疾病は人生の最後の何年かにまとめて訪れるようになってきている。したがって活動的な高齢者はもっと増えていく、というわけだ。

問題は、年金が21世紀に展開する事態を念頭に設計されていないことだ。1935年にアメリカが高齢者の貧困を防止するために社会保障（国家年金）を導入した時、退職年齢は65歳だったが、当時の出生時平均余命は62歳だった。それ以来、平均余命は78歳まで上がった。1983年には、アメリカは2027年までに退職年齢を段階的に67歳まで引き上げることを立法化した。しかし、これが意味するのは、さらなる改革がなされない限り、1930年代よりもずっと長い退職後の期間にわたって、年金の支払いが約束されるということだ。改革は起こるだろう。似たような展開はすべての富裕国で起こることになるだろう。

IMFによれば、「高齢化の危機」の費用と比べれば、金融危機の費用は霞んでしまう。この計算は、現状の年金ファンドの苦難と、現在の労働力参加のパターン、「高齢者扶養率」——15〜64歳の人口を65歳以上の人口で割った数——の増加をもとにしている。EUでは、2040年にはその数値は現在の４から２へと下がる見込みだ。つまり、現在、４人からの拠出により１人の年金生活者が支えられているが、それがたった２人になるというのだ。15〜64歳の全員が労働力であるわけではないので、問題はさらに大きなものとなる。それを考慮に入れれば、高齢者扶養率は、３足らずから1.5足らずへと下がることになる。大まかに言えば、65歳以上全員が退職して年金をもらうとすれば、労働できる人３人が、２人の高齢者を支えることを求められるようになるだろう。

しかしそのような事態は起きないだろう。産業化時代に適合していた年金付きの退職という考え方こそが消え去ろうとしているのだ。財政危機に対する反応は、早期退職計画や年齢に関連付けられた就労不能給付を取りやめ、低額の国家年金へと後退させ、国家年金を請求できる年齢と満額で請求できる年齢の

双方を引き上げるというものだった。拠出率は上昇し続け、年金を受け取れる年齢はどんどん引き上げられていった。男女平等に近付けるため、女性の受給開始年齢は男性よりも引き上げ幅が大きかった。国家年金の受給資格を得るのに必要な拠出年数はどんどん長くなり、満額の年金を受け取るにはさらに長い間の拠出が求められた。いくつかの国々、とりわけスカンジナビア諸国では、国家年金の受給資格となる法定退職年齢は、いまや平均余命に結び付けられている。したがって、人々が平均的に長生きになっていき、医学の革新が起こるたびに、年金を受け取れる年齢はどんどん遠ざかっていくのだ。

このことは、昔ながらの社会契約の観念をズタズタに切り裂いている。しかし、各国政府は年金によって財源不足になっていると考え、労働供給に対する高齢化の影響に頭を悩ませているので、事態はさらに複雑だ。奇妙なことに不況のさなかにあって、各国政府は、高齢労働者を、年金に頼るよりも労働力のなかに押しとどめる方法を模索している。政府は労働者の不足が起こることを予測しているからだ。こうなるとこの事態を乗り越えるには、高齢者がプレカリアートになりやすくする以外になくなってくる。

早期退職から退職労働へ

ここで政策立案者は機会均等を持ち出す。多くの職がプレカリアート的性格をもち、高齢者はそれらの職に就くのに都合がいいからだ。また高齢者は増加していて、より多くの職がプレカリアート向きのものになっているからだ。こうして、これまで長く続いてきた傾向が逆転しつつある。

イギリスが良い例だ。メイヒューの研究は、労働力人口の割合が50歳以上、おおむね民間年金の受給資格が発生する年齢になって急激に下がることを示した（Mayhew, 2009）。64歳までの場合、半分に満たない男性、3分の1未満の女性が労働に従事している。ほとんどの人々は健康で、50〜70歳の人々の健康はずっと向上し続けている。健康で、学歴が高くなるほど、高齢者は経済活動をするようになる。メイヒューは、すでに平均的に見て、人々は、現行の公的年金の支給が開始される退職年齢である65歳を超えてさらに11年間は働けるほど、十分に健康だと推計した。働ける高齢者層は膨大だ。

その実態は必ずしも記録されてはいないが、多くの人々はすでにそうしてい

る。多くの高齢者が、プレカリアートのなかにしっかりとはまり込んでいる。実際、高齢者はプレカリアートが拡大する原動力となってきた。高齢者は安い労働の源となり、低い賃金を支払われ、福利厚生もほとんどなく、簡単にクビにされてきた。いくつかの点で、高齢者は後で考察する移民と同じ役割を担っていると言える。しかし、ある点ではそうは言えない。いっそう多くの人々が、狭い意味でのプレカリアートの存在を積極的に受け入れているからだ。高齢者は、必要とされるというだけでありがたく感じる。すでに、膨大な数の高齢者がボランティアとして働いている。高齢者のための運動組織であるエイジ・コンサーン（Age Concern）は、ボランティアという形で、彼らがイギリス経済に年間300億ポンドの貢献をしていると推計した。そして、これには孫の育児（実際には親代わりの育児である場合もますます増えている）は計算に入っていない。

　高齢者はパートタイムや一時雇用、そして自営業に惹き付けられる。アメリカとヨーロッパの世論調査では、フランスとドイツを除いて、ベビーブーマーの大半が年金額を増やすためにもっと長く働くことを望む一方で、そのほとんどはパートタイム職を望んでいることが明らかになった。2007年のユーロバロメーター調査は、アメリカ人の61％は雇用されて職に就くよりも自営業を望んでいることを示した。ヨーロッパの24歳未満の人々は、自営業のような相対的に自由でリスクのある生き方を熱望しているが、年配のヨーロッパ人はわずかに雇用を望む方に傾いていた。とはいえ、年齢の違いは国家間の違いに重なっている。自営業を望む割合は、ベルギー人の30％に対して、ポルトガル人では57％だ。

　高齢者が退職年齢以降も労働市場に参加しやすいようにする政策への支持はどんどん広がっている。若者も高齢者もこれを肯定的に捉えるが、その態度は国によってさまざまだ。イギリス、デンマーク、フィンランド、オランダでは、ほとんど10人中9人が、ユーロバロメーターの調査に対して、高齢の人々が希望すれば仕事を見つけられるように支援されるべきだと答えた。それに対し、ギリシャ人の55％は反対した。さらに、ギリシャ、キプロス、ハンガリー、イタリア、ポルトガルでは、過半数の人々が、高齢者が若者から職を奪っていると感じていた。

　2008年以降の不況では、各国政府は、1980年代とは逆の対応をした。障がい

者給付を制限し、早期退職しにくくして、高齢者に労働市場に留まるよう促した。多くの高齢者は、自分たちの年金貯蓄が金融崩壊の餌食になったとして納得し、退職する考えを先送りにした。

すぐにはっきりしたのは、2008年以降の不況では、高齢者の雇用は若者の雇用ほどの落ち込みを見せなかったことだ。アメリカでは、年金が機能しなくなったこともあり、高齢者の労働供給が増大した。ある調査では、51歳以上の回答者のうち44％が退職を先延ばししようと計画しており、そのうち半数が、もともと考えていたよりも3年長く労働力に留まることを計画していた。アメリカの労働力の4分の1が55歳を超えているので、これは高齢労働力のかなりの増加を意味する。従業員給付研究所（EBRI）の年次調査によれば、この変化は劇的だ。2007年には、17％の人が60歳以前の引退を計画していたが、2009年にそう考えていたのはたったの9％だ。60〜65歳での退職を考える人も減った。65歳以降の退職を計画している人の割合は24％から31％へと上がり、退職をまったく考えていない人も11％から20％へと急増していた。この調査が示す人々の考え方の変化は驚きだ。20世紀の不況のたびの標準的反応は、夫の失業による世帯所得減を補うために、妻などが追加的に就労することだった。この調査が示したのはこのような古典的な「追加労働者効果」ではない。まったく新しいことが起きているのだ。

高齢化は世代間関係にとって、やっかいな問題を引き起こしている。産業社会では、若者と働き盛りの大人は、子どもの養育に責任をもっていたが、親のことは心配しなかった。親はすでに他界しているか、そう長くは生きられないと考えられていた。長生きしても大変だとは考えられていなかった。しかし今日では、ますます多くの若者がプレカリアートの生活を送るようになり、親の世話を考えるどころではなくなった。長年の世話ともなればなおさらだ。さらに、子どもをもつのが遅くなっているため、子どもと高齢の両親を同時に支えねばならないとすれば、先行きはもっと暗いものとなる。

したがって、高齢者は自分の子どもに支えられる見込みを失っている。だからこそ、より多くの高齢者が労働市場へと駆り立てられ、みずから進んでプレカリアートの一員となっているのだ。しかし、国家は中立ではない。家族の支えを受けられない高齢者世代は、国家財政への負担となりかねないからだ。そ

うなる見通しに耐えられないと考える政府もある。チンディア（中国とインド）はその先頭に立っている。中国ではインドと同じように、1996年に、すべての成人が自分たちの両親の世話をすることは法的義務だとする法律を制定した。恐ろしいのは、「4-2-1」ルールが広まっていき、1人の青年が2人の両親と4人の祖父母に対して責任を負うようになるということだ。しかも、地理的な移動の制約によって、三世代単位で住むことは難しくなっているのだ。

　他の国々では、国家が期待しているのは、「働ける」高齢者が体の弱い高齢者の面倒を見ること、より多くの女性が子どもと高齢者のケア、そして有給の雇用という三重の重荷を引き受けるようになること、そして、ソーシャル・ワーカーや高齢者介護施設がそのしりぬぐいをすることなのだ。

補助金漬けの世代

　プレカリアートは、キャリアの積み上げや長期間の雇用保障に関心のない高齢者によって増加している。このことは、プレカリアートになってしまった若者や他の人々にとって脅威となっている。そのような高齢者は、低賃金で後がない職に気軽に就くことができるからだ。そんな高齢者は、若者のようにキャリアがないことに不満を感じたりしない。だが高齢者もまた、「ほくそ笑む人」と「うめく人」に分かれてしまうだろう。

　「ほくそ笑む人」はただしたいことをするだけだ。頼りになる年金があり、ローンは払い終わり、健康保険に守られ、子どもたちはすでに手を離れている。子どもたちに手を貸す、あるいは金銭的なサポートをする余裕さえあるかもしれない。あるいはそうしたいのかもしれない。その多くは、あのあいまいな「ワーク・ライフ・バランス」を求め、すでにそれを手にしている。

　ワーク・ライフ・バランスは、ふつう子どものいる若いカップルにとって関心のあるものと思われている。しかし、高齢者の間に見られる別の要素にも説得力がある。ルーシー・ケラウェイは、56歳になるかつての販売担当責任者が郵便配達員になったと聞いて、最初は困惑した（Kellaway, 2009）。

　　でもその後で彼が言ったことはよくわかりました。新しい職のおかげで彼は心を取り戻すことができたのです。彼は、毎日午後1時に家に帰ると、もう翌朝7

時半まで仕事のことを考えなくていいのです。かつての職では、オフィスの心配事が常に頭の中に居座っていて、神経は他のことにちゃんと集中できないほどズタズタでした。それで私は、彼がどうしてこの郵便配達の職をこんなに好きになったのかがわかってきました。それは、郵便配達員であることが絶対的な意味でいいということではなくて、上級管理職に比べれば、はるかにいいということなのです。彼は、他の職がどのようなものか知っているから、大きな鞄をかついでいくことを楽しんでいるのです。彼は、人々に自分がしたくもないことをさせようとしたり、自分ではどうしようもないことに責任を負ったりするような、そんな仕事に人生を費やすことがどんなにみじめなものかを知っているのです。

　高齢者の多くは、このような気持ちを、キャリアにならない仕事に満足する気持ちとさえ結び付けて理解できるだろう。そのような高齢者はあえて、自分の技術的能力や経験を活用することが決してない一時雇用の職に就くのだ。こうして、高齢者は職業のはしごを上ろうとする若い労働者にとっての予期せぬ競争相手となってしまう。

　一方、「うめく人」にはまともな年金などない。ローンの払い残りがあるか、もしくはそもそも家をもっていない。そのような高齢者はお金を必要としている。「バッグ・レディ」や「バッグ・マン」と呼ばれるホームレスになって、路頭に迷うことを恐れている。だからこの人たちは何でもする。そんな高齢者の絶望は、他のプレカリアートの人々への脅威となる。さらに、高齢者は、「ほくそ笑む人」であろうが「うめく人」であろうが、プレカリアートの若者と競争する手助けをさせられている。なぜなら、各国政府は、次のような政策を進め、年金危機や、長期的な労働力不足という予測に対応しているからだ。

　第一に、各国政府は民間（公的の場合もある）年金投資に補助金を出している。年金のコストがうなぎ上りとなることを恐れて、政府は民間年金貯蓄への税制優遇を導入してきたのだ。これらはほとんど補助金なので、平等主義に反する。つまり、長い目で見て自分たちの利益となるように行動できるだけの余裕がある人々に対して、さらにわいろを差し出しているのだ。したがって公正という観点からは、正当化しがたい。この補助金によって、高齢者は、若い労働者との競争で、より有利になる。50代や60代で、補助金漬けの年金から所得を得ることができる人々は、低賃金で、雇用主が年金拠出をしないような種類の職に

就くことができる。そして、そんな高齢者たちは、若者たち以上に法の及ばない「帳簿外」の仕事に就くことになりがちだ。

第二に、各国政府は、企業が高齢になった従業員を雇い続け、さらには高齢者を新規採用することさえ奨励している。これに補助金を出している政府もある。日本では、退職年齢をとうに超えても収入のために働き続けることは一般的になりつつある。しかし日立のような企業では、60歳になった従業員の多くをより低い給与で（日立の場合では、正規の給与の80％）、しかも低い地位で、年功序列扱いもなしで再雇用している。そしてこれは政府の補助金によって支援されている。

第三に、高齢者は保護的な規制の最後のフロンティアだ。産業社会のなかで作られてきたイメージのおかげで、年齢差別は今でも横行している。政策立案者はこれをなくそうとしている。これは、41歳以上の人々に平等な機会を保障すべく制定された1967年のアメリカの雇用者年齢差別禁止法（ADEA）に始まった。後にこの法律は、ほとんどの職で強制退職年齢を定めることができるように修正された。フランスでは、政府は、高齢労働者を解雇した企業に対して課税（「ドゥラランドゥ負担金〈contribution Delalande〉」、最大で１年の給与に相当）している。この税は高齢労働者を雇うことの妨げとなるように作用し、2010年現在、廃止の方向に向かっている。しかし、多くの国では、EU 指令にしたがって、年齢差別が禁止されている。

年齢にしたがって生産性が落ちるということが正しいと仮定すれば、反年齢差別法は、雇用主が生産性の低い労働者を排除するために別の戦法を使うことにつながりうる。政府が、高齢者のために補助金を提供することで、この低い生産性を埋め合わせようとするならば、それは機会を平等にすることになりうる。しかし、第三次化されたシステムの下では、生産性の違いはそれほど大きくないかもしれない。とすれば、機会を平等にしようと意図した政策は、実際にはそれによって高齢者の優位性を強めているかもしれない。国際応用システム分析研究所（IIASA）のヴェガルド・スキルベックは、実際多くの職において、生産性が中年の頃に下がることを示した。肉体労働の 3D 職（dirty 汚い、dangerous 危険、demanding キツイ）は減ってきたかもしれないが、より多くの職には、50歳代になるとともに低下する認知的技能が要求されるようになって

第3章　プレカリアートになるのは誰か？　125

いる。数字を扱う技能や新しいものに適応する能力など、心理学者キャッテル
の言う「流動性知能」が低下するのだ。しかし、幸運にも高齢者にとっては、
「結晶性知能」——常識や経験、言語能力——はさらに相当の高齢になるまで
は低下しない。キャリア志向の経験がある人々は、長い間プレカリアート的存
在にあった人々がもたない能力を手にしている。多くのサービス職では、それ
がキャリア志向の経験のある人には有利になるだろう。

　もっと決定的なことに、高齢者は、若い労働者が望むようなさまざまな企業
の福利厚生を必要としない。これは就職に補助金が付けられているのと同然
だ。高齢者は、企業の福利厚生として、出産休暇や保育所、医療保険、住宅補
助金、スポーツクラブ会員資格などを必要としない。つまり、高齢者の雇用に
は費用がかからない。それだけ、若者が職を求めて交渉する際の立場を弱めて
いるのだ。

　アメリカでは、企業は退職間近のベビーブーマーたちに手を伸ばしている。
その年齢の人々がもっと働きたくなるインセンティブを提供したり、税額控除
を利用したりしているのだ。たとえば、コンピューター・ネットワーク機器業
者であるシスコ・システムズは、知識の継承を勧めるために、エレガントな名
前の「知の伝導者（legacy leaders）ネットワーク」（退職間近の従業員）と「新規
採用者（new hire）ネットワーク」（こちらはあまり印象的な表現ではない）とを結
び付けてきた。それは、年配の労働者を用いてより多くの労働のための仕事を
引き出し、労働投入を強化するものだ。それは良く言えば対話による指導法で
ある「メンタリング」だが、悪く言えば低コストの研修だ。

　年金受給者の数はどんどん膨れ上がっている。かつての労働者のために支払
う現在の労働者の鬱憤は溜まっていくだろう。とりわけ現在の労働者が、同じ
ような扱いを受けられるかどうかわからないとなれば、なおさらだ。多層型年
金制度は、民間の年金プランが補助金を受けて、縮小していく公的年金制度に
付け加えられていくことで、形成された。これによって、終身貯蓄スキームへ
の道が開けてくる。それは、理論的にはプレカリアートや専門技術職階級に適
しており、必要となった時には、給付金が得られるので、所得保障の源泉とな
るものだ。だが実際には、恒常的に十分な金額をスキームに拠出することがで
きない場合、この変化によって、より多くの人が不安定になるかもしれない。

人々は、年金が十分でない場合のリスクを補うだけの十分な貯蓄をすることができない。そして、終身貯蓄スキームには、社会保険制度の諸スキームに見られるような、資金を融通し合う相互補助の仕組みは限定的にしか見られない。

年金のリスクは、金融崩壊後に起きたように、年金ファンドが倒産したり、ひどい投資をしたりする可能性によっていっそう高まる。そのようなリスクを負っているのは高齢者だ。それは、不況のたびに高齢者が労働力人口を増大させ、失業率を押し上げ、賃金を下げてしまう一つの理由となっている。

高齢者が労働するように推進することで、国には別の費用負担が必要となるかもしれない。高齢者がより多く労働するようになることは、これまで高齢者によってなされてきた支払われない労働（アンペイド・ワーク）が減ることを意味するかもしれないのだ。多くの退職者がボランティアやケア・ワークを行い、自分たちの孫や衰弱してきた自分たちの両親の世話をしている。高齢者のなかからより多くの人々をプレカリアートに押し込むことで、国は、そのような支払われない労働への費用負担を迫られることになる。しかし、最大の問題は、高齢者のほうが若い労働者と比べて補助金の恩恵をより多く受けているために、より従順にプレカリアートの地位を受け入れてしまうことだろう。ここから生じる世代間の緊張を解きほぐすためには、第7章で提案する道筋に沿った、いっそうの改革が求められる。

エスニック・マイノリティ

エスニック・マイノリティが常にプレカリアートになる傾向が強いのかどうかははっきりしない。ここで言及するのは、エスニック・マイノリティが労働市場の高い障壁に直面しているからだ。しかし、エスニック・マイノリティは隙間的な職業（ニッチ）を世代間にわたって受け継ごうとすることが立証されている。しばしばファミリー・ビジネスやエスニックな縁故や人脈を通じてそうするのだ。

このことはすべてのマイノリティに当てはまるわけではない。たとえば、2008年以降のアメリカの不況は「マンセッション」と呼ばれるように男性の失業を増やしたが、最も打撃を受けたのは黒人男性だった。2009年の終わりには、若い黒人男性の半数が失業していた。しかもこの驚くべき数字からは、刑

務所にいる人々はまったく除外されている。この時、白人の5倍の黒人が、檻の向こうにいた。

アメリカの黒人は、前科、高失業地域への集中、小規模ビジネスへの縁故の欠如、平均以下の学校教育といった、残酷な環境の組み合わせに苦しんでいる。2010年には、黒人の成人全体で雇用されていたのはおよそ半数、若い黒人男性の間では、40％足らずだった。白人の成人では、その割合は59％だった。黒人の失業者は、他の人々と比べて平均5週間長く失業しており、そのせいで、技能や仕事に対する積極的な態度、縁故などが際立って失われる結果となっている。キャリアを積み上げ、プレカリアートの人生を避けるチャンスはほんのわずかしかない。

「障がい者」——再構築される概念？

「障がい者」という観念は不幸なものだ。私たちはみな、なんらかの機能障害や能力障害を抱えている。私たちのほとんどは、身体的、精神的、心理的、その他さまざまな自分の機能障害について、多くの人に知られることなく、あるいは気にかけられることもなく、生涯を過ごす。しかし、多くの人々が、自分の特定の機能障害に注目され、それによって自分に対する扱い方が決められてしまうことで苦しんでいる。

現代は、一瞬のうちにものごとを識別し、それを伝えてしまう電子信号があふれる世界だ。したがって、個々人の機能障害を特定し、分類し、その人物に永遠に続くレッテルを貼り付けてしまうのはいっそう簡単になってきている。それは、より多くの人々が、分類、治療、もしくは放置のために、分類されていくことを意味する。そしてその分類のなかに、差別という壁が立ち現れる。

障害とプレカリアートはこうして一体となっていく。人とは違うと診断された人々は、不安定な選択肢に人生の機会が限定されやすいというだけでなく、むしろ不安定な選択肢に追いやられてしまうのだ。さらに高齢化社会の一つの側面は、より多くの人々が障害の目立つ高齢になっていき、その長い人生のおかげでより多くの人々が障害の存在に気付くようになるということだ。

国家は、障害の認識が広がってきたことに対して、さまざまな政策の武器庫を造って対応した。労働市場に関しては、障がい者を一定割合雇用することを

義務化するクオータ制の導入、障がい者のための作業所の設置、反差別法の制定、職場における機会均等のための法改正などが行われた。そして国は、ますます障がい者のなかでも救うに値する貧乏人を選別しようとするようになってきた。1980年代には、多くの国が障がい者に対して、就労不能給付で対応していた。国は、障がい者を失業状態から完全に労働力の外に置くために、しばしばそれを緩い基準で用いた。21世紀の初めには、各国政府は、うなぎ上りの給付額を、財政面から懐疑的に見るようになった。そして、障害を治療可能なものとして再医療化し、より多くの障がい者を「雇用可能」にすることを模索し、さらに障がい者を職に押し込むことによって、給付額を減らすようにし始めた。多くの人々が、裏口からプレカリアートに加わったのだ。

公の場ではほとんど議論されることのない「突発性機能障害（episodic disability)」の一側面について考えてみよう。これによって、障害とプレカリアートとのつながりがますます強まってきているのだ。何百万もの人々が、時折襲いかかる、偏頭痛やうつ病から糖尿病やてんかんに至る幅広い症状に悩まされている。このような症状をもつ人々は、世界中で進行するフレキシブルな労働市場の犠牲者となりやすい。雇い主は、「職務遂行機能障害（performance impaired)」のある人を進んで雇いたくないし、そのような人を一掃したがっているからだ。多くの人々が、不安定な職や、不利な条件で保障のない不安定なサイクルに迷い込む。それによって、さらに症状が悪化したり、他の問題が生じるかもしれない。福祉制度の壁にも突き当たるかもしれない。突発性機能障害をもつほとんどの人が働いているので、おまえも働けと言われ、福祉制度による給付を拒否されるかもしれないのだ。しかし、他の人々のほうがより「あてになる」と見られている時、いったいに誰がこの障害をもつ人々を雇おうとするというのだろうか？

犯罪者化された人々——檻の向こうからやってくるプレカリアート

あの手この手で犯罪者化されてきた膨大な数の人々が、プレカリアートを拡大させている。今やその数は以前よりもずっと多くなっている。グローバル化の特徴は、投獄の増加だった。ますます多くの人々が逮捕され、告訴され、収監されている。そうやってデニズンとなり、きわめて重要な諸権利を奪われる。

しかもそのほとんどはプレカリアートに限られている。

1970年代、ミシェル・フーコーやデヴィッド・ロスマン、マイケル・イグナティエフらは、監獄は終末期にあり衰退すると予測した。ところが監獄は、広範囲にわたる制度となり、政策手段となってきた。1970年代以降、ベルギーやフランス、イギリスでは監獄の数が倍になった。ギリシャやオランダ、スペインでは3倍、アメリカではなんと5倍になっている（Wacquant, 2008）。イタリアでは、毎日700人が新たに監獄人口に加わっている。監獄はプレカリアートの培養所であり、プレカリアート的生活の実験室なのだ。

アメリカや中国、ロシアは何百万もの自国市民や多くの外国人を投獄することで、最大の犯罪者製造国家となってきた。50人のアメリカ人の内1人以上は前科者で、社会での権利が制限されている。イギリスやフランスのような国では、犯罪化率が高められ、人々は犯罪者化されたデニズンにされている。イギリスの監獄における全収監者のうち40％が、一度は監獄という「ケア・システム」にいた人たちだ。つまり「職」がないために再犯を繰り返し、監獄の中にいたために職を得ることができないということを繰り返している。

犯罪化によって人々は、不安定でキャリアにならない職に就くプレカリアートとなり、安定した人生のコースを歩む能力を低下させられるように運命づけられる。ほとんどあらゆる点で、これは一つの犯罪への二重処罰に等しい。犯したとされるのがどんな罪であれ、それによってひとたび処罰された後に、社会復帰が妨げられることによってその罰がさらに強められてしまうのだ。

とはいえ、刑務所の中でもプレカリアートの成長が見られる。中国がどれほど刑務所の囚人労働に頼ってきたのかは第4章で考察する。だがアメリカやイギリス、インドのようにまったく異なる国々も同じような方向に向かっている。デリー近郊にあるインド最大の刑務所は民営化され、当然のように、囚人が広範囲にわたる商品の生産に使われている。それらの製品の多くはオンラインで販売され、囚人は1日8時間のシフトで週6日働き、賃金はどこよりも低い。職人資格をもつ囚人の賃金は1日に約1米ドル、その他の囚人はそれより若干少ない。2010年、イギリスの新司法大臣は、刑務労働が拡大されるだろうと発表し、囚人には週40時間働くことを求めると発言した。わずかな手当の付く刑務作業は、アメリカでは長らく普通のことになっている。刑務所の外のプ

レカリアートは、間違いなくこのような競争者の登場を歓迎してくれることだろう。

結論的な要点

　プレカリアートは、特定の背景をもつ人々によって構成されるわけでもなければ、これまで見てきたような集団だけで成り立っているわけでもない。不安定さの程度や、プレカリアートであることに対する態度がそれぞれ異なる、多様なプレカリアートが存在すると考えることに意味があるのだ。

　世界中のプレカリアートの増大は、四つの驚くべき転換と共に起こってきた。不況で男性が失業する「マンセッション」や労働市場の女性化という議論が出るほどまでに、女性が男性を押しのけてきた。男性はプレカリアートに引きずり込まれ、女性は三重の重荷を背負わされる見通しに直面してきた。さらに驚くべきことに、高齢者は労働市場に歩みを戻し、プレカリアート職に就くための補助金を得ながら、賃金を下げ、若者の機会を減らしてきた。そして若者は、地位に対する不満を抱え、キャリアの見通しも立たず、家庭内から、そして海外から、補助金を受けた競争相手の出現に直面している。後で見るように、もし若者たちがより良い世界を要求すれば、怠け者として悪魔のように扱われるリスクを負うのだ。これはもう袋小路だ。

　さらに注目すべきことは、おそらく以前と比較してより多くの大人たちが、社会的に認知された障害で苦しんでいることだ。そのような障害をもつ大人たちは、不安定でキャリアにならない労働に追いやられやすくなっている。それはおそらく国の補助金政策が原因だ。そして最後に、さまざまな理由によって、ますます多くの私たちの仲間の人間が、犯罪者にされつつある。そうなった人々は、プレカリアートのなかでもさらに低い地位に就く以外の選択肢をほとんど失う。さて、このようなプレカリアート化の過程のなかで、縦横無尽の軽歩兵として登場するという表現にぴったりの存在が残っている。そう、移民である。

第3章　プレカリアートになるのは誰か？　　131

第**4**章

移民は犠牲者か、悪者か、
それとも英雄か？

　移民は、世界のプレカリアートの大部分を構成している。移民こそ、プレカ
リアート増大の原因であり、その主な犠牲者となる危険にさらされ、悪者にさ
れ、自分たちが引き起こしたのではない問題の責任を負わされている。しかし、
ごくわずかな例外を除き、移民たちはただ自らの人生をより良いものにしよう
としているだけなのだ。

　「移民」という言葉は、歴史的にはさまざまな意味を背負っている。多様な
種類の経歴や特徴をもつ人々がこの言葉で表される。ある者は、放浪する遊牧
民のように見える。家を持たずに移動し続け、常に「いつの日か」落ち着くこ
とを望みながらも衝動的に、あるいは習慣として放浪する。伝統的な本来の遊
牧民は、自分がどこに、なぜ行くのかを知っていた。現代の遊牧民はより日和
見主義的だ。次に、「周遊者」がいる。収入と経験を求めて自分たちの故郷を
離れるが、長期にわたってではなくすぐに帰るつもりでいる。最後に、定住目
的の移民がいる。難民や亡命者のように、可能であればその地に永住するつも
りで移動する。

　ヒトの移動は、経済がより閉鎖的だった20世紀半ばに減少した後、グローバ
ル化と共に急増した。毎年10億もの人々が国境を越え、その数は年々増大して
いる。国際移住機関（IOM）によれば、2010年には世界人口の3％に当たる2
億1400万人の移民が国境を越えた。不法な移民は明らかに合計に入っていない
ため、これはおそらく過小評価である。加えて、7億4000万人の「国内」移民
が存在する。これには中国の農村から工業都市に移動する2億人が含まれる
が、それは国際移民と同じ特徴をもつ（House, 2009）。

先進国への移民の流入は、2008年の金融危機後に停滞したものの、それ以降は年に11％のペースで増大している（OECD, 2010a）。オーストラリアでは労働者の４人に１人、アイルランドでは５人に１人が移民だ。ヨーロッパでは、1200万人のヨーロッパ市民が母国ではないEU加盟国で暮らしている。

　アメリカは、主要な移民受入れ国であり続けている。21世紀初めの10年間、毎年100万人以上の「合法的」移民と、おそらくはさらに約50万人の「不法」移民が流入した。今や８人に１人が移民であり、労働者のおよそ６人に１人が外国出身者で、この割合は1920年代以来最も大きい。アメリカの労働力に占める移民の割合は、慎重に設計された移民受入れ制限制度により、1910年の21％から1970年には５％まで落ち込んだ。しかし、その数字は2010年には16％まで回復した。カリフォルニアでは労働者の３人に１人、ニューヨーク、ニュージャージー、ネバダの各州では４人に１人が移民だ。移民労働者は主に農業、建設、飲食、運輸、医療に携わっているが、高等教育を受け博士号を持つ労働者の４分の１は外国出身者だ。

　他の国々も、大規模な移民受入れ国となりつつある。人口に占める移民の割合が10％以上の国は、1970年には48ヶ国であったのに対し、2000年には70ヶ国にもなった。ドイツでは、人口8200万人のうち1600万人が移民の出自をもつ。いくつかの都市では、住民の３分の１以上が移民であり、そのうち半分以上が子どもだ。他のヨーロッパ諸国でも、人口に占める移民の割合は増大しており、これは部分的には国民の出生率が低いことも原因だ。イギリスでは、10人に１人が移民であり、21世紀初めの10年間には移民の流入が史上最大となった。この傾向が続けば、21世紀後半には「白人の」イギリス人のほうが少数者になってしまう（Coleman, 2010）。

　現代の移民は、貧しい国から豊かな国に移動するだけではない。大まかに言えば、世界の移民の３分の１は貧しい国から豊かな国へ、３分の１は豊かな国から他の豊かな国へ、残りの３分の１は貧しい国から他の貧しい国へ移動している。南アフリカなど多くの国が、大規模な移民の流出と流入を同時に経験している。さらに、移民はいまでも定住目的という昔からのイメージがもたれているが、今日の移民は、グローバルな転換を示すと同時に、プレカリアート増大を助長する次の七つの特徴をもつ。

第４章　移民は犠牲者か、悪者か、それとも英雄か？　　133

第一に、正式書類のない（undocumented）移民の割合が歴史的に見ても大きい。多くの政府はこれを黙認しており、移民を制限すると主張する一方で、低賃金かつ使い捨て労働力の供給増大を促進している。アメリカは最も多くの正式書類のない移民を抱えており、2008年にはその数は推定1200万人で、2000年から42％増大している。その半数以上がメキシコからの移民だ。これに対する政府の反応は首尾一貫していない。2006年には下院議会が「違法な移民」を重罪とする法案を可決したが上院議会により否決された。しかし2007年には、度は上院議会が同様の法案を下院議会に通過させることに失敗した。2009年には、二つの労働組合がこうした移民の状況を合法化するための計画を立案し、キャンペーンを開始したが、これも結局は失敗に終わった。合法化の支持者ちは、移民たちからなる影の経済を明るみに出すことで税収が増大し、不法移民への虐待が止まり、全面的に賃金が上昇し経済が活性化すると主張する。しかし、合法化への政府の意志は弱いままだ。あまりに多くの関係者が不法移民の存在によって利権を得ており、あまりに多くのポピュリストたちが合法化への試みを一般市民の安寧を脅かすものとして描き出す。

正式書類のない移民は、アメリカ以外でも似たような状況と利害の衝突を伴って増大している。正式書類のない労働者は安価な労働力を提供する。必要に応じて、あるいは反抗的であるとわかれば、解雇して国外に追放できる。企業や世帯の給料支払い簿に載ることはない。不況の際には社会の片隅や裂け目へと消えていく。好況時には、より多くが統計に反映されることなく雇用されるため、生産性は素晴らしく向上する。不況時には、雇用の落ち込みが生産高と需要の落ち込みと比較して驚くほど小さくなる。それはまさに影の産業予備軍なのだ。

第二に、移民のなかでも「周遊型」の割合が増大しており、これは前回の移民のピークであった20世紀初頭には、定住目的の移民がほとんどであったことと対照的である。現代の周遊者は自らを移動労働者とみなし、短期の仕事に就くために移動し続け、多くの場合は親族に仕送りをすることを望んでいる。

第三の目立った特徴は、移民の女性化だ（OECD, 2010b）。女性が国際移民に占める割合は史上最大規模となっている。彼女たちはほとんどの場合、単身で移動している。彼女たちが国内移民に占める割合も大きく、いくつかの国々で

えてくれるアイデンティティに集中する。しかし、不法移民は自分たちの存在が知られてしまうのを恐れて、いかなるアイデンティティを表現することもできないのだ。

このようなデニズンの概念を念頭に置いて、多様な移民のグループは、それぞれどのような扱いを受けているのか、そしてグローバルなプレカリアートの成長のなかでどのような姿をとっているかについて考えてみよう。

難民と亡命者

まず、難民と亡命者から始めよう。その惨状を理解するために、ある一例を挙げたい。議会ならびに保健サービス・オンブズマンの2010年の報告書によると、イギリスで難民を担当する英国国境管理局（UK Border Agency, UKBA）には、約25万件の未処理の亡命申請案件があった（Parliamentary and Health Service Ombudsman, 2010）。それらのケースは、その後数年にわたって未処理のままだった。あるソマリアからの亡命者は、イギリスへの無期限在留許可を2000年に認められたが、証明書を受け取ったのは2008年だった。彼のような人々は、人生に待ったをかけられたまま、経済の影の部分に生きている。デニズン状態を惨めに生きながら、1週間にたった42ポンドという生活費を与えられ、仕事に就くことは許されない。労働党政府が亡命者への援助を制限することに決めたからだ。影の経済のためにプレカリアートを製造する秘法の一つがこれだ。

正式書類のない、不法滞在の移民

「不法移民」を悪魔のように描き出すやり方は、プレカリアート全体が陥っている危うさに対するポピュリスト的反応の一部となった。労働のフレキシブル化政策でもなく、社会扶助の切り詰めでもなく、不法移民こそが、地域の労働者たちの苦難に対して責任があるとされるのだ。2008年にイタリア首相に再選されたシルヴィオ・ベルルスコーニの最初の声明は、「悪の軍団」——正式書類のない移民を指す彼独自の言葉——を打ち負かす、という誓いだった。彼はさっそく自警団を公認する法令を発し、自分たちの標的が誰であるかを隠そうともしなかった。また彼は、差別的な意味も込めてジプシーと呼ばれてきた移動するロマ民族を、イタリア全土の居住地から追放した。

第4章　移民は犠牲者か、悪者か、それとも英雄か？　141

イタリア半島の先端に位置するカラブリアで、2010年1月、アフリカ出身の移民たちが賃金不払いに抗議する暴動を起こした時、居住地となっていた仮設の野営地はブルドーザーで破壊され、多くは即刻強制送還された。この移民たちは農園で働く安価な労働力として募集された人々で、これを牛耳っていた地域のマフィアは、金融危機の後、賃金支払いを止めてしまっていた。アフリカ人たちが反抗した時、起こりうる事態に期待していたマフィアに扇動されたと考えられる自警団が、銃を撃って殴り付け、それを見た地域住民たちは拍手喝采した。この暴動以前には、何年にもわたり地域の若者たちからの嫌がらせや攻撃が続いていた。それでもなお、イタリア内務省のロベルト・マローニはインタビューに答え、これは「行き過ぎた寛容さ」がもたらしたものだと言った。移民に対する同様の攻撃は、イタリア中で起こっている。

　フランスでは、皮肉なことに自らも移民の出自をもつニコラ・サルコジ大統領が、ポピュリスト的呪文を唱え、「不法滞在の」ロマ民族の居住地を破壊し住民を強制退去させよ、という指令を発した。ロマ民族居住地の人々は即座にブルガリアやルーマニアに送り出されたが、ロマ民族の人々にはEU内を移動する法的権利があるため、多くは帰還を誓った。内務大臣からリークされたメモによって、ロマ民族が最優先の標的だったことを明らかにされた。このような政策はフランス憲法違反の疑いが強い（Willsher, 2010）。移民担当大臣であるエリック・ボッソンは記者会見で、「ヨーロッパ内の自由な移動とは自由な定住を意味しない」と言った。どうやら移民たちは、移動し続けなければいけないらしい。これはいったいどんな社会なのだろうか？

　その頃大西洋の反対側では、宗教的なタトゥーやTシャツを身に着けた熱狂的な集団が武装し、アリゾナ州のアメリカ・メキシコ国境に人員を配置していた。双眼鏡を覗きながら、ちょこちょこと走るボロボロの服を着た、ほとんどの場合、ただより良い人生を望んでいるだけのならず者たちを見つけようとしていたのだ。確かに移民のなかには、人身売買業者に強制されて、麻薬を運んでいる者もいる。そのなかには「犯罪者」もいるが、それはどの国の住民にもある程度の犯罪者がいるのと同様だ。しかし、移民を悪魔扱いすることは、深く浸透している。アメリカでは移民プレカリアートの増大とともに、「不法者（illegals）」雇用の疑いがある工場への、当局による奇襲的な踏み込み捜査も

増大した。オバマ大統領はそのような捜査の廃止を指示したが、復活は容易だろう。

　2010年のアリゾナ州法は、不法入国がアメリカの連邦法違反であるだけでなく、州法の微罪だとした。これによって、移民とプレカリアートの増大を恐れる「生粋の市民（native citizens）」との間の緊張関係が強まった。同法は、地元警察が「十分に疑わしい」と考えられる人物については、「合法的な接触」によって在留資格を確認し、正式な書類がなければ逮捕するように求めた。これによって、些細な口実をつけては、ヒスパニック系の外見をした人が運転する車を手当たり次第呼び止める検問が始まった。同法は、ヒスパニック系の国民とそれに共感する人々からの、全国規模の抗議を引き起こした。しかし、この法律は、時に「文化的ジェネレーション・ギャップ」と呼ばれるような、薄いベールをかぶっただけのレイシズム（人種差別主義）とつながるポピュリストたちの厚かましさをつかんでいた。アリゾナでは、高齢者の83％が白人だが、子どものなかでは43％だけだ。年長の白人は、自分たちは自分の子どもとは認めていない連中のために税金を払っていると思い込んでいる。この思い込みが、ティーパーティー運動の反税金ポピュリズムをあおっている。そして、そのなかでは特にベビーブーム世代の男性の姿が目立っているのだ。同じようなことはドイツでも起こっているが、やはり多くの都市では、子どもの大部分が移民なのだ。

　多くのアメリカ人が、アリゾナ州法を支持しているようだ。ある世論調査が、以下のような結果を示した。数字はそれぞれの主張への支持率である。

不法移民雇用者への罰金を増やす………………………………80％
不法移民の雇用を犯罪とする……………………………………75％
州警察による不法移民の連邦政府への通報を義務化する……70％
州兵によるメキシコ国境パトロール……………………………68％
国境の柵を増やす…………………………………………………60％
州警察が移民許可証の提示を要求できるようにする…………50％
学校から不法移民の子どもたちを排除する……………………42％
教会による不法移民の通報を義務化する………………………37％

第4章　移民は犠牲者か、悪者か、それとも英雄か？　**143**

南アフリカでのさらにおぞましい展開は、世界の多くの場所で起こっていることを典型的に示している。何百万人もの移民が国境をすり抜け、ヨハネスブルグを初めとする都市の非白人居住地区をやっとのことで目指す。ジンバブエやマラウィ、モザンビークなど他のアフリカ諸国から、さらにパキスタンやその他アジア諸国からもやって来る。その数は400万人を超えるかもしれない。ほとんどは労働ビザをもっていないが、働かねば暮らしていけない人々だ。政府がそのような人々のビザ取得を困難にしているので、何千人もが、ビザ取得申請窓口の列に加わるために毎日長い距離を移動している。

　命がけの移民たちは、福利厚生も付かない違法な賃金の違法な仕事に就かざるを得ない。そのため、多くの若いアフリカ人は、合法的な賃金を支払う合法的な仕事を得ることができなくなっている。移民の存在が、労働者全体の市場交渉力を弱め、プレカリアートを増大させている。さらに、政治家やエコノミストには、大規模な失業が発生しているため、実質賃金も労働者保護の水準も引き下げなければいけない、と言う口実を与えてしまう。実際には、非合法の多くの雇用が算入されていないだけだ。南アフリカの失業率が40％にも達する、という主張はナンセンスなのだ。しかし、2008年5月、緊張関係が爆発し、非白人居住地区の移民たちは残酷な攻撃を受けた。数十人が殺され、数千人が避難した。このような不法移民こそ、アパルトヘイト終結以来、むしろより不平等になった社会の犠牲者なのだ。

一時滞在および季節移動の移民

　他の多くの移民は、合法的だが、あまりにも脆弱な立場に置かれている。どんなに無感動な人でも、それを見れば、地元有力者を喜ばせ、その地域の労働者を懐柔するための意図的なものではないか、と思ってしまうだろう。あるいは政治的権利をもたず選挙で投票できないからではないか、とも。いくつかの最近の事例は暗示的だ。

　数件の事件、特に2004年2月にイギリスのモアカム湾で23人の中国人の貝（ザルガイ）採り労働者が波にのまれて死亡した事件をきっかけに、イギリス政府は派遣労働を規制するために集団労働者雇主許可機構（Gangmasters Licensing Authority）を設立した。しかし、平等および人権委員会（Equality and Human Rights Commission, EHRC）が行った9万人の労働者が働く食肉加工工場への調査によって、集団労働者雇主許可機構は、その使命を果たすために必要な資金を与えられていないことが明らかになった（EHRC, 2010）。

　イギリスに残された最大の製造業部門とも言われる食肉加工産業の現場での調査が明らかにしたのは、ぞっとするような労働条件だった。高速稼働する生産ラインで、労働者は何時間も立ちっぱなしを強要され、トイレ休憩に行くこともできない。そして、虐待の対象となっている。妊婦への影響は衝撃的だ。流産した女性もいるし、多くがあからさまな差別を受けていた。労働者たちは16〜17時間のシフトを入れなければならず、それには途中数時間の睡眠時間があるだけだった。派遣業者が早朝に、労働者の住居に勝手に入り込んで起こしに来ることもあった。ジャストインタイム方式で注文をしてくるスーパーマーケットは、期限ぎりぎりまで発注しないため、工場はスタッフを待機させていなければならないからだ。

　3分の1が派遣労働者だった。そのうち70％が移民であり、ほとんどが東欧からで、ポルトガル出身も少数いた。低賃金と労働条件の悪さから、この部門で働くことをイギリス人労働者は渋っているが、雇用者は派遣労働者を酷使している。何人かのイギリス人労働者はEHRCに対し、派遣会社は移民だけを雇用すると話しているが、それは人種関係法（the Race Relation Act）違反になる。派遣労働者への虐待は、意図的な手ぬるい検査と一体になっていたのだ。

　残念なことに、EHRCは、いささか甘い考えをもち、この産業に対して自発的な改善を勧告しただけだった。提訴しようとはしなかったのだ。つまり、プレカリアートは虐待されるがままに放置されたのだ。さらに、2004年の集団労働者雇主（許可）法は、ケアや接客という大多数の移民が最も集中している部門を対象としていない。

　イギリスではまた、多くの東欧系移民が職を失い借金を抱えてホームレスとなった2009〜10年の厳しい冬に、地方の行政当局は、そのような人々を本国に送り返し始めた。リンカンシャーの都市ボストンでは、2008年に人口の4分の1を移民の農業労働者が占めるまでになった。農業の職が枯渇すると、多くは国に帰ったが、新しい職を見つけようと留まった者もいた。そのような人々には、求職者給付（失業手当）をはじめとする国からの福祉給付を受給する資格

第4章　移民は犠牲者か、悪者か、それとも英雄か？　　145

がなかった。なぜなら、少なくとも1年間継続して雇用されていた者、という条件を満たしていなかったからだ。真冬になると、家もお金も失った者たちは、一時しのぎのテントを張って暮らすしかなかった。疾病や軽犯罪的行為が増えるに従い、その人たちを社会にとっての腫れ物とみなした行政当局は、地域コミュニティからこの遊牧民的労働力を取り除く選択をした。ボストンの行政当局は、犯罪減少イニシアティブ（Crime Reduction Initiative, CRI）という組織の形をとるハーメルンの笛吹き男を雇った。CRIは、地域コミュニティの秩序を乱す原因となっている問題に取り組むことを目的に、地方行政当局と地域ごとの住民自治会によって設立され、有給スタッフをもつボランティア組織だ。

　CRIとの契約による職務内容は、十分に情け深いものだった。ホームレスが福祉給付の受給資格があるかを確かめ、もしないなら国に帰る片道切符を渡すこと。なぜ行政当局はこのような職務のために、犯罪と対決することを掲げる会社のような組織を使うのだろうか。それはまるで、警察活動の民営化に向けた第一歩であるかのようだ。CRIのジョン・ロッシントンは、取材に対し次のように述べた。「ボストンは浮浪者の問題を抱えています。そんな人々のほとんどは東欧出身者です。そのほぼ全員が、受給資格がないか、書類を失くして資格を証明できないため、福祉給付を受けることができないのです。私たちは、そういう人々が一歩を踏み出せるように励ましています。そうすることでこの人たちの状況を改善することができます」（Barber, 2010）。CRIはその商業的な目的も明確にしている。ホームレスの本国送還はカネの節約になるというのだ。「これらの人々はお金がありません。特に寒空の下、野外で暮らしている場合は、極度に脆弱です。こういう人たちが罪を犯したり、病気になったりすれば、それは納税者へのいっそうの負担となります。東欧への格安片道切符を渡す方がずっと安上がりなのです」。

長期移民

　多くの国々で、合法的に移住した移民たちが、文化的な原因で悪者扱いされてきた。これは、いとも簡単に差別政策やゼノフォビア（外国人嫌悪）に基づく暴力に発展する。ここでは、強烈ではあるがより大きな流れを示す二つの事例を見るに留めたい。

1950年代および60年代、ドイツは何十万人もの外国人労働者（ゲストワーカー）をトルコや南欧諸国から受け入れた。この国の再生、通称「ドイツの奇跡」を達成するために、安価な労働力の供給を必要としていたからだ。この労働者たちは、契約終了後すぐに帰国するものとされていた。そこでドイツ政府は、この労働者たちが社会的、政治的あるいは経済的に統合しないように注意していた。外国人労働者は社会の外で、特別な身分を与えられていたのだ。しかし、外国人労働者はドイツに留まった。こうして憎しみの基礎が築かれた。低い出生率が原因でドイツの人口が減少し始めると、ポピュリストたちが異邦人による支配という未来図を描き出すことが可能になった。それにはイスラム系の下層階級がドイツ社会への統合を拒絶するというイメージが加えられた。当初、国家は移民の統合を妨げた。だが今度は、国家は移民が統合しないと責めたのだ。

　2000年には、このような移民の子どもたちに対して、ドイツのシチズンシップを獲得するか否かの選択肢が与えられた。23歳になるまでに決める必要があるとされた。それは、このような子どもたちが置かれたデニズン的シチズンシップの状態を反映していた。なぜならドイツの国籍法は、伝統的に出生地主義ではなく血統主義に基づいてきたからだ。つまり、ゲストワーカー制度は緊張の種をまいていたのだ。

　他のヨーロッパ諸国もやがて、このような苦境に直面するだろう。生粋のドイツ人人口は減少し、人口全体も減少し、労働力不足が懸念されている。しかし、問題の部分的な解決策として「管理された移住政策」を望む者は、ドイツ有権者のごく少数だ（Peel, 2010）。企業を重視する自由民主党は、技能を有する移民を優先するポイント制を導入しようとしたが、キリスト教民主同盟が、それは地域の労働者を訓練せずに安価な労働力を取り込む試みだとして阻止した。それにもかかわらず、2011年にはドイツの国境が東欧からの労働者の自由な移動に対して初めて開かれた。ドイツにはすでに250万人のEU諸国からの移民がいるが、それはEUのなかで最大だ。

　「国家統合計画」は、ドイツ語研修を拡大した。また、公立学校でイスラム教を教えることもついに可能になった。しかし、レイシズムは蔓延している。2010年には、有名な社会民主党の政治家であるティロ・ザラツィンが、ベルリ

ンのトルコ人やアラブ人には「統合する気もその能力もない」と発言した。世論調査によれば、ドイツ人の大多数がこれに賛成だった。ドイツ連邦銀行の理事職を首になったザラツィンは、自分の孫たちには異邦人の文化に乗っ取られた社会で生きてほしくない、という内容の本を出版し、たちまちベストセラーとなった。陰惨な過去の復活がささやかれるのは、決して誇張ではない。

　次に、フランスで起こったことを考えてみよう。第二次世界大戦後の数十年間、労働移民は民間企業に任され、企業は自国の労働力不足を埋めるために海外から労働者を募集していた。それは、フランス領北アフリカの脱植民地化の時期と一致していた。モロッコやチュニジア、アルジェリア出身のマグレブ人移民が占める割合は増大していき、2005年には30％となった（Tavan, 2005）。数十年間、フランス市民と北アフリカ移民の間の緊張関係が表に出ることはなかった。ほとんどの移民が若く、雇用されていたため、彼らは社会保障システムの貢献者であり、一方フランス市民は受益者だった。しかし、フランスはプレカリアートを作り出しつつあった。移民たちの賃金はフランス人労働者と比較して低かった。建設業など非熟練労働に従事していたこともあって失業に対してより脆弱だった。また部分的には差別も原因となって、景気変動の影響をより受けやすかった。失業したマグレブ人たちはほとんどの場合、失業保険の申請に必要な保険金支払い記録をもたず、資力調査を伴った生活保護に当たるRMI（*Revenue minimum d'insertion*）に頼るしかなかった。ところがRMIや住宅給付、医療福祉受給のためには、非フランス国民の場合、居住許可をもち、かつフランスに5年以上住んでいなければならない。したがって多くのマグレブ人は、初めから対象外だった。

　フランス政府は、正式書類のない移住の増大をなすがままにしていたが、1996年以降、マグレブやサハラ以南アフリカからの多くの移民を、やがて移民たち自身が自分たちを指してそう呼ぶようになったサンパピエ（*sans-papier*：書類なし、という意味）というやっかいな状態に追いやった。何年もフランスで働いてきたにもかかわらず、突如として違法ではないとしても不確実な存在とされたのである。サンパピエたちは、自分たちのアウトサイダー状態に異議を唱えるために団結し、有期雇用契約を無期雇用契約に転換するよう求めた。しかし、この時すでに国家は敵対的になっていた。サンパピエの一部はその存在を

「正規化」されたが、何千人もが本国に送還された。2009年には２万9000人が送還された。2010年４月には、移民担当大臣が、正規化を求めるサンパピエをさらに強制退去させると宣言した。

　マグレブ人たちは、フランス市民ではあるがデニズンであり、法律上は平等な権利をもつが、実際はそうではない。たとえば、労働法典は雇用時の待遇の平等原則を明示しているが、募集の際の差別には適用されない。機会平等・反差別委員会の調査によれば、パリにおいて、マグレブ系の名前を持つ人が就職面接に呼ばれる確率は、フランス系の人の５分の１、マグレブ系の大卒者の場合は、やはりフランス系の３分の１だった（Fauroux, 2005）。2005年末のパリ郊外の低所得者向け高層アパートの並ぶ公営住宅地帯バンリュー（*banlieues*）での暴動が、マグレブ系移民の二世によって引き起こされたことに何の不思議もない。それは、平等を宣言しておきながら、不安定な状態を押しつけてきたシステムによって打ちのめされていた人々による暴動だったのだ。

　ともにヨーロッパの中心で起こったムスリム系移民に関するこれら二つの事例は、かつては積極的に受け入れられた移民たちが、その国に深く根を下ろした後であっても、悪魔化されたアウトサイダーにされてしまうことを示している。移民は、再周縁化されつつあるだ。

浮動的産業予備軍としてのプレカリアート

　2008年の金融危機後の大不況は、移民の流れを変えると考えられていた。しかしグローバル経済において何が起こるかを予見するのは簡単ではない。たとえば2009年には、イギリスから大量の移民が帰国した。東欧のEU新規加盟諸国からの移民の登録者数は、50％も減少した。５年間で20万人の技能労働者が、先進国からインドや中国に帰ると予測された。ところが、同時に驚くべき変化が起こっていた。

　不況が深刻になると、雇用全体に占める移民の割合が急激に増大した。失業が増大しているにもかかわらず、企業は外国人の雇用を続けたのだ。2008年末から2010年末の間に、イギリス出身者の雇用は65万4000人減ったが、移民の雇用は13万9000人増えた。これは部分的には、人員削減が産業部門によって異なっていたためかもしれない。自国出身の労働者階級と下層サラリーマン階級

第４章　移民は犠牲者か、悪者か、それとも英雄か？　149

が集中していた古い産業は、ひどい打撃を受けたのだ。また、不況を利用して年長でコストのかかる長期の被雇用者を一掃しようという企業の動きも反映されている。さらに、転職の増大と、低コストの一時雇用あるいは「帳簿外雇用」への転換がますます容易になったことも反映している。グローバルでフレキシブルな労働過程では、古くからの順番待ちのメカニズムや「最後に入った人が最初に出る」(LIFO, 'last-in, first-out') システムは崩れ去った。不況は今や、より低い賃金とより少ない福利厚生を最も従順に受け入れる人々の雇用を促進することで、プレカリアート労働に向かう流れを加速させているのだ。

　多くの移民が政府のコスト負担で本国に送還または追放されたにもかかわらず、移民の入れ替えが起こったのだ。スペインと日本は、移民に対し本国に帰る金銭的インセンティブを与えた。イギリスは、本国への片道切符代を支払った。しかし移民を抑制しようとする政府の動きは、企業の利害がらみの抵抗にあった。

　政治家が移民規制や移民を「帰す」ことに熱心な姿勢を取る一方で、企業は安価な労働を狙って移民を欲しがる。オーストラリアでは、会社は、地元労働者よりはむしろビザをもつ技能移民の削減を拒否していることが、調査によって明らかになった。移民に支払われていた賃金は、地元労働者に対して現に支払われている、あるいは支払わねばならなくなる額の半分にも満たなかった。労働党政権は、結局、企業の味方につき、今後オーストラリア人労働者を優先する必要はないと認めた (Knox, 2010)。

　フランスやイタリアなどのヨーロッパ諸国では、低い出生率と高齢化を背景に、産業界は、特に熟練労働を行う技能移民の抑制に声をそろえて反対してきた。イギリスでは多国籍企業が、EU 圏外からの技能移民の数に上限を設けるという計画を撤回するよう、連立政権に対しロビー活動を行った。数に限りのある労働許可をオークションにかける、という不快なアイデアが議題に上がった。

　日本では、一部の政治家がますます騒々しく反移民やナショナリズムを主張する一方で、企業は韓国人や日系ブラジル人労働者、中国からの債務奴隷的な労働者を喜んで受け入れた。アメリカでは、2005年時点で正式書類のない移民が全農業労働者の半分、食肉加工産業では労働者の4分の1、さらに皿洗い労

働者の4分の1を占めていたと推定されており、企業は合法化を支持して、国外追放に反対した（Bloomberg Businessweek, 2005）。

資本は低コストかつ従順な労働をもたらす移民を歓迎する。最も激しく移民に反対する集団は、グローバル化によって締め出され、プレカリアートへと堕ちていく、昔ながらの（白人の）労働者階級と中産階級の下層である。

順番待ちから障害物競争へ？

伝統的に、移民は空いた職を求める順番待ちの列に加わるものと思われてきた。グローバル化に先立つ時代では、それは確かに正確なイメージだった。しかし、主に労働市場や社会的保護の諸改革のせいで、もはや順番待ちは機能していない。

境界線が機能しないフレキシブルな労働市場では、賃金は移民だけが進んで受け入れる水準にまで引き下げられ、より高い生活水準に慣れた住民たちには許容できないほどになる。イギリスでは、移民労働者が集中するケアや接客、農業部門での賃金の低下と労働条件の悪化が、他の部門での賃金引下げ圧力を強めた。ゴードン・ブラウン首相が2007年に使った愛国主義的な言い回し——「イギリスらしい仕事をイギリス人労働者に」——も、何も変えはしなかった。実際には、移民の流入は増大した。安価な移民労働制度を組み合わせた、より不平等主義的な社会のなかで、富裕層は安い子守や清掃人や配管工を使えるという恩恵を被った。企業は技能移民を使えるようになったので、失業者を技能訓練する必要から解放された。こうして地元労働者はいっそう不利な立場に置かれた。

順番待ちが機能しなくなったもう一つの原因は、労働中心主義的な社会保障制度の空洞化だ。政府が次々と社会保険を社会扶助に取り換えていくとともに、古くからの市民たちは福祉給付や社会的サービスの利用の点で、自分たちが不利な立場に置かれていると感じた。これこそが、とりわけかつては労働者階級の砦だったが今では衰退しつつある都市部で、おそらく他の何にも増して、移民やエスニック・マイノリティへの憤りをあおった原因だった。イギリスの2010年総選挙における労働党の敗北は、移民政策をめぐる白人労働者階級の心をつかめなかったことが原因だと、党内部から非難の声が上がった。しか

し、その批判者たちも、自分たち自身が設計した資力調査に基づく制度が主要な問題だということに気付いていないか、もしくはそれを認めたくないのだ。

資力調査は福祉国家の支柱を破壊した。労働を中心とする貢献を通じて得られる請求権に基づく社会保険型の制度は、長期にわたってその制度に参加してきた人々にとっては、得るものが大きい。もし福祉給付や社会的サービスの利用が、金銭的な必要度を基準にして決められてしまうのなら、今まで貢献してきた人々は、移民のように誰が見ても苦しい生活をしている人々に対しては不利になってしまう。衰退している「労働者階級」は、これが不公平だと気付く。イギリスや他の国で、このような方向に政策を転換しているのが社会民主主義政権であることは、何とも皮肉なことだ。

イギリスでは、資力調査への移行が労働者階級の拡大家族の崩壊を加速させたことは、ロンドンのイースト・エンドに関する先駆的な研究が明らかにした (Dench, Gavron and Young, 2006)。最も貧しいバングラデシュからの移民が、公営住宅入居待ちの列の先頭に並べられる一方で、昔ながらの労働者階級の家族はリストの下方に転げ落ち、より安い住宅を求めて移り住むしかなくなるのだ。

移民はまた、まったく意図せずに別の社会問題を生み出している。移民は公式統計に記録されない場合が多い。したがって、移民が集中している地域では人口が大幅に過小評価されるので、その地域では学校や住宅などに必要な中央政府からの財源不足が発生するのだ。2010年の推定によれば、イギリスでは100万人を超える人々が「非合法に」住んでいた。

順番待ちというメカニズムが機能しなくなったため、各国は移民を管理する他の方策を探し始めた。いくつかの国では、人手が足りないと考えられる職種を特定するための複雑な制度を採用している。オーストラリアは2010年まで106種類の「需要のある職種」を定めていた。それが、医療、土木工事や鉱山業に重点を置く「より的を絞った」リストに変更された。しかしこうしたやり方はうまくいっていない。イギリスでは、供給が不足している「高度な技能」をもつとされる移民に第一層（Tier1）ビザが与えられる。しかし、2010年時点で、そのビザをもつ者の少なくとも29%が非熟練労働に従事していることが確認された（UKBA, 2010）。「頭脳の浪費」過程の一端である。

イギリスのシチズンシップを獲得することもより難しくなった。イギリスは

2009年、オーストラリア方式を手本として、移民に対し、ボランティア、英語習得、納税、有用な技能をもっていることや技能不足が生じている地域に住む気があることなどを通じて、ポイントを溜めていき、そのための保証を「稼ぐ」ことを要求する方式を打ち出した。イギリスに5年間居住し犯罪歴のないすべての人に対し自動的にシチズンシップへの権利を与える方式ではなく、ポイント制に移行したことの意味は、政府が思うままにハードルを設定できるようになったということだ。内務省は「私たちは、市民になろうとしている人々に対しより厳しい姿勢を取ることにした。もはや自動的な権利は存在しない。働くこととシチズンシップとの結びつきは、事実上破壊された」と述べた（Hinsliff, 2009）。

　こうして、移民は恒常的なデニズンに転換され、さらにプレカリアートになる準備をさせられている。イギリス労働党政権は、一時滞在の移民に対してもポイント制の適用を準備し、EU圏外からの移民に対する労働許可を制限し、さらに人手が足りないと思われる職種のリストを削減した。2010年には、連立政権が締め付けをいっそう厳しくした。

　要するに、昔ながらの順番待ちシステムが解体し、政府自ら実施した労働市場改革を逆転できない、あるいはしたくないために、政府は入国の障壁をますます高くし、移民たちの置かれたデニズン状態をさらに危険なものにし、移民が用済みになったら帰国することを奨励するか、もしくは義務付けたのだ。このことは、いくつかのおぞましい可能性に道を開いた。

途上国における安価な労働としての移民たち

「あなたの労働は輝かしく、万人の尊敬に値する」

——中国・温家宝元首相、2010年6月

　死ぬことは、私たちが生きていたことを証言する唯一の手段だ。おそらくフォックスコンの従業員や私たちのような従業員すべて——中国では農民工（*nongmingong*）と呼ばれる、農村からの移民労働者である私たち——にとって、死を用いることは、証言することだ。私たちはともかく生きていた、そして生きている間は、絶望だけだったと。

——中国の労働者のブログより、

第4章　移民は犠牲者か、悪者か、それとも英雄か？　**153**

フォックスコン社での12回目の飛び降り自殺未遂の後に

　ナショナルな資本主義は、農村から都市への移民の上に築かれた。かつての
イギリスの田舎から工場への大移動は、わずかに形を変えつつも世界中で繰り
返されている。現代の工業化されつつある国々の経済では、政府は輸出加工区
を設置して移動を促進している。そこでは労働規制が緩く、労働組合による交
渉が規制され、一時雇用契約が当たり前で、企業には補助金が注ぎ込まれてい
る。それは誰もが知っている話だ。十分に認識されていないのは、史上最大規
模の移民が、グローバル資本主義を加速し再構築するために形成されつつある
ことだ。

　グローバル資本主義は、まずNICs（新興工業国）と呼ばれていた地域で、移
民労働の上に築かれてきた。1980年代に、私はマレーシアの輸出加工区の、モ
トローラ、ホンダ、ヒューレット・パッカードといった超一流のグローバル資
本が経営する工場を、何度も訪れたことを覚えている。そこで見たのは、形成
されつつあるプロレタリアートではなく、一時雇用の不安定な労働力だった。
カンポン（村）からやってきた何千人もの若い女性たちが、みすぼらしい宿舎
に収容され、信じられないほどの長時間にわたって労働し、数年後、健康状態
と生産能力が悪化した時点で去っていくものと想定されていた。そして実際に
彼女たちの多くが、弱くなった視力や慢性的な背中の痛みとともに去って行っ
た。グローバル資本主義は、その彼女たちの背中のうえに築かれたのだ。

　このシステムは今なお、バングラデシュ、カンボジア、タイといった新興市
場経済の新参の一群で機能している。そこには、国際移民も含まれている。た
とえばタイでは、2010年時点で300万人もの移民がいた。そのほとんどは正式
書類をもたず、多くがミャンマー（ビルマ）出身だった。この問題が緊迫して
くると、政府は登録体制を整え始めた。移民に対し、合法的に労働し、原則と
して国の福祉給付やサービスを使えるように、出身国に特別なパスポートを申
請するよう指示した。ミャンマー出身の移民たちは、再び出国できなくなるこ
とを恐れ、自国に戻りたくないと考えていた。したがって登録したのは、ほと
んどがラオスやカンボジア出身者であった。期限までに登録できなかった場
合、それは逮捕や強制送還を意味した。タイ企業は低賃金の仕事をさせるのに

移民労働に依存しており、何百万人もの移民が追放されることを望んでいなかったため、実際にはこの登録制度は厳格に実施されたわけではなかった。しかし、ヒューマン・ライツ・ウォッチの2010年の報告書によれば、合法移民でさえ恐ろしいほど虐待され、雇用主によって思うままに扱われ、労働組合に参加したり新しく作ったりすることもできず、移動の自由もなく、賃金が支払われないことも多く、正式な手続きもなく解雇され、労働者を保護するはずの政府職員から虐待を受けていた。

　これが新興市場経済の労働市場の現実である。何らかの運動や国際機関が、これらを正すためにもっとできることがあるかもしれない。だが、この現実は続くだろう。しかしながら、グローバル・プレカリアートの形成を理解するために最も適切な事例は、いま急速に世界最大の経済となりつつある国で起こっていることだ。

　中国は、国家規模で、いまだかつて例を見ないようなデニズン労働力を形成してきた。中国には９億7700万人の生産年齢人口が存在し、2015年には９億9300万人まで増大すると予想されている。約２億人が農村からの移民で、世界中の有名な多国籍企業と契約を結んだ中国や海外の請負業者が運営している新工業都市の工場におびき寄せられてやって来る。この移民たちこそ、グローバル・プレカリアートの原動力であり、自らの国においてさえデニズンなのだ。彼らは戸口（hukou）と呼ばれる居住許可書（戸籍）をもつことができないため、不安定な状態で生活し労働することを強いられ、都市部住民なら認められるはずの権利を否定されている。中国という国は危ない橋を渡っているのだ。この国は20年間にわたって、フレキシブルな労働力を創り出してきた。若い移民たちを使い捨て可能なものとして扱い、農村に住む家族からの援助があるものとみなし、最も生産性の高い数年が経過したらそっと出ていくものと期待してきたのだ。歴史上、同様なことはあったが、中国で行われてきたことの巨大な規模には比べようもない。

　2008年の金融危機は中国の輸出に打撃を与え、2500万人の移民たちが人員削減の対象となった。しかし、この移民たちは自らの国においてさえ「不法」な存在であり、失業保険へのアクセスももたないため、失業率の統計には表れなかった。その多くが農村に帰った。残った者も賃金を減らされ、工場からの福

第4章　移民は犠牲者か、悪者か、それとも英雄か？　155

利厚生給付を失った。憤懣が募っていった。1年間に12万件以上の抗議デモや
ストライキが起こったが、世間に知らされることはなかった。緊迫が増した。

　経済が回復してくると、中国政府は不満の一部を発散させようとした。政府
は、海外企業が経営する工場での大規模ストライキの際に労働者を支持した。
この態度の変化は、多くの外国の観察者によって、これまでのやり方の転換点
だと解釈された。しかしそれは甘い考えと言えるだろう。農村部は、いまだに
中国の労働力の40％を抱えている。4億人が悲惨な状況で暮らしており、その
多くがプレカリアートに引きずり込まれるのを待つばかりだ。あり得ないこと
だが、中国の製造工場の生産性が急上昇しないとしても、何年にもわたって、
労働は十分に供給される。中国や他のアジアの新興市場経済で労働の供給が過
剰ではなくなって、賃金が上昇する頃には、主にヨーロッパや北米の第三次化
の進んだ富裕な社会の賃金と労働条件は、すでに中国やアジアの影響で下がり
きっているだろう。

　一時的なデニズンの多くを占める若い労働者の数が減少していることを理由
に、中国の発展における「プレカリアート段階」とでも呼ぶべきものはもうす
ぐ終わりを迎える、と考える評論家たちもいる。しかし、そのような主張は、
現実とは異なる。2020年になっても15〜29歳の中国国民は2億人以上だ。今で
も農村部にいる40歳未満の労働者は6人中5人の割合で、一時雇用の職のため
に移住するつもりがあると答えている。

　中国の移民労働者が直面する労働条件は、偶然の産物ではない。有名ブラン
ドの多国籍企業が非倫理的な調達習慣を身に付けた結果、サプライチェーンの
諸条件が標準以下になったのだ。世界最大手のスーパーマーケット・チェーン
であるウォルマートは、こうしたサプライチェーンから年間300億ドルもの低
価格製品を仕入れており、そのおかげでアメリカ人は自分の財力以上の生活が
できる。他の企業も、そのような手腕によって価格を引き下げた製品で、世界
の市場を溢れかえらせることができた。現地の請負企業は、目先の効率性を上
げるために違法な手段を濫用し、職場の不満や反抗を引き起こしてきた。中国
の役人たちは企業経営者と共謀関係にあり、全組織をあげて労働者の権利を無
視し続け、苦痛と、より深刻な不平等をもたらした。

　事態が緊迫しているにもかかわらず、戸籍制度は維持されてきた。都市に住

む何千万もの人々がデニズン状態のまま、教育や医療、住宅、国の福祉給付を利用できない。9年間の初等教育はすべての人に対し無料とされているのに、移民たちは自分の子どもを私立学校に通わせるか、もしくは送り返すかを強制されている。1年間の私学学費は、賃金の数週間分になるので、何千万人もの移民の子どもたちは農村部に残り、めったに両親に会えないでいる。

戸籍制度の改革は遅々として進まない。2009年に上海市は、今後、税金および社会保険料を支払っている限り、7年間の市内における雇用をもって戸籍（戸口）が与えられる、と宣言した。しかし、戸籍をもたない移民たちは、ほとんどが不適切な雇用契約なので、税金も社会保険料も払っていない。こうして上海の何千万人もの移民のうち、3000人だけが新しいルールの下で戸籍を与えられる見込みとなった。

一方、移民たちは、農村とのつながりを維持し、家や農地への権利といった保障を確保する。だから旧正月には、何千万人もの移民たちが群れをなして都市を後にし、村に帰って親族と過ごし、つながりを回復して土地を手入れするのだ。浮浪する労働者であり続けることのストレスは、人民大学が2009年に行った調査に表れている。それによれば、若い移民たちの3分の1が、都市で家を買うよりも自分の村に家を建てたいと望んでいた。自らを都会の住民とみなすのは、たった7％だった。

この移民たちのデニズン的地位は、自分の土地や家を売ることができないという事実によって強化されている。移民を農村につなぐ錨のような絆が、移民が都市に根を張ることを妨げ、また耕地整理によって農村の生産性と所得を向上させることを妨げている。農村は工業労働に補助金を与えている。賃金を生存維持レベル以下に保てるようにし、世界中の消費者のために、すてきな商品の法外な価格をさらに安くしているのだ。土地改革が検討されてきた。しかし共産党は、それがもたらすものを恐れている。というのも、金融危機が訪れた時、何千万人もの移民が自分の土地に帰って行き、農村のシステムが安全弁として働いたからだ。

中国のプレカリアートこそは、群を抜いて世界最大のプレカリアート集団だ。一昔前の社会科学者たちなら、それを半プロレタリアートと呼んだだろう。しかし、中国のプレカリアートがプロレタリアートになりつつあると考えられ

る理由はまったくない。そうなるためには、まず初めに、安定した職が生み出され維持されねばならない。しかしそうなりそうにない。そうなる前に、社会の緊迫は不穏なまでに高まるだろう。

　政府が大規模な移民を組織する一方で、そのような浮浪する労働力は、すでに地元の人々にとって脅威となり、民族間の緊張が生み出されてきた。その一例が、政府によって組織された、チュルク語族のムスリムであるウイグル民族の人々を3000マイル離れた広東省にある玩具メーカー（旭日玩具厂）の工場に送る出稼ぎだった。このウイグル民族の人々は、漢民族に囲まれて暮らすことになった。ウイグル民族の労働者の賃金は、それまで働いていた漢民族労働者と比べ、非常に低かった。2009年6月、地元の女性が暴行を受けたとされる事件がきっかけとなった暴動で、漢民族の暴徒が2人のウイグル民族労働者を殺害した。このニュースが中国の北西部に位置する新疆ウイグル自治区に伝わると、首都ウルムチでデモが発生し、多くの死者を出したのだ。

　玩具工場の事件は、一瞬の火花にすぎない。政府は何年も前から、低所得地域から輸出産業によって栄えた富裕な沿岸部へと、人々を移動させてきた。1年間だけで20万人以上が、新疆ウイグル自治区から移動する。1〜3年の労働契約を結び、長旅を経て窮屈でじめじめした寮に行き着く。彼らは、猛スピードで進行するあるプロセスに参加しているのだ。いくつもの工場地区が一晩で出現する。あの玩具工場も、ほんの3年前までは果樹園だった。移民たちは即席のコミュニティを形成する。象徴的な光景がある。工場の外にある高圧線用の鉄塔には、ペプシがスポンサーとなった巨大なTVスクリーンが設置され、何百人ものシフトを終えた労働者たちが、カンフー映画を見るために毎晩集まってくるのだ。

　移動する労働力をおとなしくさせるのは1人だけでも十分難しい。しかし、移動の規模の大きさが事態を緊迫させていた。ある漢民族の労働者は記者に語った。「連中の数が増えれば増えるほど、関係は悪くなりますよ」。ウイグル民族の人々は、一連の暴動での死者の数は公式発表より多く、警察は自分たちを守ってくれなかったと主張している。真実がどうであれ、この暴力事件は、なじみのない文化圏をまたぐ一時雇用労働者の大量移住から生じる、ほとんど避けられない結果だった。

中国における国内移住は、世界史上最大の移住の進行なのだ。それは、グローバル労働市場システムの発展の一部となっている。中国の国内移民は、世界中のあらゆる場所で、労働が組織され報酬を与えられるやり方に、影響を与えている。

労働輸出レジームの形成

グローバル化の初期の特徴の一つは、特に中東でのいくつかの新興市場経済が、世界中から移民を惹き付けていたことだった。2010年には、アラブ首長国連邦の労働力の90％、カタールとクウェートでは80％以上、サウジアラビアでは50％が外国人だった。経済が停滞すると、政府は企業に対し、まず外国人から解雇するよう指導した。民間部門の仕事の80％を外国人が占めるバーレーンでは、政府が、1週間の労働ビザ取得に200ディナール（530米ドル）、外国人従業員1人については1ヶ月に10ディナールを課した。2009年以降、政府はようやく外国人が引受先の企業を辞めることを許可し、国外退去になる前に次の仕事を見つける4週間の猶予を与えた。

このような形態の移民が普及し、最も貧しい国々から来た集団が、かけ離れて裕福な国々で、不快で抑圧された環境のなかで労働する姿が見られるようになった。このような事態の進行のなかで、何億人もの移民が、乳母や食器洗いから配管工や港湾労働者に至るあらゆる職種で労働し、低所得国に対して国際援助を上回る額の送金をしている。世界銀行の推定によれば、2008年に外国人労働者は富める国から貧しい国へ3280億米ドルを送金したが、これは全OECD諸国の援助額の3倍に当たる。インドだけでも、520億米ドルの仕送りを世界に散らばったディアスポラのインド人たちから受け取った。

しかしながら新しい現象が見られる。中国やインド、他のアジア市場経済地域からの、労働者の組織的な大量移送だ。歴史上このような慣行はほんのわずかで、政府や企業が少人数を短期間働かせるために外国に送る程度だった。グローバル化の初期には、ほとんどがフィリピン人女性メイドやそれに関連する労働者たちの組織的な輸出だった。彼女たちにはたいてい、必ず帰国させるための個人的な縛りがあった。今日、本国人口の10分の1に当たる900万人のフィリピン人が海外で働いている。その仕送りは、フィリピンのGNP（国民総生産）

第4章　移民は犠牲者か、悪者か、それとも英雄か？　159

の10%にもなる。各国が注目した。

　中国を先頭とする多くの国々の政府や大企業は、何十万人もの一時雇用労働者の輸出を組織的に行っている。この「労働輸出レジーム」は、グローバル労働市場の転換を促している。インドは違ったやり方だが同じことをしている。その結果、労働者軍団が動員され世界中を移動させられている。

　中国は、金融資本にアクセスできる巨大な国営企業と、スズメの涙ほどの報酬に甘んじて働く労働者の大量供給という独自の組み合わせをうまく利用している。中国はアフリカでは、かつてアメリカが第二次世界大戦後の荒廃から西ヨーロッパが復興するのを援助するために行ったマーシャル・プランの一変種を進めている。中国政府はアフリカ諸国政府に対し、中国企業の工場設立に必要なインフラ建設のために、低金利の借款を提供する。そうしておいて今度は中国人労働者を輸入し、必要な労働の大部分を担当させるのだ。

　中国は世界の他の地域でも契約を勝ち取り、自国労働者を、発電所や工場、鉄道、地下鉄、コンベンションセンター、スタジアムなどの建設作業に従事させている。中国商務省によれば、2008年末までに、74万人の中国人がアンゴラ、インドネシア、イラン、ウズベキスタンなど世界中の国々で雇用された。その数は増大している。中国対外承包工程商会（China International Contractors' Association）の刁春和（Diao Chunhe）会長によれば、中国側のプロジェクト・マネージャーたちは、管理しやすいという点において中国人労働者を好むという。おそらく管理しやすい、ではなく脅しやすい、という言葉の方が正確だろう。

　中国の労働ブローカーも繁盛している。2007年の中国と日本との間の政府間協定によって、大量の若い中国人労働者が、ブローカーに高い手数料を支払う気にさせられてしまったのだ。労働者たちは、日本に移送されてしまえば今度は、稼ぎ始めてから、ブローカーに対してさらに支払いを保証するように義務付けられている。政府公認の事業で技能を「習得する」という約束につられ、債務に縛られた移民たちは実質的な奴隷状態で、食品加工、建設、衣類や電気、製品製造の企業に集められて労働している（Tabuchi, 2010）。自分たちの存在が憤慨を引き起こし、法を無視した扱いを受けても何の制度的支援も期待できない国で、最低賃金を下回る金額と引き換えに長時間労働を強制されているのだ。

その多くは、孤立させられ、あげくの果てにへき地に送られ、会社の寮で暮らし、職場から遠くへ外出することを禁止される。しかもほとんどは日本語を話せない人たちだ。債務労働の罠にかけられたこのような労働者は、１年間の給料を超える額のブローカーへの債務支払いに十分な稼ぎを得る前に送り返されることを恐れる。債務を支払わなければ、誘いにつられて担保に差し出した、たった一つの持ち物である自分の家を失う。なかには技能を習得する者もいるかもしれないが、ほとんどはグローバル・プレカリアートの仲間に入り、全体の労働基準を引き下げる挺子となる不安定な労働の供給源となる。

　日本は孤立した事例ではない。2010年半ば、社会民主主義の偶像のような存在であるスウェーデンが、世界中の批判を一身に浴びることとなった。何万人もの中国人、ベトナム人、バングラデシュ人移民が、観光ビザで入国させられ、スウェーデン北部の森で、化粧品や薬品シロップ、栄養サプリメントに使用される野生のベリーやイチゴを摘む労働をしていたのだ。ベリー摘み労働者たちの賃金と労働条件は非常に悪く、企業は仲介業者を利用してアジア人を集団採用していた。労働者たちは、下水設備さえ整っていないむさくるしい住居に詰め込まれ、凍える夜に必要な暖かい服も毛布も持っていなかった。何人かの労働者に対しては、ついに賃金さえ支払われなくなり、怒った労働者たちが監督者を閉じ込めるに至り、その苦境が明るみに出たのだ。

　スウェーデン移民局は、4000人のアジア人に労働許可を発行したことを認めたが、虐待については管轄外なので対応できないとした。地域の労働組合（Kommunal）は、ベリー摘み労働者たちを組織化する権限は得たが、人材派遣会社がアジアにあるため、企業との合意に至ることができなかったと認めた。政府も同様の見解を示した（Slatmarsh, 2010）。移民担当省広報官は「海外で結ばれた契約について、政府が関与するのは困難だ」と述べた。しかし、これはベリー好きなスウェーデンの中産階級が引き起こした事件ではないだろうか？

　これらは、より大きな問題のなかのほんの小競り合いにすぎない。このような労働輸出レジームは、来るべきグローバル労働システムの前兆かもしれない。それは中国人労働者に対する反発や暴力を引き起こしている。ベトナムやインドといった国は、中国人労働者の数を規制するために、労働関連法を改正している。そして、中国人が送られた現地の人々から仕事を奪っていることも

第4章　移民は犠牲者か、悪者か、それとも英雄か？　　161

否定しがたい。契約期間の終了後も居残り、まるで世界中に存在する米軍基地コミュニティと同じように、引きこもって暮らしているのだ。

　ベトナムは非熟練労働者の輸入を禁止し、民間事業プロジェクトにはベトナム人を雇用するよう請負企業に求めているにもかかわらず、ベトナムには3万5000人の中国人労働者がいる。中国企業が賄賂を使って規制をくぐり抜け、契約を勝ち取った地域で、多くの中国人労働者が陰気な寮に引きこもっている（Wong, 2009）。中国からの移民に占領された村もある。ハイフォン港に隣接する建設現場の近くには、チャイナタウンが出現し、寮施設、レストラン、マッサージ・パーラーなどが立ち並ぶ。施設管理者の1人はこう説明した。「私はここに送られました。そして愛国者としての義務を果たしています」。中国人労働者は、溶接工、電気技師、クレーン運転手といった職業集団によって分離されている。ある寮のドアには以下のような詩が書かれている。「私たちは皆、世界中を浮浪する民だ。私たちは出会うが、お互いを本当に知ることはない」。これ以上に痛切なグローバル・プレカリアートからのメッセージがあるだろうか。

　2009年にベトナム政府が、中国企業の中国アルミニウムに対し、中国人労働者を使ってボーキサイトを採掘する契約を取らせると、怒りが噴出した。98歳のベトナム戦争の英雄ヴォー・グエン・ザップ将軍が、各政党の党首に対し中国人の台頭に反発する三つの公開書簡を送った。こうした不穏な動きを受けて、政府は反対者を拘留したり、批判的なブログを閉鎖したり、新聞社には中国人労働者使用に関する報道をやめさせたりした。同時に、ビザや労働許可の取得要件を厳しくするというパフォーマンスも見せ、さらにポピュリズム的な姿勢を示すために、182人の中国人労働者をセメント工場から送還した。しかし、あまりわめき立てることはできない。なぜならベトナムもまた、労働輸出レジームを築いてきたからだ。8600万人もの人口がいれば、その潜在力は大きい。ベトナム労働総連合によれば、すでに50万人のベトナム人が世界14ヶ国で働いている。

　ラオスが2009年の東南アジア競技大会の開催地に選ばれると、中国は、首都ビエンチャン郊外に「屋内プール施設」の建設を申し出た。それは、中国の蘇州工業園区海外投資会社が工場を建設する目的で1600ヘクタールの一等地をラ

オスから50年間にわたって借りる契約を結んだことへの返礼であった。投資会社が、建設作業のために3000人の中国人労働者を連れてくることが明らかになると、抗議の声が上がった。その後、貸借契約の土地は200ヘクタールに減らされた。しかし、くさびは打ち込まれた。

　この労働輸出レジームには、もっと不吉な要素がある。中国は世界最大の囚人人口を抱えており、その数は2009年で約160万人と推定されている。政府は企業に対し、アフリカとアジア全域のインフラ建設プロジェクトで、囚人を労働者として使うことを許可している。たとえばスリランカでは何千人もの受刑者が用いられている（Chellaney, 2010）。中国は、ダム建設の世界最大手の地位を確立したが、その道のりにはプレカリアート労働力の特殊部隊がかかわっていたのだ。受刑者たちはダム建設プロジェクトの際には、逃亡しないという宣誓の下に仮釈放され、「キャリア」を積む可能性などまったくない短期労働者として使われている。現地の労働者から職の機会を奪う一方で、このような労働者が「管理しやすい」のは当然である。

　中国は、労働輸出レジームをヨーロッパへと向けている。金融危機後、中国は自らの巨額の外貨準備を利用し、ヨーロッパ周縁で価格が下がりきった不動産、特にギリシャ、イタリアなどの港を買った。そして中国企業と中国人労働者を使った公共インフラ建設プロジェクトの資金として何十億ドルもの大金を提供してきた。2009年には、ヨーロッパ企業を差し置いて、中国がポーランドの高速道路建設を勝ち取り、中国人労働者とヨーロッパの補助金を使うことになった。

　インドも頭角を現してきている。500万人以上のインド人が海外で働き、その90％がペルシャ湾にいる。2010年にインド政府は、海外で働く労働者に帰国後の福祉給付を提供するため、拠出型の「帰国および再定住基金」設立計画を発表した。政府はまた、世界17ヶ国の「困窮した」労働者たちに緊急の援助を与えるため、インド人コミュニティ福祉基金を設立した。これは、社会的保護制度の並立という危険な前例だ。この基金は、食料、住居、帰国の援助と給付金を含む福祉の諸手段を支えるものだ。これらの労働者たちは、搾取され抑圧されていても、インドの最貧困層ではない。この福祉事業は、あえてリスクを取る労働者たちと、それを雇用する国々に対する補助金だ。これにより、政府

第4章　移民は犠牲者か、悪者か、それとも英雄か？　163

が移民に社会的保護を提供する必要が軽減され、企業はインド人労働者をより安く使うことができる。インドの前例を多くの国々が踏襲した場合、どのような結果になるだろうか？

インドは、スイス、ルクセンブルクおよびオランダと、社会保障に関する協議を交渉してきたし、他にもインド人移民労働者が多くいる国々と交渉中だ。マレーシア、バーレーンおよびカタールとは、採用慣行、雇用条件や福祉を含む協議を結んだ。これは、グローバル労働過程の一部だ。そこには、道徳基準の危うくなるモラル・ハザードや不道徳に陥るインモラル・ハザードがはらまれているように見える。

労働輸出レジームに引き込まれる数百万人の移民は、外交および貿易政策の一部なのだ。移民は生産コストを下げる。そして出稼ぎ賃金の送金という形で送り出し国への資本流入を促進する。移民は非常に安価な労働の源であり、巨大なプレカリアートとして受入国の労働市場を同じ方向に引っ張っていく。ベトナム、ウガンダ、ラオス、スウェーデンやその他の国々で見られることは、実際非常に急速に拡大しているグローバルな現象だと認識すべきだ。労働輸出レジームは、受入国の労働条件を引き下げている。移民は、グローバル・プレカリアートの成長を強めるために使われているのだ。

結論的省察

移民は、グローバル資本主義の即応部隊として用いられる軽歩兵だ。莫大な数の人間が、職を求めて争っている。ほとんどの人は、賃金が低く福利厚生もほとんどない短期契約で我慢するしかない。この成り行きはシステムによるものであって、偶発的なものではない。世界は、デニズンでいっぱいになりつつあるのだ。

国民国家の普及によって「自分が生まれ落ちたコミュニティに属することがもはや当然のことではなく、属さないことがもはや選択の問題ではない」（Arendt, [1951]1986: 286）ことになった。今日の移民が、法的な意味で国籍がないことはめったにない。移民は人間性を奪われてはいない。しかし移民には、生活の安定と、移民先の国の一員となる機会がない。より多くの人々が、「非市民化」された事実上のデニズンとなっている。中国のように、自国のなかでさ

えそうなっている。

多くの移民は「かろうじて許容されている訪問者」（Gibney, 2009: 3）だ。一部の論者（たとえばSoysal, 1994）は、ナショナリズム以後の人権規範では、市民と非市民がもつ権利の差異が小さくなったと信じている。しかし、より多くの論者が、形式的な法的請求権と社会的実態との間のギャップは、むしろ拡大していると考えている（たとえばZolberg, 1995）。私たちが言えることは、フレキシブルな開かれたシステムでは、諸権利の実現のために二つの高次の安全保障が必要だということだ。それは基礎的所得（ベーシック・インカム）の安全保障と、発言権の安全保障だ。デニズンには発言権がない。絶望のあまり捨て身にならない限り、生き残りをかけた日々の仕事に出かけて行く時も、誰にも気付かれないように頭を低くしている。市民（シチズン）は、強制退去や国外追放の対象にならないという、お金で買えない安全保障を手にしている。もっとも、市民がそれを失う危険は常にあったのだが。ともあれ市民は、自分の国を自由に出たり入ったりできる。デニズンは、まったくそうではない。

移民で構成されたプレカリアート、税金を財源とする社会扶助制度、そして主に中位の所得層に課される所得税を最も重視する税制度という組み合わせによって、移民や「外国人」に対する敵意が強化されている。納税者たちが、自分たちは貧しい移民のために払っているのだ、と思わせる構造がある限り、緊迫した感情を人種的偏見として片付けてしまうことはできない。それは、普遍主義と社会的連帯の放棄を反映しているのだ。

緊張は高まっている。2009年にヨーロッパの6ヶ国とアメリカで行われた世論調査によると、移民に対して最も敵意を感じているのがイギリスで、国民の60％が移民はイギリス人から仕事を奪ったと考えていた。アメリカ人の42％、スペイン人の38％、イタリア人の23％、フランス人の18％が同じような考えをもっていた。オランダでは、大多数の人々が移民は犯罪を増大させたと考えていた。合法移民でさえ平等な福祉への権利をもつべきでない、と考えている人々の割合は、イギリスが最も高く（44％）、それに続くのがドイツ、アメリカ、カナダ、オランダそしてフランスという順になった。2010年の調査では、すべての国で態度が悪化していることが明らかになった。

富裕なOECD諸国では、移民の問題は特別な不安定性の罠と関係している。

第4章　移民は犠牲者か、悪者か、それとも英雄か？　165

実質賃金とキャリアの可能性がある職が減っており、その結果地位への不満が引き起こされている。失業すると、より低い賃金とより少ない職業的満足の職しかないことに気が付く。人々がこのような状態に腹を立て、長期間を費やして身につけた技能やさまざまな期待をあきらめることを渋るからと言ってそれを責めるのは、公平ではない。それに対して、移民たちはより低い所得と望みしかなかった場所からやって来るため、パートタイムや短期雇用、職業的な技能の発揮が制限された職を引き受ける覚悟がある。政治家はポピュリズム的戦術を用いて、そのような結果は国民の怠惰のせいだと責め立て、それによって移民へのより厳しい制限と、失業者へのより大幅な福利厚生給付削減を同時に正当化する。これは二つの集団を悪者にして中産階級を満足させることだが、現代の功利主義者の最もご都合主義的な部分を示すものだ。とがめるべきは失業者の「怠惰」でも移民の流入でもない。フレキシブルな労働市場の本質なのだ。

　それなのに、移民は公共の場の言説ではますます「不潔で、危険で、いまいましい」ものとして提示されている。移民は病気や異郷の習慣を「持ち込み」、「私たちの職や暮らし方」への脅威、人身売買された「堕落した犠牲者」、売春婦あるいは悲しい人間性の体現者なのだ。このような粗野な態度の結果として、より多くの国境警備隊が配置され、受け入れ条件がより厳しくなる。受け入れ条件の厳格化は、いくつかの国で導入されているポイント制や幼稚なシチズンシップ・テストに見られる。移民の内の少数のならず者が普通の移民であるかのように宣伝され、国家として最大の警戒を払うべき対象として扱われている。移民はますます、自らの無実を証明できない限り有罪とみなされるようになっている。

　その背景で起こっていることは、ポピュリズム的政治家に煽られた敵意の強まり、そして金融危機以後の世界的な大不況が長期にわたる衰退に移行しているのではないかという恐れの広がりだ。この点については、時間をコントロールできなくなっているというプレカリアートのもう一つの側面を考察した後に、戻ることにしよう。

第5章

労働、仕事、時間圧縮

　グローバルな市場社会のなかで、私たちの時間の感覚がどうなりつつあるのかを吟味することなしに、グローバルな転換の危機、そしてプレカリアートのうえにのしかかる圧力を捉えることはできない。

　歴史的に、あらゆる生産のシステムは、それを導く構造としての特定の時間概念とともに動かされてきた。農耕社会では、労働と仕事は季節のリズムや自然の条件に適応していた。1日当たり通常10時間とか8時間の労働日といった考え方は馬鹿げていたのだ。土砂降りの雨のなかで耕す、あるいは収穫するわけにはいかない。歳月人を待たず、というように、人は時のなかにあるリズム、変幻自在な時の移り変わりを尊重していた。世界中の多くの場所で、人は今でもそうやって暮らしている。

　しかし、産業化とともに、時間の画一化が訪れた。歴史家のE. P. トムスンがみごとに記述したように、初期のプロレタリアートは時計によって規律づけられた（Thompson, 1967）。強制されたカレンダーと時計時間の重視が土台となって、ナショナルな産業的市場社会が出現した。文学では、その驚異はジュール・ヴェルヌの『八十日間世界一周』に描かれている。この本は、まさにこの時期に登場したからこそ、1870年代のヴィクトリア朝期の人々を、あのように興奮させたのであった。50年早ければ、それは荒唐無稽と思われただろうし、50年遅ければ、人々の想像力をかきたてるほど十分に空想的なものではなかっただろう。

　農村社会から産業を基礎とするナショナルな市場へ、さらにナショナルな市場からサービスに適合したグローバル市場システムへの移行とともに、時間に

おける二つの変化が起こった。第一の変化は、24時間単位の体内時計がますます重要視されなくなったことだ。たとえば14世紀には、イングランドの中で、それぞれの地方は、その土地の農業の伝統的な考え方に適応したそれぞれの時間をもっていた。国家が国内標準時間を押し付けることができるようになったのは、何世代も後のことだった。実は今日でも時間が標準化しているわけではない。グローバルな社会と経済は一つだが、標準時をもつ時間帯（タイムゾーン）は複数なのだ。毛沢東は、国家建設の形を整えるために中国全土に北京時間を強制した。他の国々もまた、ビジネスの効率性の名の下に、同じ方向に向かおうとしている。ロシアでは、政府は時間帯の数を11から5に減らすことを計画している。

　私たちが自然に日光に慣れ、労働日という概念に社会的に慣れているからこそ、時間帯は機能する。体のリズムは日の光や暗闇と調和する。暗闇では人間は眠り、気を休め、日中の活動の疲れから体を回復させる。しかし、グローバル経済は人間の生理を尊重しない。グローバル市場は1日24時間週7日休みなく動く機械だ。眠ったりくつろいだりすることはない。人間が感じる日の光や暗闇、夜や昼にはお構いなしだ。時間の伝統は、やっかいで硬直的であり、貿易の障壁であり、現代のトーテム像として信仰される競争力の障壁であり、フレキシビリティ独裁に反するものなのだ。国や企業または個人が1日24時間週7日稼働の文化を受け入れなければ、痛い目にあうだろう。「早起きは三文の徳」はすでに時代遅れだ。眠らない存在でなければ徳はないのだ。

　第二の変化は、私たちが時間そのものをどう扱うかに関連する。産業社会は、生活がいくつかに区切られた時間によって秩序付けられるという、人類史における特異な時期の到来を告げた。それは100年と続いてはいない。その規範は、産業化していく社会のなかに生きる大多数の人々によって正当なものとして受け入れられ、世界中に広められた。それは文明化の印だった。

　社会や生産は、時間の区切りを中心にして、固定した仕事場や家庭という概念に従って作動した。人生のなかで、人々は短い期間だけ学校に通い、その後の人生のほとんどを労働または仕事に費やし、そして運が良ければ短い退職後の期間を過ごした。「現役期間」の間は、朝起きて、10時間または12時間、またはゆるい契約で決められた時間の間だけ職をこなし、その後で「家」に帰っ

た。「休日」はあったが、産業化の間に減っていき、徐々に短いまとまった休暇に置き換えられていった。ほとんどの人にとって、自分はだいたい1日10時間家にいて、1日10時間「仕事」をし、残りの時間は社会でのつきあいに使っていると考えることは道理にかなっていた。「仕事場」と「家庭」の区別には意味があったのだ。

　仕事（work）、労働（labour）、そして遊び（play）はそれぞれ異なる活動だった。その違いは、いつそれが行われるのかという点と、その始まりと終わりの境界はどこかという点にあった。ある人が——それは典型的には、男だった——ふだんその仕事場で誰かに直接管理される立場にあったならば、その人は、仕事場を離れるときになってやっと、自分が自分の主人だと感じた。その人は、そうなったことを活用するにはもはや疲れ切っていて、家族に対して勝手な要求を押し付けることしかできなかったとしても、そう感じたのだ。

　経済学や統計学、社会政策は、産業社会を背景として、産業社会に合わせた考え方にそって形作られた。そこから長い道のりを経てきたが、私たちはいまだに、政策や制度を変化に応じて調整していない。グローバル化時代に現れたのは、まだ公式なものとして認められていない一連のインフォーマルな規範だ。それは、いまだに社会分析や立法、政策立案に染みついている産業時代の規範とは、緊張関係にある。たとえば、標準的な労働統計は、すっきりした印象を与える数値を生み出す。統計は、平均的な成人は週5日間「1日8.2時間働く」（この数値はどんなものでもいいのだが）、あるいは労働力参加率は75％などの数値を示すが、それは、成人人口の4分の3は1日平均8時間働いているという意味なのだ。

　プレカリアート——そして他の階級の人々も——がどのように時間配分をするかを考察する場合、このような数値は役に立たないし、誤解を生む。以下の考察の基礎となるのは次のことだ。私たちは、「第三次的時間（tertiary time）」の概念を展開しなければならない。つまり、産業社会や農耕社会ではない、第三次的社会（tertiary society）に適した時間配分の仕方に注目しなければならない。

仕事（work）とは何か？

どの時代も、何が仕事で、何が仕事でないとするかについて、特色がある。

20世紀は、それ以前のどの時代にもまして馬鹿げていた。古代ギリシャでは労働（labour）は市民（シチズン）によってではなく、奴隷や「バナウソイ」といった市民ではないアウトサイダーによって行われた。労働を行っていた者には「雇用の安全保障」があった。しかしハンナ・アレント（Arendt, 1958）が理解していたように、ギリシャ人の考え方ではそれは哀れなことだった。ギリシャ人は不安定な男性のみが自由だと考えたからだ。その感情は現代のプレカリアートには理解できるだろう。

　第1章の論点に戻ってみよう。古代ギリシャでは、プラクシスとしての仕事（work）は、家庭のまわりで親戚や友人とともに、他者を気づかいながら、それ自体の使用価値のために行われた。つまり、市民であり続けられるような自分たち自身を再生産したのだ。仕事とは市民としての友情（フィリア）を築くことにかかわっていた。遊び（play）は安息のために必要なものだったが、それとは別に、ギリシャ人はスコレーの概念をもっていた。その言葉は余暇（leisure）と学びという二つの意味をもち、都市（ポリス）の生活への参加に関係して造られたものだった。知識は熟議によって、議論への参加と沈思黙考によってももたらされた。アリストテレスは、怠惰（アエルギア）はまっとうな余暇のためには必要なものだと信じていたのだ。

　「バナウソイ」や「メトイコイ（外国人）」といったデニズンには、ポリスの生活に参加する時間がないため、シチズンシップがないものとされた。誰もこの欠陥のある社会モデル——奴隷や女性に対する扱いや、市民に適した仕事の区分——を擁護しようとは思わないだろうが、労働や仕事、遊びや余暇への時間の分け方は、今でも有用である。

　他のところで論じたことだが（Standing, 2009）、ギリシャ文明以降、重商主義者やアダム・スミスのような古典派経済学者は、何が生産的労働かを規定するという失態を犯した。しかし、何が仕事で何がそうでないのかを決めようとすることの愚かさは、20世紀初頭にケア・ワークが経済に無関係なものへと追いやられた時、頂点に達した。ケンブリッジの経済学者アーサー・ピグー（Pigou,［1952］2002: 33）は、次のように皮肉ることでこの不条理を認めた。「たとえば、ある男が家政婦か料理女と結婚すれば、国民分配分（厚生経済学用語で国民所得と同義）は減ってしまうのだ」。別の言葉で言えば、何が労働かという

ことは、何がなされたかではなく、誰のためになされたかによるのだ。これは常識に対する市場社会の勝利だ。

20世紀を通して、労働——交換価値をもつ仕事——が尊重され、一方で労働ではないすべての仕事は無視された。したがって、それ自体の有用性のために行われている仕事は労働統計にも政治のレトリックにも現れてこない。それは性差別主義的であるというだけでなく、他にも擁護できない理由がある。それは、いくつかの最も大切で必要な活動——私たち自身や未来世代の能力の再生産や、私たちが社会的存在であることを保持するための活動——の品位や価値を下げてしまうのだ。私たちは労働中心主義者（レイバリスト）の罠から逃げ出す必要がある。それを最も必要とする集団がプレカリアートだ。

第三次的仕事場

仕事についてさらに話を進める前に、関連する歴史的変化を追ってみよう。仕事場と家庭の古典的な区別は産業時代に作り出されたものだ。今日の労働市場規制や労働法、社会保障システムが構築された産業社会では、固定した仕事場が一般的だった。プロレタリアートは朝早くから、または勤務時間シフトに合わせて工場や炭鉱、地主の屋敷、造船所へと行き、サラリーマン階級は少し遅く働きに出た。しかし、このモデルは崩れ去った。

第2章で述べた通り、今日の生産のシステムを指して、「社会工場」と表現する論者もいる。この言葉が示すのは、労働があらゆるところで行われ、労働に対する規律や支配があらゆるところで実践されていることだ。ところが、さまざまな政策は依然として、仕事場と家庭、また仕事場と公共空間との間をはっきりと区分する意味があると前提している。しかし第三次的市場社会では、その区別は意味をなさない。

「ワーク・ライフ・バランス」についての議論も同様に恣意的なものだ。いっそう多くの人々、特にプレカリアート状態の人々は、1人暮らしか、両親またはしょっちゅう変わる短期間の同居人やパートナーと一緒に住んでいるので、家庭はもはや、遠きにありて思うものといった愛着のある場所ではない。家庭を仕事場の一部と考える人々の割合はどんどん増えている。あまり注目されないことだが、かつては家庭の領分であったものが、仕事場のなかで、もしくは

その周辺で行われている。

　現代のオフィスの多くでは、従業員は普段着やスポーツ着で出社し、「勤務中の」はじめの1時間でシャワーを浴び身支度をする。これはサラリーマン階級の隠れた特典だ。オフィスに服を置き、家庭生活の思い出の品をあちこちに散りばめ、さらに幼い子どもが「パパやママの邪魔をしない限り」（もちろん邪魔することになるのだが）オフィスで遊ぶことを許しているというケースさえある。午後には、ランチを終えたサラリーマン階級は「パワー・ナップ（短い仮眠）」を取れるかもしれない。それは長い間、家庭だけで行われることと考えられてきたものだ。仕事時間の暇つぶしに iPod で音楽を聴くというのは良く知られていることだ。

　一方、いっそう多くの仕事や労働が、想定された仕事場の外、すなわちカフェで、車で、そして家で行われている。マネジメントの技術は、プライバシーの領域を縮めること、報酬システムを変えることなどを同時に進化させてきた。職業にかかわる健康と安全の規制についての古いモデルは、このぼやけた第三次的仕事の現場とはかけ離れてしまっている。自分たちがどれだけ「仕事」しているかを偽装する小細工や専門知識をもっている、特権化されたサラリーマン階級や専門技術職階級はこの曖昧化を利用することができるのだ。

　もっとプレカリアートに近い人々は、期待に添わない人とされてしまうことを恐れ、労働に割く労力と時間を増やすように促されている。その結果として、第三次的仕事場は不平等の形態を強めている。プレカリアートはいっそう搾取される。特権化された人々は、そのスケジュールを優しく緩めることができるようになる。特権化された人々は、長いランチやコーヒー・ブレイクをとったり、それ目的で建てられたホテルで懇親会を行って交流したりできるのだ。仕事場と遊び場の境界は、アルコールや苦いコーヒーでぼんやりしてしまう。

第三次的時間

　開かれた第三次的社会では、大工場やオフィスビルでの官僚的な時間管理と結び付いた産業的な時間モデルは崩れていく。それが消え去ることを嘆き悲しむべきではないが、この崩壊によって、私たちは安定した時間構造なしに取り残されているということを理解しなければならない。ほぼあらゆる形態のケア

を含む個人的なサービスが商品化されるとともに、私たちは、人々が行っているさまざまな活動を区別する感覚を失ってきているのだ。

　このなかで、プレカリアートは、限られた時間への需要に対応してやりくりすることを強いられ、永続的なきりきり舞いの混乱状態におかれてしまうリスクに直面している。問題はそれだけではない。しかしその困難は特にストレスの多いものだ。それは、知識と倫理と時間をコ̇ン̇ト̇ロ̇ー̇ル̇できなくなることだと要約できるだろう。

　これまで、私たちは「第三次的時間（tertiary time)」という考えを具体的に明確にするに至らなかった。しかし今がその時だ。一つの側面は、時間利用の不可分性だ。ある特定の活動を、ある定義可能な時間内に行うという考え方が、ますますいっそう当てはまらなくなってきているのだ。これは、固定した職場に対応する場所による活動の区分が崩壊してきたことと一致する。家庭の活動と考えられてきたことのうち、いっそう多くがオフィスで行われ、その逆もまた然りなのだ。

　時間を、それに対する需要の観点から考えてみよう。経済学の教科書や政府の報告書、マスメディアにおける標準的な説明は、時間を「仕事（work)」と「余暇（leisure)」に分けるという二元論的なものだ。だが、そこで仕事と呼ばれるものは、労働（labour）であり、それは仕事のなかでも、契約が結ばれ、直接報酬が支払われたりする部分であって、仕事の一部にすぎない。このような呼び方は仕事のために捧げられた時間を測る方法としては誤解を招くものだ。収入を得るための仕事に必要な時間を測る場合でも不適切だし、もちろん労働とは直接つながりをもたない形態の仕事の時間を測るのに不適切なことは言うまでもない。この二元論的な区分のもう一方の余暇も、同じくらい誤解を招くものだ。ギリシャの先人が聞いたらあざ笑うことだろう。

労働強化

　第三次的社会やプレカリアートという存在の特徴は、労働への過剰な圧力だ。プレカリアートは、同時にいくつもの職に就くかもしれないのだ。それは、賃金が下落し、まさかの時に備えて保険あるいはリスク・マネジメントが必要なためだ。

第5章　労働、仕事、時間圧縮　　**173**

女性は三重の重荷に直面しているが、それが四重になりつつある。子どもの
ケア、高齢の親族のケア、そしておそらく一つではなく二つの職をこなそうと
しているのだ。アメリカではいっそう多くの女性が二つ以上のパートタイム職
をこなすようになっていることを思い返そう。日本でもまた、男性も女性も、
職のかけ持ちに没頭する人が増えている。つまり表向きの常勤の職に、勤務時
間外や家でできるインフォーマルな副業を組み合わせるのだ。1日8時間の勤
務時間に加えて、これらの副業の時間、さらに1日8時間もしくは10時間が加
わることになる。かけ持ちをしているある女性は、『ニューヨーク・タイムズ』
紙に対して、それはほかでもない保険政策だと答えた（Reidy, 2010）。「本業の
ほうの職が嫌いというわけではありません。でも、会社に完全に依存すること
なしに安定した所得を得たいのです」。

　2010年の日本での調査は、20〜50歳の雇用された男女のうち17％が何らかの
形の副職をもっていることを明らかにした。別の調査では、被雇用者のうちほ
ぼ半数が副職をもつことに関心があると答えていた。その主な理由は、所得を
安定させ、リスクを減らしたいからであった。つまり、副職は、キャリアを積
み上げるためではなく、国家からの給付がないので、リスク・マネジメントの
ために必要なのだ。どの職もそれ一つでは収入が低くリスクが大きいので、
人々はより多く労働するようになってきているのだ。

　過剰な労働は健康に悪い。イギリスの1万人の公務員を対象にした長期の研
究によれば、1日3時間以上の残業をしている人は、1日7時間働く人よりも
60％も心臓を悪化させやすい（Virtanen et al., 2010）。長時間労働はストレスや
うつ病、糖尿病のリスクも高める。さらに、ストレスは社会的孤立、夫婦間の
問題、性の問題、そして絶望のサイクルにつながっている。

　別の研究は、「やけくそに働くこと（binge working）」に言及している（Working
Families, 2005）。EU労働時間指令は、労働時間の上限を週48時間と定めてい
る。しかしイギリスでは、国家統計局によれば、たまにそうするという人は別
にしても、100万人を超える人々が48時間以上働き、60時間を超える人が60万
人もいる。15％の人々が「反社会的な」長時間働いているのだ。

　不安定さを通じた労働強化は雇用主によって要求されているわけではなく、
単に奨励されているだけなのかもしれない。フレキシブルな第三次的社会に内

在する不安定さや圧力のせいかもしれない。政策立案者はこの労働強化が社会的に健全なのか、必要なのか、避けられないのかを問い続けるべきだ。規制を求めているのではない。人々が時間をよりコントロールできるようにするためのインセンティブを考えるべきなのだ。

労働のための仕事

労働が人々のしている仕事のすべてなどということはあり得ない。第三次的なフレキシブルな労働社会がうまく機能するためには、より多くの時間が「労働のための仕事（work-for-labour）」に割かれなければならない。それは交換価値を持たない仕事だが、必要あるいは推奨されるものになっている。

他の人々に比べて圧倒的にプレカリアートが行っている労働のための仕事の一つの形態は、労働市場で行われる。一時雇用の職にある人は、職探しや役所あるいは、ますます増えてきた民間の代理業者への対応に多くの時間を費やさねばならない。福祉制度が再構築されたために、プレカリアートは多くの時間を取られ、緊張しっぱなしだ。質素な給付を得て、その受給資格を維持するために、受給者は従来よりも複雑な手順を強いられているのだ。列に並び、並ぶために通い、書類に記入し、質問に答え、さらに突っ込んだ質問に答え、あれやこれやを証明する書類を得ることは、すべて痛いほど時間を使うものなのに、その時間はたいてい無視されている。フレキシブルな労働市場によって、労働者が次々に職を替えて移動することが主流の生き方になってしまう。失業給付を受ける資格を決定するルールも揺れ動くので道徳基準が劣化し不道徳に陥るモラル・ハザードやインモラル・ハザードが生み出される。そのような労働市場でプレカリアートは、多くの時間を使うように強制され、気力を奪われ、他の活動に取り掛かることができない状態に置かれてしまう。

労働のための仕事には、他に人が職務として行う労働を補完するものがある。勤務時間外にネットワークにつなげたり、通勤したり、「家で」、「夕方に」、あるいは「週末に」会社や諸組織の報告書を読むことなどがそうだ。これはあまりにありふれたことだ。しかし、メディアで繰り返される「仕事」もしくは「労働」についての国家統計や指標からは、このような広がりについては、何もわからない。とはいえ、そのほとんどは、人々が市場社会で機能しようとす

第5章　労働、仕事、時間圧縮　175

ることからくる。たとえば、いくつかの労働のための仕事は、リスクに備える
「保険のための仕事」であり、それは社会的、経済的そして職業的不安定の拡
大に伴って増大していくだろう。また、「選択肢をオープンに保つ」という発
想から発生する労働のための仕事もある。戦略的になって、信用を高め、悪評
を事前に防ごうとすることから発生するものもある。

さらに、「労働のための訓練」と言うべきものがある。ある経営コンサルタ
ントは、『フィナンシャル・タイムズ』紙に対して、技能の寿命がどんどん短
くなっているため、人々は毎年自分の時間の15％は訓練に充てなければならな
い、と語った（Rigby, 2010）。このような訓練時間の合計は、おそらくその人の
年齢や経験、労働市場における地位に依存する。プレカリアートの人、特に若
い人は、選択の幅を広げたり保ったりしたければ、このような訓練にもっと時
間を割くようにと忠告されることだろう。

第三次的技能

ほとんどの経済活動がアイデアやシンボルの操作や、対人サービスによって
構成される社会では、機械的な処理や作業の重要性は二の次になる。これは、
「技能（スキル）」という用語の概念を混乱に陥れる。第三次的社会では、技能
は、「ボディ・ランゲージ」や「感情労働」に関するものであるとともに、何
年もの学校教育、公式な資格あるいは見習い訓練制度を通じて修得される公式
の技能に関するものとなる。

一般に、プレカリアートが期待できる訓練に対する投資への見返りは、どの
ような領域の場合でも低い。しかも、投資費用は、現実の、もしくは潜在的な
所得や貯蓄のうち、いっそう高い割合を占める。サラリーマン階級や専門技術
職階級の人には、もっとはっきりとしたキャリアの見通しがある。したがって
訓練に対して経済的見返りを期待できる。さらに訓練が苦にならないような見
通しがもてる。労働がよりフレキシブルで、不安定になればなるほど、自発的
な訓練への平均的な見返りは、引き下げられてしまうというたちの悪い結果が
生じている。

急成長している労働のための訓練の一つは、倫理的訓練だ。医師や建築家、
会計士その他の職業にある人々は、自分たちの専門職集団のなかで何が正し

く、倫理的な行動なのかを学ぶことに時間を捧げなければならない。これは他の職業にまで広がり、さらには義務にまでなったり、グローバルな認定システムの一部となったりしている。これは、望ましい発展となるかもしれない。

　プレカリアートとより関係が深いのは、労働のための訓練（労働における訓練ではない）という形態が、ますます必要になっていることだ。それには性格改善、エンプロイアビリティ（雇用可能性）、ネットワーキング、さまざまなテーマについての流行の考え方に精通し続けるための情報収集スキルなどがある。「あなたのしていることに隣接する分野ついて学ぶことに、あなたの時間の15％を充てるように」と勧めた先ほどの経営コンサルタントは、こう付け加える。「毎年履歴書を更新しなさい」。自分を印象付け、自分を売り込み、できるだけ多くの長所を数えあげるために気の滅入るような努力をして履歴書を書きあげるには、膨大な時間が必要だ。標準化されたルーティンと行動様式に従うと同時に、個性を証明することは不可能であり、人間性に反する。プレカリアートがこれに抗議するのはいつだろうか。

　「標準的雇用関係」の場としての産業時代の仕事場が衰退したことによって、規律、支配、プライバシー、健康や安全のための保険、労使交渉制度の妥当性といった、微妙な問題が問われている。しかし、産業的なモデル解体のカギは、「技能」の概念がますます曖昧になっていることだ。多くの論者が投げやりにこの言葉を使って、「技能不足」を口にする。第三次的社会では、そう言ってみても何の役にも立たない。潜在的な人間の能力（コンピテンシー）には限界がないので、常に技能不足ということになる。だが、世界中のどの国にも国民のなかでの技能の蓄積を測る指標はない。学校教育の年数というような標準的な指標は悲しいほど不適切だ。中等教育や高等教育を受けていない庭師や配管工には、技能がないとは言えない。プレカリアートの世界で生き残るために要求される技能は、公教育の年数で捉えることはできない。

　それよりも、逆のことが言えるだろう。現代の市場社会にあるのは「技能の過剰」なのだ。何百万もの人々が、実際に使ったり改善したりする機会のない技能をもっている。イギリスの調査では、200万人近い労働者が、自分の職に見合わない技能をもつという「ミスマッチ」状態にあることが明らかになった。だがそれは氷山の一角に違いない。膨大な数の人々が、使い道がなく、思い出

のなかで朽ち果ててしまうだけの資格や卒業証書をもっているのだ。

「自発的失業」については、経済学や開発学の学術雑誌で何年にもわたって論じられてきた。多くの失業者が職に就いている人々より高学歴だからという理由で、そのような失業は自発的なものとされた。学校教育は人的資本を生み出すはずであり、それは人々をより雇用可能にするはずだった。人的資本をもつものが失業していたとすれば、それは高水準の職に就くのを待っているのであり、暇であることを自分で選んだからに違いないというわけだ。このステレオタイプに一致する人々も少しはいるだろうが、この単純化は誤解を生む。それどころか、学校教育は不安定な経済システムのなかで生き延びるのに必要な技能の発達を妨げる方向に作用しているかもしれないのだ。「街で生き抜く術を知る（streetwise）」ことは一つの技能だ。人脈をつくる能力、信用や好意を醸成する能力などもまたそれぞれ技能だ。これらはプレカリアートの技能なのだ。

第三次的社会において求められる技能には、最適で持続可能な水準に自己搾取を制御する能力が含まれる。たとえば、（何の目的であれ）インターネットで情報を集め、分析すること、すなわちダウンロードし、比較し、Eメールを送ることなどには際限なく時間がかかる。これを始めると中毒になるが、同時に疲労と燃え尽きを引き起こす。この場合の技能は、自己規律すなわち持続可能に活動できるように勤勉を制限する能力に現れてくる。こうして続けて何時間も画面に集中することは、複雑な問題や作業に集中して取り組むことができないという注意力欠損を作り出す秘法になっているのだ。

第三次的社会での別の種類の技能は、個人的な振る舞いの技能だ。これは何人かの社会学者が「感情労働（emotional labour）」と呼ぶものだ。感じよく見せかけ、魅力的な笑顔を作り出し、タイミングのいい冗談を言い、陽気に「こんにちは」とあいさつする能力、これらはすべて対人サービスのシステムでの技能となる。裕福な家族は、技能をより改善して発達させ、同時により高い学歴を得る傾向があるので、学歴と所得には相関があるかもしれない。しかし、学校教育が技能を供給するわけではない。多くの国では女性の収入は相対的に上昇している。それはふつう学校教育や反差別法令における改善、女性が就く職の変化によるものとされる。しかし、女性蔑視は反転して確実に一つの原因

となっている。消費者は可愛い顔を好み、上司は彼女たちを気に入るのだ。それを嘆くことはできるが、事実ではないと否定するのは難しい。そして見栄えのいい若者は、それに比べると魅力的でない中年よりも優位性をもつのだ。

「美容」療法がブームになっているのも驚くことではない。プレカリアートの人々、またはそうなる恐れがある人々にとって、「ノーズジョブ（鼻の外観を良くする美容整形）」や豊胸、ボトックス（ボツリヌス毒素を注射するしわ取り法）や脂肪吸引法はライフスタイルの充実であると同時に潜在的な所得を稼ぐための投資なのだ。個人的「消費」と「投資」との境界線はかすんでしまっている。若さや美しさは、ある程度は獲得、あるいは再獲得されるのだ。これは、純粋なナルシシズムとか虚栄心だと捉えられるべきではない。商品化された色気が有利となる「競争」の風潮のなかでは、振る舞いや化粧でそれに適応することは合理的なのだ。しかし、このような「技能」は不確実だ。見栄えの良さは衰えていき、それをもう一度造ることは難しい。人を惹き付ける身振りの癖も、つまらなくて陳腐なものになりうる。

産業時代ならば、若者が手に職をつければ、彼または彼女はそこで得た技能が何十年にもわたって、おそらく引退までの間ずっと、十分見返りをもたらしてくれると信じられた。プレカリアートにとっては、それはもっと宝くじに近いもので、少しの勝者とその他大勢の敗者を生み出す。訓練コースや大学の学位を取っても、それによって何かを得られるのかどうかなどわからない。それは、すでにサラリーマン階級となった人が、しっかりと計画されたキャリアの一環としてコースを取るのとは対照的だ。この問題は、使う機会のない技能を多くもつほど、地位への不満も増大するだろうことによってさらに悪化する。

私はこれについて学ぶのに時間を割くべきなのだろうか？　それは役に立つのだろうか？　去年私はたくさんの時間とお金を使ってそれをして、何にも得られなかったのに、またやらなくてはならないのだろうか？　私が去年学んだことはもう時代遅れになっているのに、同じ費用をまた払って、別のコースを受けるというストレスになる経験を繰り返す価値があるのだろうか？　このような疑問は、第三次的社会で職に就く人のつきものとなる。

ある種の職業的技能の不安定性はより大きくなっている。ある人は資格を得るために何年も費やしたのち、それらの資格が陳腐なもの、非効率なものと

第5章　労働、仕事、時間圧縮　**179**

なってしまったことに気付くかもしれない。職業における技能の陳腐化が加速していくことは、プレカリアートにある多くの人々に影響を及ぼす。そこには逆説が存在する。より技能の高い仕事ほど改良が起こる傾向にあり、「再訓練」が求められるのだ。別の表現をすればこうだ。あなたが訓練されればされるほど、あなたは自身の競争領域で未熟練（unskilled）状態になりやすいのだ。もしかすると、脱技能（deskilled）という言葉で、今起きていることを表せるかもしれない。この表現は技能の概念に対して奇妙な時間の次元を付け加える。技能とは、単に昨日と同じことをできるというだけではなくて、明日自分がするべきことができるということなのだ。技能の不安定さへの反応は、その更新という時間のかかる投資行動かもしれない。あるいは意志が働かなくなってしまうかもしれない。どんなコースも非常に不確かな見返りしかもたらさないという不信から無気力となってしまうのだ。もっと訓練するようにと延々と叫び続けたり、いつまでも技能の欠如を嘆いたりしている論者は、人々の実存的な危機に貢献しているだけだ。それは人々の力能（ケイパビリティ）の発達を導く社会の風潮などではない。恒常的な不満やストレスの一つとなるのだ。

再生産のための仕事

労働のための仕事には、他にも多くの形態があり、請負労働を補完するものもあれば、雇用条件の決定に関する交渉のように労使関係の一部として義務付けられているものもある。「再生産のための仕事（work-for-reproduction）」もまた増大している。この概念には二重の意味がある。その主な方の意味は、だいたい次のような活動のことだ。それは、与えられた環境のなかで、能力を発揮し続け、最善の生き方をするために、人々が引き受けなければならない、もしくは引き受けるべきと感じるような活動だ。これは「労働のための仕事」とは区別されるべきだ。なかでも家計のやりくりという仕事は難しい。サラリーマン階級や専門技術職階級は会計士に頼む余裕があり、銀行からアドバイスや手助けを受けることができる。それにはコストがかかるにしても、これらの階級の収入から見れば、専門的な手助けから得られる便益と比べて高いものではない。

プレカリアートの不安定な収入は、より深刻な困難を引き起こし得る。だが、

金銭にかかわるアドバイスは限られている。プレカリアートの収入にとっては
コストがかかりすぎる。多くの人々は、自分たちが必要とするサービスにお金
を出すことができない。あるいはそうする気になれない。したがって、自分で
取りくむことになる。自分の所得や家計管理について悩み、その対処にいっそ
う多くの時間を費やさざるを得ない人もいるだろう。そういう仕事から完全に
逃避するという反応を示す人もいるだろう。あるイギリスの調査は、900万人
の成人が「家計恐怖症」となっていることを示した。これは、お金の管理につ
いて合理的な決断を下すという、考えるだけで複雑なことが怖くなってしまう
というものだ。第三次的社会で、家計恐怖症がつましい快適さと惨めさとの違
いを人々の間に作り出す。緊急にお金に困った時にはなおさらだ。家計管理の
コストは社会の全階層間で無作為な形で負担されているわけではない。これは
不平等の隠された形態だ。不運にもプレカリアートはその不平等を感じている
のだ。

　プレカリアートは、ますます重要となっている法的知識という領域でも不利
な状態にある。知らない人同士からなる社会は契約に頼っている。また、生活
のあらゆるところにさまざまな規制が入り込んでいる。複雑な法と規制によっ
て統治される社会で市民としての役割を果たすためには、私たちは法律を知る
必要がある。知識と助言を得るために、信頼できる情報源にアクセスできるこ
とも必要だ。現代では、自分に適用され得る法律をあらゆる側面から知ってい
る人などほとんどいない。とはいえ、プレカリアートはこの点で特に不利な状
態にある。サラリーマン階級や専門技術職階級は有利な地位にあり、それが経
済的な優位性につながっている。プレカリアートは、単に他の階級よりも無知
なだけではなく、たとえば小規模事業を始めるような場合に、無知なためによ
り苦労するのだ。

　再生産のための仕事のもう一つの形態は消費と結び付いている。セルフ・
サービスがブームだ。さまざまな職務が顧客に対して外部委託され、人々は
ホットラインよりもウェブサイトを、人のいるレジよりも自動レジを使うよう
に促されている。小売業やサービス業、そしてヘルスケアの企業はセルフ・
サービス技術に何十億円も費やしてきた。そして投資額は年15％も成長してい
るのだ。企業はこれについて、「お客様のエンパワーメントという喜び」だと

言い張っている。実際には、これは労働から仕事へのシフトだ。ピグーがこの皮肉な事態を見たら何と言うだろう。国民所得も職も減少するのに、仕事は増えていくのだ！

再生産のための仕事、あるいはケアに使う時間を計測するのは難しい。それにはあまりに多くの活動が含まれ、使える時間のすべてを飲み込んでしまうようになりがちだからだ。この領域には、時間の使い方をめぐる対立がある。多くの社会では、子どものケアはいっそう時間集約的になり、有償のケアを通じていっそう商業化されてきた。イギリスの国立子ども局が2009年に行った調査によると、子どもをもつ親の半数以上が、生活のペースが忙しすぎて子どもと遊ぶのに十分な時間が割けないと感じていた（Asthana and Slater, 2010）。長い労働時間、長い通勤時間、過剰な持ち帰り仕事その他の「不可避の拘束」は、膨大な数の人々を欲求不満にしている。アメリカの調査では、アメリカ人の親のうち4分の3は、自分の子どもと一緒に過ごす時間の不足を感じていることが明らかになった。これは、もっとたくさんのことをしなくてはいけないと常に感じるように、人々にかかっている社会的なプレッシャーを反映しているかもしれない。しかし、子どもが労働やその他の仕事の需要によってケアを奪われているのだとしたら、長い目で見た損失になるだろう。子どもたちは、世代間で受け継がれる知識や経験、そして単純に近くにいることで得られるような社会生活の素晴らしさを知ることなく育っていってしまうのだ。

年齢分布のもう一方の極では、より多くの人々が70代、80代、そして90代まで生きるようになってきているために、高齢者のケアにたいへんな時間がかかるようになってきた。高齢者ケアは介護ホームなどの商業化されたサービスを通じてある程度は商品化されている。これは世代間の互恵関係や責任の弱まりと並行して起きていることだ。それにもかかわらず、多くの人々は、人生のなかでかなりの時間を自分以外の人を世話することに捧げねばならない。多くの人々が、他にしなければならない事に時間を取られて、実際にできていること以上にもっと多くのことをしたいと思っている。

女性は昔も今もほとんどの重荷を負っている。そして、しばしばいつでもそうするように圧力をかけられている。しかし男性もまた、もっと多くのケア・ワークを行うように促されている。それが仕事であることを否定する論者もい

るだろう。しかし、ほとんどの人々にとっては、経済的価値をもった義務的活動なのだ。すなわち、機会費用として計算され、またケアを受ける者のケイパビリティを再生産し、さらにその責任が完全に国家にゆだねられたり、無視されることによって長期的な健康管理のコストが跳ね上がることで、経済全体のコストが上昇することを抑えるという点で経済活動であり、仕事なのだ。

プレカリアートの一員である人々は、自分が望む以上のケア・ワークをするよう圧迫されるかもしれない。プレカリアートは、人よりも多くの「自由に使える時間」をもっていると思われているからだ。また、金銭やその他の面で支援を必要とする時に備えて、自分の周りにいる人の厚意をつなぎとめておく必要もある。ここでもまた、プレカリアートは自分の時間をコントロールできない。プレカリアートは、個人化された安全保障の欠如の環境に適応しなければならない。

再生産のための仕事にはもう一つの領域がある。これは19世紀末の転換に伴う危機の時代に広がったものだが、グローバル化の時代に再度広がりを見せている。人々は自分の不安や不快感を克服するためにカウンセリングを探すことや、自分たちの不安定な生活におけるストレスや緊張に対処するためにセラピーに通うこと、特に認知行動療法に通うことを勧められている。

プレカリアートの人々は困惑している。何をすべきかはっきりわからなければ、すぐにカウンセリングを受けるべきだと圧力をかけられるのだ。それには「エンプロイアビリティ（雇用可能性）・トレーニング」も含まれる。何をすべきか知らないこと、または安定的な職に「身を固める」ことができない人は、普通ではないとされる。「ほとんど雇用不可能（virtually unemployable）」とレッテルを貼られることもある。このような嘲りはどれもあまりにありふれていて、メディアやテレビドラマや政治家によって垂れ流されている。それは、人々の生き方の多様性を促進するよりも、人々の人格や行動を変えることを強調するモデルと整合的だ。

労働、労働のための仕事、再生産のための仕事——これらはすべて時間を必要とするが、それ自体ストレスの多いものだ。それには、目に見える特定の目的がない勤勉と努力が必要なのだ。このような労働と仕事のほとんどが安全保障のない環境で行われている。ただ金銭を得る必要が大きいというだけで経済

的見返りが不確実で、機会費用が高くつくと認識されることが行われている。

　それに対する反動として、ほとんど毎日使える時間のすべてを諸々の活動に使うという狂乱がある。それは、燃え尽き、不安、浅薄に陥る可能性がある。あるいは、そのような不確かさに耐えられず、精神の麻痺状態や自己破壊的な茫然自失に陥るかもしれない。しかしおそらく、最も一般的に見られるのは、自分が圧迫されていると感じるからこそ、自分が望む以上のさまざまの仕事をがむしゃらに引き受け、いっそうの時間をそれに費やしてしまうことだろう。

　その結果として、家族と一緒に過ごす時間のように、社会的あるいは個人的にみて価値あるさまざまな活動が、締め出されてしまう。複数のことに時間を使うことは何も新しいことではない。新しいのは、それが規範となってきたことだ。それは、技術発展や豊かさ、生活の商業化、そして特定の機能を固定した空間に割り当てるという生活のあり方の崩壊を反映している。

　「マルチタスキング」という、同時にいくつかの活動を行う能力について多くのことが語られている。世間では、女性は男性よりもマルチタスキングが得意だと言われている。だがこれは皮肉だ。女性はいくつもの仕事と労働に同時に取り組まざるを得ない。だから、「なんとか切り抜ける」方法や「最低限満足させる（十分に良い）」決定をたやすく行う方法を男性よりも良く習得してきたのだ。最近の新しい言葉では、「マルチ・マルチタスキング」というものがある。言い換えると、いかに少ない労力で多くのことをこなすかというわけだ！　ある研究では、非常に多くのマルチタスキングをこなす人は、集中して、気を散らすような情報をシャットアウトすることがうまくできなくなるという。さらに言えば、人は何かについて一生懸命考えることを強いられた時、そのことを良く覚える。だが、マルチタスキングでは、何かについて一生懸命考えることは不可能だ。プレカリアートは、それに加えてある問題を抱えている。プレカリアートとは、そもそも自分の時間のコントロールが許されていない存在なのだ。そしてプレカリアートはそのことを知っている。

若者と「接続性」

　活動家のなかには、インターネットやソーシャルメディアでの「接続性」が、プレカリアートを規定する特徴だとする者もいる。今日の若者は、それ以前の

世代が想像もできなかったほどインターネットを用いており、ライフスタイルもそれに合わせたものになっている。いついかなる時でもインターネットに接続したままで、若者は特にそうだが他の人々もまた、ますます多くのつながりをもつ。それを維持するために、ますます多くの時間を使い果たす。沈黙や静けさが脅かされている。接続性がすべての空き時間を埋め尽くしているのだ。

すでに2010年には5億人のフェイスブックのユーザーがいた。その半分以上は毎日ログオンしている。世界中で1ヶ月に7000億分もの時間がフェイスブックに費やされているのだ。ツイッターは1億7500万人の登録ユーザーを抱え、そのうち9500万人は毎日ツイートしていた。世界中で50億人が携帯電話を購入していて、いくつかの国では人口の100％を超えるほどだった。アメリカでは、10代のおよそ3分の1が毎日100を超えるメッセージを送っている。

その良い効果と悪い効果を比較考量する議論は何年も激しく続くだろうが、おそらく結論は出ないだろう。しかし、いくつかの懸念は注目に値する。最も議論されているのは、「集団的注意欠陥症候群（collective attention deficit syndrome）」である。コンスタントにつながっていることは、弱いつながりを強化し、強いつながりを弱めてしまう。電話やメッセージの着信を知らせるシグナルは、個人的な会話や他の活動を妨害する。Eメールをチェックしてそれに返信することは、集中する時間の邪魔になるのだ。人々を一度も会ったことのない「友達」につなぎ合わせるフェイスブックや他のソーシャルメディアは、現実の生活に侵入する。根気や決断力が侵食される一方で、落ち着かなさが増長されるのだ。

膨大な時間をインターネットで費やすことは、プレカリアートという存在の一部となっている。ソーシャル・ネットワーキングが実際の人との交流に取って代わることは、人々を憂鬱にさせる効果があるという研究結果もある。イギリスでは、インターネット中毒の人は通常のギャンブル中毒者の2倍となっている。若者は最も脆弱な立場にあり、カトリオーナ・モリソンの調査によると、中毒者の平均年齢は21歳だ（Morrison, 2010）。彼女はこう結論した。「インターネットはある人々にとっては薬物のようなものだ。インターネットは慰撫し、落ち着かせてくれる。中毒になれば、仕事を遂行する能力に影響を及ぼすことがあり得る。何でもインターネットでできるせいで、すでに身の回りのさまざ

まなことができなくなっているかもしれない。」

　恒常的な接続性は、プレカリアート化された精神を生み出すだけではない。プレカリアートは、時間をコントロールしたり、規則正しいスケジュールをもてないために、インターネットの世界がもたらす注意散漫や中毒に対してより脆弱な立場にあるのだ。接続性それ自体が悪いのではない。その背景が問題なのだ。

余暇の圧縮

　労働、労働のための仕事、再生産のための仕事の増大は、「余暇（leisure）」をも侵食している。余暇や、再生産的または生産的な「無為（idleness）」の尊重を失うことは、商品化された市場社会がもたらした最悪の結果だ。集中的な仕事や労働を行っている人々は、精神と身体が「疲れ切って（spent）」、受動的な「遊び（play）」にふける他には、何をするエネルギーも意志もほとんど残っていないことに気付く。疲れ切った人々は「遊び」のなかでリラックスすることを望む。よくあるのは、画面を見つめたり、複数の画面を用いて会話を行うことだ。もちろん、私たちは誰でも何らかの形での「遊び」を必要としている。しかし、労働と仕事があまりに酷であれば、もっとアクティブな余暇活動に参加するエネルギーや意志は私たちに残らないかもしれない。

　マーク・アギアールとエリック・ハーストは、女性の労働力参加の上昇があったにもかかわらず、アメリカ人の余暇は1965年と比較して週に４時間増えたと推計した（Aguiar and Hurst, 2009）。男性では６時間増えていた。しかし、余暇とは有償の労働に参加していない時間と同義ではない。他の社会集団も圧力に直面しているが、プレカリアートは市場の低層で生き延び、その機能を果たすために多くの労働のための仕事や、その他の仕事をしなければならない。

　ほんとうの余暇は三重の圧縮に直面している。余暇の一つの形は、要求の厳しい文化的、芸術的な活動に参加することだ。いい音楽や演劇、絵画そして偉大な文学を楽しむこと、私たちの歴史や、私たちが暮らすコミュニティの歴史について学ぶことなどはすべて、「充実した時間（quality time）」と巷で呼ばれるような時間だ。そのような時間のなかでは私たちは安全保障の欠如に神経質になることも、労働や仕事で、あるいはそのせいで不眠に陥って疲れ切って注

意散漫になることもない。その余暇の欠乏が起こっている。そんな余暇のための時間など、とてももてないと思われている。あるいは、プレカリアート状態にある人々は、そのような活動に時間を捧げることが罪であるかのように感じるのだ。先に挙げた論者たちが言うように、自分たちの時間を、ネットワーク作りや、常に「人的資本」を向上し続けることに使うべきなのだと考えてしまうのだ。

　余暇に時間を配分するインセンティブはどこにあるのだろう？　このメッセージは大学にさえ向けられる。政府は、大学をもっと「ビジネスライク」にして、大学が利潤を生むように要求する時には、決まって文科系の領域を、利益のあがる見込みがないものとしてみる。2010年には、イギリスのミドルセックス大学が哲学科を廃止する方針を発表した。哲学科のない総合大学などというものは、語義矛盾として、すべての偉大な教育者たちを驚かせることだろう。

　もっと気落ちしてしまうことは、古代ギリシャ人が本当の余暇と考えていたスコ・レ・ー・（schole）が締め出されていることだ。スコレーとは、市民の領域である公的生活への参加のことだ。もちろんプレカリアートだけではないが、プレカリアートの人々はとりわけ、政治的生活から切り離されている。時折、カリスマ的な候補者の見世物に加わったり、投票しに出てくることがあるかもしれない。しかしそれは持続的な参加ではない。政治という非常に重要な余暇の形態は、労働・仕事・遊びが支配する時間の植民地化によって狭められている。あまりに多くの人々が、自分たちに語りかけられていることと取り組むだけの充実した時間をもてない。そして、複雑なことは「専門家に任せておくのが一番」だと感じている。こうして、政治については、心理的に分離（サイコロジカル・ディタッチメント）して距離を置くことが一番だとたやすく思いこむようになる。そして政治に関してしっかりとした教育に基づいて判断するよりも、感情と先入観に頼ってしまうことになる。いずれにせよ、プレカリアートは、最も人間的な活動、政治的な余暇に対して割く時間をどんどん少なくするように促されている。プレカリアートがその道ではなく、別の道を歩むように勧めるインセンティブは、いったいどこにあるのだろう？

　時間圧縮の別の側面は、時間をコントロールする際の根底的な不平等だ。それは第三次的市場社会での不平等全体の一部であり、時間が生産的な資産と

第 5 章　労働、仕事、時間圧縮　187

なっていることが一因だ。プレカリアートは自分たちの労働に対する潜在的な使用者のいいなりにならざるを得ない。インターネットカフェを転々としたり、家の周りやパブ、街角をぶらついたりしている人々は一見「自由になる時間」をもっているように見えるかもしれない。しかし、その人々が、別のやり方で時間を配分する戦略を展開したり、維持したりすることができないことはしばしばだ。この人たちの勤務時間ははっきり決まっていない。その結果、職にある時以外の自分の時間が浪費されてしまう。見かけ上怠惰なことに時間を使っているのは、フレキシブルな労働市場を反映しているのだ。そのような労働市場は、プレカリアートがいつも待機していることを望む。自分なりに時間を組み立てていくことは、プレカリアートからは奪われてしまっている。

　余暇の価値の低下、とりわけ労働者階級の余暇の価値が低下したことは、労働中心主義の最悪の遺産の一つだ。価値を再生産する教育が侵食されると、若者は文化から切り離され、コミュニティがもつ社会的記憶も失われてしまう。「街角社会（ストリート・コーナー・ソサエティ）」という概念からよく使われる都市のイメージの一つとなった。「ぶらつきまわること」が支配的な時間の使い方となっている。時間をつぶすことが問題なのだ。これを「余暇の貧困」と呼ぶ人もいる。物質的な貧困が若いプレカリアートの余暇生活を制限している。プレカリアートには余暇に必要な時間をコントロールするために不可欠なお金も、職業的なコミュニティも、安定感もないのだ。そこから仕事や労働を含むすべての活動への無規範なアノミー的態度が生まれる。これが、不安定性の罠だ。ただ生き延びるだけでも、適切な一連の公共空間が必要だが、そのようなものさえも、緊縮財政政策によって壊されている。結局、新自由主義的なメンタリティから見れば、そのような一連の公共空間は、「ぜいたく品」なのだ。それらは、生産や経済成長に直接貢献しないからだ。プレカリアートが安定性に対する脅威となった時にのみ、この計算方法が問い直されるだろう。

　プレカリアートにとって質的に重要な公共空間が縮小するにつれて、攻撃的な振る舞いが助長されるだろう。グローバル化と電子技術によって、人々のアイデンティティは、純粋にローカルな形を取らなくなるかもしれない（Forrest and Kearns, 2001）。しかし、だからといって、人々が動き、相互行為しあうための物理的空間がいらなくなることはあり得ない。居場所もつという領域性

（なわばり）感覚は、私たちの遺伝子に含まれた人間の特性である。それを封じ込め、そこから発達心理学的な意味を抜き取ってしまうとすれば、その結果はおぞましいことになるだろう。

労働者階級の「余暇キャリア（leisure careers）」は失われてしまった（MacDonald and Shildrick, 2007）。それは単純にお金がないだけではなく、さまざまな社会制度の崩壊によるものだ。イギリスでは、労働者クラブやさまざまな公共空間が労働者階級の余暇を支えていた。それらは、サッチャー主義という新自由主義的急進主義の犠牲となったのだ。フランスでは、バルザックが「民衆の議会」と表現したビストロという伝統的な大衆食堂が消滅しかかっている。

労働者階級の教育と余暇キャリアが貧しくなったことで、時間つぶしやある形での地位を得るために、犯罪や薬物使用がはびこる環境が生み出された。ちょっとした犯罪は、ただぶらついているだけよりも気持ちよく感じるスリルかもしれない。成功は消費によって測られるという新自由主義の呪文は、長く続く剥奪と失敗の日々のなかで、ちっぽけな達成の高ぶりを味わえる万引きや盗みが広がる助けとなっているのだ。これは、若い男性にとってのより広い不安定性の罠の一部だ。男らしくあることが危うくなった時、そんな犯罪によって彼らはつかの間の低レベルの「尊敬」を勝ち取れるかもしれないのだ（Collison, 1996）。しかし当然のことだが、長い目で見ればそれには当然の報いが訪れる。

人がしたいと思うようになることと、したいと思わないようになること、つまり「やるべきこと、やってはいけないこと」を規定する場と生き方としての「ハビトゥス」は、階級の一部となっている（Bourdieu, 1990: 53）。プレカリアートの生き方は、つかの間の、フレキシブルな、先のことを考えて手を打っていくというよりも、日和見主義的な、プレカリアート的な働き方に合致している。人々は安全保障の欠如が生み出す恐怖や不安によって、もっと閉じた空間へと逃げ込むかもしれない。だが、それは必ず無規範なアノミー的引きこもりとなってしまうだろう。フレキシビリティと安全保障の欠如に基づいた社会のなかでは、人々は発展的な行動モデルを構築するために時間を使うよりも、時間を浪費してしまうのだ。

このことは、仕事場の概念の崩壊へと私たちを引き戻す。これによってプレカリアートの人生の機会が崩されているのだ。プレカリアートの標準は、仕事場は、あらゆるところにあり、どんな時にもあり、ほとんど常について回るということだ。仕事場の外で仕事や労働をしていることは、自律性や自分自身をコントロールしていることを意味しない。そして統計は嘘を言う。「執務時間（hours at work）」は「労働（勤務）時間（hours of work）」と同じではないのだ。場所と時間が曖昧なことを理由に、自由な労働があると考えるのは誤解を生む。雇い主は、労働者に労働のための仕事を無給でするように促すことができるのとまさに同じように、より多くの人々に公式な仕事場から離れて労働や仕事をするように仕向けることができるのだ。

　力関係が問題なのだ。無給の労働はフリー（free）と言われ、自律的でない不自由な労働はフリーでない（unfree）と言われる。ハートとネグリは、その影響力のある分析のなかで、サービス労働はフリーで、「非物質的」で「測ることができない（outside measure）」と主張した（Hardt and Negri, 2000）。しかし、労働量は計測可能だ。計測される労働の境界は、労使関係での交渉力に依存する。プレカリアートは、安全保障の欠如やフレキシブルな労働習慣のために、今は弱い。労働のための仕事からの利益のほとんどは、労働者を雇う側に流れる。私たちは未知の領域にいて、境界は不明なのだ。しかし、サービスの仕事が「測ることができない」と言うことと、労働のための仕事を測るのが難しいと言うこととは違うのだ。

結論的な要点

　プレカリアートは時間のストレスにさいなまれている。いっそう多くの時間を労働のための仕事に捧げなければならないのだ。しかもそれが、経済的な保障や職業的キャリアと言えるほどのものにつながる見込みはない。労働強化と時間への需要の増大によって、プレカリアートは常に、リスクを背負わされている。疲れ果ててしまうか、ある女性が言ったように、もうろうとしてぼんやりした精神状態に落ち込んでしまうかもしれないのだ。

　第三次的な生き方は、生活時間を配分し、将来の見通しをもって過去の上に積み上げていく際の語り（ナラティブ）を自分でコントロールできないままで、

マルチタスキングにかかわっていくことだ。プレカリアート化されるということは、職業的発展の感覚を得られないままで、ひたすらその場の職務に取り組んでいくという生き方に縛られることだ。私たちは、こちらからあちらへと、注意を引き付けていく信号に反応する。マルチタスキングはそうやって、すべての活動の生産性を下げている。ばらばらになった思考が習慣になってしまう。こうして、創造的な仕事を行い、集中や熟議、継続した努力を必要とする余暇に没頭することが困難になる。それによって余暇は締め出されるが、人々は、精神的な意味で受動的になり、ただ遊ぶことによって楽になるのだ。切れ目なしの相互のやりとりはプレカリアートにとっての阿片だ。ちょうど、ビールやジンを飲むことが産業プロレタリアートの第一世代にとってそうだったように。

　仕事場はあらゆる場所に広がり、拡散し、不慣れな場となり、安全保障地帯ではなくなっている。さらに、プレカリアートが職業的技能をもっていても、それは消えてしまうかもしれない。あるいは、安定したアイデンティティや長期的に持続可能な尊厳のある人生につながる、頼りがいのある切符ではなくなるかもしれない。これは、日和見主義や冷笑的態度の助けとなる不健全な組み合わせだ。こうして宝くじ社会が創り出されるが、そこでプレカリアートが没落するリスクは異常に大きい。

　一方、時間圧縮によって余暇という人生の一部が危険にさらされ、それによって「薄い民主主義 (thin democracy)」がもたらされる。そのなかで人々は政治的活動から切り離されてしまうのだ。もっとも、新しいカリスマ的人物に狂喜させられたり、ショッキングな出来事によって動かされたりして、ほんの短い間、政治活動に向かうかもしれない。いよいよこの点について考察する時がきた。

第6章

地獄に至る政治

　新自由主義国家は新ダーウィン主義者だ。新自由主義国家は競争力をあがめ、個人責任の無制限な拡張を賛美し、市場の力の妨げとなるあらゆる集団的なものに反感をもつ。国家の役割は主として法の支配を打ち立て、それを強化することだとされる。しかし、法の支配が、何人かの新自由主義者が描くように最小限主義だったことはまったくない。それは出しゃばってきては、不服従や集団的な行為を抑制する。それはヴァカン（Wacquant, 2008: 14）が「逸脱したカテゴリーという公式宣告」と呼ぶもの、とりわけ「街の札つき」、「失業者」、「居候」、失敗した人、性格の欠点や行動欠陥を抱える敗者へと次々に拡大していく。

　市場は、「適者生存」というダーウィンのメタファーを体現している。しかし、市場には苦戦している人を、罰すべき、閉じ込めておくべき、または追い出すべき不適合者や悪者に変えてしまうという不穏な傾向がある。政策や制度は、すべての人を潜在的な不適合者や悪者として扱うようにつくられている。たとえば「貧困」な人々は、国家による手当の受給資格を得るために、自分たちが「怠惰」でないことや、子どもたちを毎日学校に通わせていることを証明しなければならない。

　プレカリアートは境界をさ迷っている。このような環境によってプレカリアートは、苦戦している人から逸脱者へ、またポピュリズム的政治家やデマゴーグに踊らされやすい、手に負えない危険な人に変わってしまうかも知れない。これが本章の主な問題だ。

パノプティコン社会

「社会的工場」はプレカリアートの人生がどのように構築されているかというイメージとしては正しくない。より良いイメージは「パノプティコン社会」だ。その社会では、すべての社会的領域が、ジェレミー・ベンサムによって1787年のパノプティコン論文のなかで描かれた形をとっている（Bentham, 1995）。そこには、うわべだけの「自由な市場」社会で政府によってなされることではなく、政府によって許されることが描かれている。

ベンサムのヴィジョンを思い返してみよう。彼は功利主義の父として知られている。それは、政府が「最大多数の最大幸福」を推進すべきという見方だ。これは都合のいいことに、ある人々に対して、多数者の幸福を守るという関心の下に、少数者を徹底的に悲惨な状態に置くことの合理化を許容する。ベンサムはこれを理想的な監獄の設計という恐ろしい方向にもっていった。中央の監視塔に、すべてを見渡せる看守がいることになっている。その監視塔からは、それを円形に取り囲む建物内の独房にいる囚人を見渡せるようになっている。看守には囚人が見えるが、囚人には看守が見えない。看守の権力は、囚人は看守が見ているかどうかを知ることができないという事実に基づく。それによって囚人は恐怖心から、看守が見ているかのように行動するのだ。ベンサムはこれを「選択アーキテクチャ」という言葉で表し、権力が囚人を思いどおりに行動させるよう誘導できるとした。

ベンサムにとってカギとなるポイントは、囚人が見かけ上の選択を与えられていることであった。しかし、囚人は正しい選択をしなければ――それは一生懸命労働をすることだった――、「誰も話しかける人もなく、不味いパンを食べ、水を飲む苦境」に置かれた。さらに囚人が「精神の協調」を形成するのを防ぐために、彼らは孤立させられるべきとした。ベンサムは、新自由主義者たちがそれを悟るのも当然であったように、集団的主体がパノプティコンのプロジェクトを危険にさらし得ることを理解していたのだ。

このアイディアは1970年代にミシェル・フーコーによって、「従順な身体」を生み出すメタファーとして取り上げられた。ベンサムは、彼のパノプティコン構想は病院や精神病院、学校、工場、労役場そしてすべての社会制度に応用

第6章　地獄に至る政治　193

できると信じていた。世界中で彼の構想が採用され、期せずして21世紀の企業城下町によって拡張されてきた。これまでの最悪の事例は中国の深圳であり、そこでは600万人の労働者がどこに行っても監視カメラ（CCTV）で見張られている。そして、アメリカ軍が開発した技術に基づいて作られた統括的データバンクによって、彼らの行動と性格がモニターされているのだ。生産と雇用管理のシステムとして社会科学者が「フォーディズム（フォード主義）」とか「トヨティズム（トヨタ主義）」などと言うように、「シェンチェニズム（深圳主義）」と言うことができるかもしれない。「シェンチェニズム」は視覚的監視と「情報監視（dataveillance）」と行動に関するインセンティブとペナルティとを組み合わせる。それによって、望ましくないものを振るい落とし適切に順応する労働者を見分け、労働者に対して権力が望むように考え、行動するように誘導するのだ。

プライバシーの侵害

パノプティコンの手法は発展のさなかにある。プライバシーや親密空間という、人生の最重要な側面から考えてみよう。そこでは私たちは、秘密や最も尊い感情や空間とともに生きている。それが絶滅危惧種になっているのだ。

何がプライバシーとして正当化されるのかは法的解釈しだいだが、法的な決定はプライバシーを縮小する傾向にある。しかし、パノプティコンの傾向は無慈悲なものだ。監視カメラは至るところにあり、警察によってだけでなく、民間の警備会社や企業、そして個人によって使われている。また、その映像は単に私的な利用に留まるものでもない。一つちょっとした事例を考えてみよう。サンフランシスコの治安の悪い区域のある住人は、路上の安全を気にかけて「アダムズ・ブロック」を始めた。これは、交差点から送られてくるビデオに自由にアクセスできるウェブサイトだ。そのサイトは、プライバシーが侵害されているという警告と苦情がウェブカメラのオーナーに対して寄せられたことによって閉鎖を余儀なくされた。しかし、他の人々が同じ地区のなかでこっそりとカメラを取り付けた。「犯罪と闘い、命を救うように市民を力づける」と謳い、別の新しい名前で生中継をしている。アメリカ全土で、同じような近隣用ウェブカメラがあるということだ。

2007年に始まったグーグル・ストリートビューは、グーグル・カメラが走り回るルート上にある、セキュリティのかかっていないワイヤレスネットワークから、違法に（見かけ上は不注意で）個人情報を得ているとのことで、すでに北アメリカやヨーロッパにおいて情報保護規制当局から注意を向けられてきた。ストリートビューは、人々の家や車、そして人々が何をしているかを世界中で見られるように公開する。しかも、その画像をぼやかすように丁重に申し入れる以外に抗議する方法はない。これに対する対処の仕方がわかる人はほとんどいないだろう。そもそもストリートビューが何を映したかをチェックすることなどできないのだから。

　フェイスブックのようなソーシャルメディアもまた、プライバシーの領域を狭めている。主に若年層からなるユーザーは、自分のいちばん個人的なことがらを、「友達」その他の多くの人々に、面白おかしくあるいは真面目にさらけ出している。位置情報に基づいたサービスはこれを一歩先に進め、ユーザーが「友達」に自分が今どこにいるのかを知らせる（同時に企業や警察、犯罪者にも知らせる）ように仕向けている。フェイスブックの創業者であり最高経営責任者であるマーク・ザッカーバーグは、シリコン・バレーの企業家たちにこう語った。「人々はもっと多くの情報や他のことを共有するだけでなく、それらをもっとオープンに、もっと多くの人々と共有することでほんとうに暮らしやすくなってきたのです…。そうやって進化してきたのが、社会規範なのです。」

　監視からは「警察国家」のイメージが思い浮かぶ。確かに監視は警察から始まり、警察と監視される人々との分断を強めた。だがそれは「下からの逆監視（sousveillance）」も引き起こした。監視者を監視するのだ。2009年ロンドンでのG20の会合に対するデモの最中、一般市民が携帯電話で撮影したビデオによって、警察官がただ道を歩いている罪のない男性を殴っていたことが明らかとなった。その男性は亡くなった。その出来事は警察が必ずしも人々を保護する存在ではないということを思い出させた。こうして、下からの監視が広がるにつれて、警察の監視はもっと先手を打つようになるだろう。警察を監視する人々は警察にとって脅威であるために、対処すべきカテゴリーへと変えられることだろう。

　プライバシーの侵害と、私たちの生活を奥深くまで透視する技術的可能性

は、パノプティコンとその目的を私たちの生活のあらゆる側面へと拡張するための基盤となっている。身体の内側からの監視さえ存在する。アメリカの製薬会社によって作られた新たな錠剤は、医師に体の内側からのデータを提供するのだ。これを有益なものと捉え、自由選択の問題だと考える人もいるかもしれない。しかし次のような場合も起こりうる。もし私たちが体内の監視に同意しなければ健康（そしてその他の）保険の掛け金が引き上げられるかもしれないし、もしかすると保険の適用を拒否されるかもしれない。このような技術は、保険会社による義務化や強制となり得るのだ。

インターネット上では、監視はビジネスだ。人々のウェブ検索やソーシャルメディアのページ、その他のインターネット活動から得られる情報は日常的に営利企業に流されている。ソーシャル・ネットワークは「のぞき趣味的な友だち作り」として始まったのかもしれない。しかし、それは商業的な、あるいはもっと不吉な動機に吸収された「監視の共同作業」となりつつある。ネット監視社会が作られようとしているのだ。

アメリカの国家ブロードバンド計画（Federal Communications Commission, 2010）が指摘するように、今や一企業が個人の「デジタル・アイデンティティ」プロフィールを構築することが可能なのだ。「それには、ウェブ検索、訪れたサイト、クリックの流れ、Eメールの相手と内容、地図検索、位置情報と移動、カレンダーの予定、携帯の電話帳、健康記録、学歴、エネルギー使用量、写真とビデオ、ソーシャル・ネットワーク、訪れた場所、何を食べたか、何を読んだか、エンターテイメントの嗜好、そして購買履歴などが含まれる」。だが、ほとんどの人々は、自分について何の情報が集められ、誰がそれにアクセスできるのかを知らない。

2007年にフェイスブックが、会員がオンラインで購入したものを詳細に「友達」に対して自動的に通知する「Facebook Beacon」を始めた時、MoveOn. orgによる下からの逆監視キャンペーンによって、フェイスブックはそのアプリケーションをユーザーから明示的に公開の意思表示を得なければならない「オプトイン」のプログラムに切り替えることを余儀なくされた。2009年には、Beaconはプライバシーを求める集団訴訟の後に廃止された。だが、フェイスブックは依然として「もっと使える情報ともっと自分に合った体験をあなたに

提供するために」ニュースサイトやメッセージ・サービス、ブログのようなほかの情報源から会員の情報を集めている。ほとんどのユーザーは、惰性によってか無知によってか、情報を広く共有するフェイスブックのデフォルトのプライバシー設定を受け入れている。アメリカのある調査によると、雇い主の45％は、従業員志望者のソーシャル・ネットワークのプロフィールをチェックしている。アメリカの外のユーザーもまた、実感が伴わないまま、個人的なデータがアメリカに送信され、処理されることに同意している。ユーザーは、いつ、またはどうやってそのデータが使われているのかを知らされていない。

　ウェブサイトでのプライバシーの制御はうまく機能してこなかった。電子システムはプライバシーを侵食し、国家にパノプティコン・システムを構築するための恐ろしく強力な手段を与えてきた。プレカリアートの人々は最も脆弱な立場に置かれている。なぜなら、プレカリアートの活動は、監視や主観的判断にさらされやすい公開されたものであり、またその結果も、他の人以上に公開されているからだ。

　正当な理由のない通信傍受も広がっていて、それは私たちみんなを監視している。「テロとの戦い」はパノプティコン社会の到来を近づけた。アメリカの国家安全保障局（NSA）は、地球規模で対応できるシステムとして、デジタルな身元確認と監視の技術を開発した（Bamford, 2009）。NSA は今や、私たちがコンピュータや電話線を通して行うすべてのことに対して、法に基づかずに自由にアクセスできる。この監視-産業複合体は地球規模だ。中国政府はアメリカに匹敵する。2010年に北京で全国人民代表大会が開かれた際には、70万人の公安要員が街中に配置された。人民大会堂のなかで委員によって出された提案には、すべてのインターネットカフェの経営を政府が行い、全ての携帯電話に監視カメラが取り付けられるようにとの要求が含まれていたと言う。もうすぐそんなことを語ることさえできなくなるだろう。

パノプティコンの学校教育

　それは早くから始まる。学校や大学は、教育、監督、規律訓練そして評価のためにコンピュータを使っている。あるスウェーデン人ビジネスマンは、大勢のスウェーデンの児童・生徒向けに使われている自動化された学校教育モデル

を作り出した。それは輸出され、商業的成功を収めている。子どもたちは厳重に監視されるが、先生とは一週間に15分しか会わない。イギリスの前首相であるトニー・ブレアはこのシステムのロンドンの公立学校への導入に心を惹かれていた。

アメリカのいくつかの学校では、生徒にセキュリティソフト付きのノートパソコンを支給してきた。そのソフトはコンピュータについているウェブカメラの遠隔起動を可能にし、それによって学校側は生徒に知られることなく、いつでも生徒を監視できる。2010年2月、ある学校が「家庭における不適切な行動」にふける生徒を非難したことを受けて、生徒たちは、フィラデルフィア郊外の学区に対して集団訴訟を起こした。それは間違いなく生徒の市民的権利の侵害だった。個人的な秘密を知ることによるゆすりの可能性を開くというだけでなく、このような技術は、従順な精神と身体を作り上げるパノプティコン社会をももたらすのだ。ニューヨークのサウス・ブロンクス地区のある中等学校はノートパソコンにソフトウェアをインストールし、画面に映されているものは何でも教職員が見ることができるようにした。その学校の校長補佐は、毎日生徒が何をしているかをチェックし、しばしばフォト・ブースというプログラムを使って観察していた。そのプログラムは、ウェブカメラを使って画面を実質的な鏡に切り替えることができる。彼はドキュメンタリー番組でこう語っている。「私はいつもそれをいじって、生徒の写真を撮るのが好きなんです。」

私たちのほとんどは、自分たちがこのような監視の対象となっているかどうかを知らない。先のフィラデルフィアの子どもたちは間違いなく知らなかった。しかし、行動を監視するための手法が存在し、そのデータは、人々が大人になる時に引き出され、利用され得るということは事実だ。これが今まさに起きていることなのだ。

採用、解雇、仕事場の規律訓練

企業や組織の採用や規律訓練、昇進や解雇戦略へのパノプティコン機構の侵入は長い間ほとんど野放しだった。それは特にプレカリアートの生活機会を巧みに、さまざまなやり方で危険にさらしている。

新自由主義国家は、差別のない労働慣行を主張し、「メリトクラシー」の本

質としての平等な機会を吹聴する。しかし、コンピュータによる監視や保険市場、助成を受けた行動心理学的研究などに基づく、差別の手法や慣行には、おおむね目をつぶっていた。その結果として行われる差別はより洗練されたものだが、ジェンダーや民族、年齢、学歴に基づく露骨な形のものと同じように機能する。最新の差別の方式は遺伝子プロファイリングだ。独裁的なシンガポールで重要な研究が行われてきたのもうなずける。そこでのある研究は、特定の遺伝子の変異体（HTR2A と呼ばれる）をもった人がいかに気分にむらがなく、従順な労働者になれる傾向があるかを明らかにした。この先駆的な研究のもつメッセージとはなんだろうか？　一時雇用労働者に HTR2A 変異体を与えろということだろうか、それともその遺伝子をもたない人を排除しろということだろうか？

　ホルモン物質も登場する。日本での研究は、ストレスホルモンのコルチゾールのレベルが低い人が、それが高い人よりも、後になればもっともらえるという希望を抱いて現状の低賃金を受け入れやすいことを示している。あなたが誰かを一時雇用の職で雇うとして、もし応募者のホルモン・レベルについて知っていたとすれば、どの人を雇うだろうか？　さらに、テストステロンというホルモンがある。高レベルのテストステロンをもつ人は、支配欲やリスクを取るという欲求を伴う。ほとんどの職、特に不安定な職の場合、雇用主は、地位が低く強く管理されることに不満を抱くような労働者を雇いたがらない。すでに述べたシンガポールの研究では、高レベルのテストステロンをもつ人の場合、チームワークに順応する能力が低いことが示された。ある人のテストステロンのレベルを特定することは難しいことではない。口のなかに綿棒を入れるだけだ。あるいは、企業は応募者が済まさねばならない「適性検査」に細工することもできる。

　プレカリアートは慎重であらねばならない。その人の生き方はテストステロンのレベルに影響を及ぼすからだ。テストステロンは、エキサイティングな生活を送れば上昇し、従順な生活を送れば下がる。職を得られるかどうかは、テストステロンのレベルを低く保つことにかかっているのだ！　このようなシナリオを、みだりに恐怖を煽るものとして退ける人もいるだろう。だが、このような遺伝子研究の目的は何だろうか？　その利用に抑制がかからない限り、行

動の選別はいっそう強まるだけだろう。『エコノミスト』誌（The Economist, 2010c）は、それが「経営科学を本当の科学に」するだろうと熱狂している。しかし、それどころか遺伝子の研究は、むしろ社会工学に繋がっていくのだ。

　このような展開とは別に、金融面の信用記録の悪い求職者を排除するアメリカ企業が増えている。それらの人々がリスクの高い従業員になると信じてのことだ。つまり、あなたの仕事外での過去の行いが、あなたに反して利用されるのだ。会社はこれを組織的に行っており、性格の特徴や過去の微罪、人間関係などを調査するために SNS のサイトまで利用している。しかし、これは不公正な差別だ。「悪い信用」という結果にはさまざまな理由がある。それには病気や家族の不幸も含まれる。その人がとり得る行動について、ぞんざいな尺度でこっそりふるい落としをかけることは不公正だ。

　企業が求職者に対して、時間のかかる履歴書を作り上げることを求めていて、どこかの段階でそれに対する抵抗が起こるだろうと先に述べた。それは従うことを不機嫌に拒否する、無規範なアノミー的反抗だろうか？　それとも、いかさまの応募を集中させて募集機関をパンクさせるような「原初的反抗」活動だろうか？　あるいは、企業がすべきこと、すべきでないことを決めた規則を作らせることで、人格に対する検査を制限するキャンペーンを張る、組織化された抵抗を通じた政治的な抗議活動だろうか？　最後の抵抗の仕方は名誉あるものとなり得る。それはプレカリアートの状況に共感する人々から、プライバシーの権利を主張するものとして、そして権利の侵害を拒絶するものとして、尊敬を集めることだろう。

　採用された後も、パノプティコンは第三次的仕事場の構成要素であり続ける。ナショナルな産業資本主義は企業城下町を生み出した。アメリカには2500以上の企業城下町があった（Green, 2010）。このようなパターナリズム（家父長的温情主義）的発想は修正された形で残っていて、そのいくつかは巨大な企業の創造物に発展している。IBM やペプシ・コーラは人里離れたところに町一つ分の規模の拠点をもっている。中国企業は、深圳とともにさらにその先へ進んでいる。フォックスコンはグローバル・リーダーだ。しかし、それらはみなパノプティコン市場社会の顕著な例なのだ。

　2010年の初頭、ウォール・ストリートの企業が、管理職に「戦術的行動評価」

の技術を教え込むために現役の中央情報局（CIA）職員を「副業」として雇っていたことが明らかとなった。それは、言葉や振る舞いたとえば貧乏ゆすりや「正直に言えば」とか「率直に言えば」のような言い方を手がかりにして、従業員の正直さをチェックする方法だ。

　職におけるプライバシーは消えつつある。ほとんどのアメリカ企業はいまや新入社員にたいして、プライバシーや会社のコンピュータ上のあらゆるコンテンツの所有について、社員は何の権利ももたないと書かれた電子コミュニケーション・ポリシーにサインすることを求めている。コンピュータに記録されたものは何であれ、企業に属するのだ。あらゆるノートや写真、メモ書きは譲渡される。それだけでなく、企業はいまや解雇予告期間を与えるよりも、従業員を即座に追い払うことを好んでいる。その期間中に従業員が情報や連絡先リストなどをダウンロードできるかもしれないからだ。

　アメリカン・マネジメント・アソシエーション（AMA）とイー・ポリシー・インスティテュート（ePolicy Institute）による2010年の調査によれば、アメリカの雇用主の3分の2が従業員のインターネット利用をコンピュータ上で監視している。これは遠隔操作であり、従業員にはわからない。従業員は、セクシャル・ハラスメントをしていないか、上司の悪口を言っていないか、企業秘密を漏らしていないかなどを監視されているのだ。

　いまや経営陣はコンピュータの画面を見て、キーボードの動きを捉え、よくアクセスするウェブサイトを特定し、GPS が使える携帯電話やウェブカメラ、超小型のビデオカメラによって労働者がどこにいるのかを追跡できる。『そんなことまでできるのか？』（Maltby, 2009）の著者ルイス・モルトビーは、監視の増大を財政逼迫とそれがますます簡単になったせいだとした。財務改善のために、企業は厳しいコントロールとコスト切下げを望んでいる。そして会社は自動監視ソフトや労働者追跡用カメラを地元の店やインターネット上の小売業者から買うことができる。簡単なことだ。

　監視システムを提供している多くの企業の一つ、スマーシュは1万を超えるアメリカ企業を相手にサービスを提供している。その最高経営責任者（CEO）は自慢してこう言う。「従業員は、自分たちが見られていると想定すべきなのです」。ある全国調査では、従業員の2人に1人が、E メールやインターネッ

トの誤使用によって解雇された人を知っていると答えている。また、不適切な携帯電話の使用やインスタント・メッセージの誤使用、または不適切なテキスト・メッセージによって解雇された人を知っているという人も多かった。解雇のための監視も、採用や普段の規律付けのための監視と同じくらい広がっている。監視は直接的で、個人的で、暴力的だ。これからはもっとそうなるだろう。

イギリスの労働党政府に支持された従業員監視の形態は、「顧客」によるサービス提供者に対するオンラインでの評価付けだ。これはまるでさらし者であり、汚名を着せることによってコントロールしようとするひどいやり方だ。厚生大臣は、患者が医師を評価できる仕組みを導入した。絶え間ないフィードバックを求める社会は、専門家が専門家たることを信じない。医師に評価をつけるウェブサイトは、同様の教師に対する評価制度を受け継ぐものだ。教師は、何の説明責任もなしに自分たちを誹謗することに意地悪な喜びを感じる子どもたちに、しつこく悩まされ続けるべきだろうか？　これは専門家という存在を傷つけ、専門家がプレカリアートの方に放り出されるというリスクを生み出す。なぜ、厳格であることによってオンラインで恥をかかされるリスクを負うのか？　いっそ子どもたちの望むようにしてしまえ！　こうなってしまうと、評価制度はエンパワメントの幻覚になってしまう。それは、専門家の責任とプロフェッショナリズムを堕落させる。そのうち、みんなが自分以外の全員に評価を付けるようになるだろう。

リバタリアン・パターナリズム信奉者としての国家

行動経済学は社会経済政策の新しい考え方の一つであり、これがリバタリアン・パターナリズムを生み出した。バラク・オバマのシカゴを拠点としたアドバイザーであり友人でもある２人、キャス・サンスティーンとリチャード・セイラーによる影響力のある本、『実践　行動経済学（原題は *Nudge*）』（Thaler and Sunstein, 2008）は、人々がもつ情報が多すぎるので非合理的な決定をしてしまうという考えを前提としている。人々が最も得をする決定を行うためには、進む方向を決められ、そっと後押し（nudge）されなければならない。著者らはその考えがベンサム由来とはしないが、国家が「選択アーキテクチャ」を創り出すべきだという。

アメリカ大統領になる時に、オバマはサンスティーンをホワイトハウス内にある情報・規制問題室（OIRA）長に指名した。その間、イギリスでも保守党の党首デイヴィッド・キャメロンが議会メンバーにその本を読むように指示していた。彼は2010年に首相になる時、セイラーにアドバイスを受け、ダウニング街に「行動洞察チーム（BIT）」、別名ナッジ・ユニット（the Nudge Unit）を立ち上げた。その任務とは、「社会」の利益のために、人々に「よりよい」決定を行うよう促すというものだった。

　人々を方向付けることは常にいかがわしいものだ。人々を後押しする側が、どんな人に対しても何が一番いいかを知っているなどということが、いったいどうしてあり得るだろうか。今当たり前とされている知恵は、過去には誤りとされてきた。賢明でないと思われた政策や実践が後になって一般的なものとなったこと、そしてその逆のことが起きたことはしょっちゅうだ。導かれた決定が間違いだとわかった時、それが不運な事故につながった時、いったい誰が責任を取るというのだろうか？

　このような後押しがいかに進展しているかの一例を挙げよう。2010年にイギリスの国民保健サービス（NHS）は人々に、「治療記録概要」を提供するという通知を出した。これは人々の治療履歴を渡すというものだ。その履歴は医療従事者であれば誰でも利用可能となるようになっていた。その通知を受け取った人々は、意図的に作られた「選択の環境」に直面した。人々は不参加を選ぶか、自動的にそれに加わるかを決めろと要求されたのだ。しかし、その通知には不参加の記入用紙は同封されておらず、したがって不参加を望む人々はウェブサイトに行き、ダウンロード用の記入用紙を見つけ、印刷してそれに署名し、自分のかかりつけの総合診療医（GP）に書面で送らなければならず、そのうえで自分の意思への対応を願うしかない。退出することのコストを高めることで、また「推定同意」のバイアスを与えることで、意図的にお役所主義的なハードルが上げられてきたのだ。

　このようなやり方から、最も退出しそうにないのは、教育を受けていない人々、貧しい人々、大半がオンライン環境へのアクセスをもたない高齢の「デジタル排除」を受けた人々だ。2010年現在、イギリスの65歳を超える人々のうち63％がインターネットへのアクセスをもたない世帯に暮らしている。政府事

第6章　地獄に至る政治　203

業の「デジタル・インクルージョン・チャンピオン」の主導で、より多くの人にアクセスをもたせる政府の圧力がある。そしてアクセスをもたないことのコストが引き上げられている。その結果、人々はインターネットへのアクセスをもたないことで不利な立場に置かれつつある。

　昔ながらの国家パターナリズムは政府には好まれる。それにより市民は幼児化され、プレカリアートの一部は悪魔化される。2009年には、イギリスのビジネス・イノベーション・技能省は、失業して親に頼って暮らす学卒者の両親に向けて、『ペアレント・モチベーター』と呼ばれる案内書を出した。これは、学校を卒業したばかりの人々が基本的な意思決定ができないことを明確に前提とした人を見下すものだった。ある論者は、教育を受けた20代の大人が「公式に幼児化されているのは初めてのことであり、さらにそれは、多くの近代的学位の価値についての高まりつつある疑念を晴らすような動きだともうてい言えない」と結論付ける（Bennet, 2010）。同じ類の案内書には、『緊急事態への備え』、幼児性愛者をどうやって避けるかの『ブレイクアウト』、『酷暑情報』、どうすればいい父親になれるかについての『パパ・カード』、そして『健康な朝食』というツールキットがある。

　『ペアレント・モチベーター』はコンサルタント心理学者によって公費を使って書かれ、親たちに自分の子が失業していることを半ば罵るよう提案し、「愛のムチ」の使用を促している。その著者の１人は次のように言う。「親が家にいる生活を快適なものにしすぎているのなら、子どもたちはどうして職に就こうとするでしょうか？」少なくともこの著者は、職それ自体が魅力的なものではないと認識している。しかし、そこにはパターナリズムによって人々を方向付けようとやっきになっている国家がある。それは同時にプレカリアートの一部を悪魔のように扱うことにもつながっている。この失業者たちは自分がどうやってふるまえばいいかわからないのだ、と！

　プレカリアートの生活を圧迫するために行動経済学とリバタリアン・パターナリズムが利用される例は枚挙にいとまがない。それはとりわけ「オプトアウト」ルールの狡猾な使い方によるものだ。オプトアウト（同意の取り消し）を困難にし、「オプトイン（同意する）」ことをほとんど義務にするのだ。新しい決まり文句は「コンディショナリティ」だ。条件付き現金給付（CCTs）政策は

驚異的に広まってきた。メキシコの「プログレサ計画（今はオポルトゥニダデス）」や、2010年には5000万人以上の人々に現金を届けたブラジルの「ボルサ・ファミリア」をはじめ、主な例はラテンアメリカ諸国で見られる。ラテンアメリカの17ヶ国がCCTsの制度をもつ。このような仕組みの本質は、人々が、ある決められた仕方で行動する限りで、国家からの少額の給付を現金で与えるというものだ。

　コンディショナリティはアメリカを含む富裕国に輸入され、中・東欧では広く利用されてきた。最も綿密なものの一つが「オポチュニティ・ニューヨーク―家族報酬」だ。これは、特定の行動または非行動に対して信じられないほど複雑な金銭的インセンティブとペナルティを付けた実験的な計画だった。すべてのCCTsの前提は、人々は自分自身にとって、また「社会」にとって最良の仕方で行動するように促される必要があるということだ。こうして世界銀行（Fiszbein and Schady, 2009）は、CCTsが「根強い見当違い」を克服できると信じている。世界銀行は、世代を超えた剥奪の再生産が貧困の原因であり、CCTsが人々に責任をもって行動するように促すことによって、このサイクルを断ち切れると考えているのだ。

　このアプローチのもつ道徳性はうさん臭い。それは「選択アーキテクチャ」を創り出すベンサムのプロジェクトの典型的な例だ。自由だけでなく個人の責任をも切り崩しているのだ。プレカリアートに関連するのは、若い成人をターゲットにした「第二世代のCCTs」についての議論だ。すでに、多くの給付の仕組みにはコンディショナリティがあり、これらは厳格になってきている。たとえばイギリスでは、医師は自分の患者が障がい者給付を受けている場合、雇用可能性（エンプロイアビリティ）の度合いを報告するよう求められている。これは医師と患者との内密な信頼関係を社会のための警察活動に転換することだ。

　このような傾向がどこに向かうかを案じるべきだ。インドでは、リバタリアン・パターナリズムの考えにしたがって、経済的に不安定な女性をターゲットにした現金給付制度がある。その制度は女性たちに、1人目の子どもが成人になった時に現金が与えられることを保証する。ただし、2人目の子どもが生まれた後に不妊手術を受けることが条件となっている。これもまた、「選択アーキテクチャ」を創り出しているのだ。

第6章　地獄に至る政治　　**205**

プレカリアートを「幸せ」にする

　その間に、1990年代から社会政策を席巻しているパターナリズムの信奉者たちは、人々を「幸せ」にする欲望を中心として構築された功利主義的心性を洗練させていた。幸せの提供は宗教まがいとなり、「幸せの科学（サイエンス・オブ・ハピネス）」と呼ばれて権威付けられるほどになった。フランスやイギリスを含むいくつかの国では、人々の幸福を測るために公式統計がまとめられている。

　私たちが、政治家やそのアドバイザーが人々を「幸せ」にしたいと望む社会にいると考えてみよう。人々を労働させるための功利主義的合理化は洗練され、広まってきた。カルヴァンは良き仕事を為す者には救済が訪れると言い、資本主義を神聖視した。だが私たちのいる社会は、政策立案者や評論家が、職（job）が私たちを幸せにするのだと称する初めての社会なのだ。

　職は私たちを幸せにする、職は私たちが誰であるかを決める、職は私たちを充実させると言うことによって、私たちは精神的葛藤の根源を築いている。なぜなら私たちが行わなければならない職のほとんどは、そんな期待には応えられないからだ。プレカリアートはストレスに苦しむことになる。私たちは幸せであるべきだ。だが、私たちが幸せでないのは何故か？　まともな反応はこうであるべきだ。職は私たちを幸せにするためにあるのではない。それゆえ私たちは職を主に手段として、所得を得るための手段として扱うべきだ、と。私たちの幸せは主に私たちが労働の外で行う仕事や余暇や遊びから生まれるものだ。それは職から得られる所得の安全保障から生まれるものであって、職それ自体から生まれるものではない。

　これが社会政策にとっての前提として受け入れられれば、私たちは時間の使い方のバランスを追求することができる。直感的に、プレカリアートの人の多くはそれを理解するだろう。必要不可欠な基本的安全保障と、時間をコントロールできるという感覚を社会経済政策が与えてくれないために、プレカリアートは安定して充実した生き方に移ることができないのだ。

　職と遊びに基づいた快楽主義者の幸せは危険なものだ。際限なく遊んでも退屈になるだろう。その喜びはつかの間で、自ずと限界がくる。もう十分と思っ

たところでやめてしまうことになる。遊びから得られる喜びははかないものだ。それに依存する人は破滅する運命にある。快楽主義は自滅的だ——快楽主義がそれに囚われた人に科した、踏み車踏みの懲罰だ。だから快楽主義者は退屈を恐れる。偉大な哲学者バートランド・ラッセルは退屈が必要なことを理解し、素晴らしいエッセイである『怠惰への賛歌』でそれを一番よく表現した。遊びと「快楽」を通じた快楽主義的な幸福は、最終的に中毒と快楽以外のあらゆるものに対する不寛容を引き起こす。これは行動生物学者ポール・マーティンの著書、『セックス、ドラッグ、チョコレート——快楽の科学』（Martin, 2009）によって明るみに出された論点だ。

充実とは、ふだんの生活や人間関係によって満たされることだ。幸せの物神を創り出すことは文明社会の処方箋ではない。プレカリアートは、似非科学と後押しを通じて国家が提供する、現代版のパンとサーカスに用心しなければならない。

セラピー国家

人々を幸せにするのだと言いながら、リバタリアン・パターナリズムとその背後に横たわる功利主義はセラピーというカルトを解き放ってきた。それは19世紀末の大衆的な安全保障喪失の時代に起きたことの再来だ（Standing, 2009: 235-8）。今日のそれの支配的な手法は認知行動療法（CBT）だ。これはアメリカで始まったが、下品な商業的スピードで世界中に広がっている。

イギリスでは2008年の金融恐慌以降、政府はストレスやうつ病の構造的要因に対処する代わりに、対症療法としてCBTを持ち出した。政府は、何百万もの人々が不安やうつ病に苦しんでいるのだと、まるで不安とうつ病が同じであるかのように訴えた。認知行動セラピストは人々に対して、どのように暮らすのか、どのように反応するのか、またどのように自分たちの行動を変えるのかを教え込むことを期待された。政府は「心理療法アクセス改善（IAPT）」プログラムを開始した。それにより、誰もがかかりつけの医師によって国民保健サービスのCBTに紹介されることが可能となった。これは公共職業安定所にメンタル・ヘルス・コーディネーターが配置される「談話療法」プログラムによって強化された。政府の主張はこうだ。職業安定所が失業者を国中のセラ

第6章　地獄に至る政治　**207**

ピー・センターに送り出すので、CBT は就業率を高めるだろうというのだ。医師の紹介の必要も免除された。治療法は特定されているのだから、面倒な診断なんていらないというわけだ。

　政府は、8回のセッションという初期治療に対する資金を積み立てた。5年以内には誰もが治療を「自ら受ける」ことができるようになるという計画だった。8回の CBT のセッションが、政府の主張通り「イギリス人を働かせる」ことになるのかは定かでない。人々の困難の原因を認識することなく、経済運営失敗の犠牲者たちを治療し、自分たちにはセラピーが必要であると思うよう仕向けることが狙いだったのだ。

　あなたがもし、失業を繰り返し、食べものを買うのにお金が足りるかどうか、来月どこで寝ることになるのかに頭を悩ませるプレカリアートとして生きているなら、不安になるのが当たり前だ。なぜこの当然の不安が、高価なセラピー治療の理由になるのか？　それは不安をもっとひどい病気であるうつ病に変えてしまうかもしれない。この問題を吟味するには、リバタリアン・パターナリズムの選択原則に当てはめてみればいい。失業者に、8回の CBT セッションかそれとも等価の現金か、どちらかを選ばせればいい。ほとんどの人が現金を選ぶのは火を見るより明らかだ。まちがいは、「選択アーキテクチャ」がそのように設計されなかったことから始まったのだ。

　労働党政府は、障がい者給付の受給者に対して「雇用支援給付」を受ける前に CBT を受けさせるべきかどうかを検討していた。ある官僚はこれを、「人々が長期の障がい者給付にいくのを阻止するための8週間」だと表現した。誰に CBT が「必要」なのかを、医者ならぬ政治家や官僚が判断するというのだろうか？　権力はすぐにこう言い出すだろう。人々が CBT を受けない限り、扶助の受給資格を失うことになるのだと。しかも CBT を受けることは機密扱いにされるのだろうか？　それとも、その人の「弱点」の結果として治療を受けることになったという事実が、潜在的な雇い主に伝えられるのは当然だとでも言うのだろうか？

　セラピーそれ自体は何も悪くない。いかがわしいのは、国家が社会政策の一環としてそれを利用することだ。それはパノプティコン国家の一部であり、「従順な精神」を創り出すために失業した人々に押し付けられているのだ。そして、

つまらなくて地位の低い不安定な職は拒絶されるべきだというような反骨的な
思想を抑止するために利用されている。人々がそんな職を拒絶できるように
なって初めて、そのような職の提供者は職の条件を改善するか、あるいはその
ような職は人間がやるべきでないとしてなくすことを迫られるだろう。

ワークフェアとコンディショナリティ

　社会政策をより「条件付き（コンディショナル）」にすることもリバタリアン・
パターナリズムの指針の一つだ。それは受給者が国家によって定められたとお
り、つまり表向きは自分たちにとって最善になるように行動する限り、国家は
扶助を提供するというものだ。たとえば、短期間の受給資格は与えるが、その
後で、職か訓練かの受け入れを求め、従わない場合は扶助を打ち切り、オンラ
イン・データベースのどこかに保存される永続的な汚点を残すリスクを負わせ
るというプログラムがそうだ。

　プレカリアートの目の前には、ワークフェア（workfare）と誤って名付けら
れた（これを予測した批評としてはStanding, 1990を参照）「レイバーフェア（labour-
fare)」のいくつかの変種が提示されている。一つの形は、扶助の魅力をなくし、
誰も受給を望まなくすれば、どんな職にでも就くようになるというものだ。こ
れは2010年選挙の直後にイギリス政府に対して助言をするためにダウニング街
に招かれたアメリカのリバタリアン、ローレンス・ミードの考え方だ。彼の扶
助受給者に対する見方はこうだ。「政府はあの人たちが自分自身を責めるよう
に説得しなければならない」(Mead, 1986: 10、強調原著者)。別の形の考え方は
こうだ。新しく失業者になったり、数ヶ月の間失業していた人は誰であれ必ず
職が提供される。しかし提供された職は必ず受け入れなければならない。断れ
ばそれ以後の失業手当の受給は打ち切りになる。このような考え方は非常に古
くからあり、スピーナムランド制や救貧法やワークハウス（救貧院）にさかの
ぼる。

　言語は物の見方を形成するために利用される。イギリスの連立政権は、「ワー
クフェア」計画は「働かない習慣を打ち破ること」を意図したものだと主張し
てきた。失業者や、他に助けを必要とする人々にそのような「習慣」があると
証明した人は誰もいない。多くの人が失業したり、労働市場の周縁にいる原因

第6章　地獄に至る政治　　209

は、そのような習慣とは何の関係もないことを示す重大な証拠がある。多くの人が、労働中心主義者が仕事と認めない「仕事（work）」をあまりにもたくさん抱えているのだ。たとえば病弱な親類や子どもを世話することがそうだ。また、多くの人が突然症状が出るさまざまな突発性障害を抱えている。

この習慣だと言い張られたものを打ち破るために、求職者は義務的就労活動として週30時間の職に4週間就くことが求められるようになると発表された。もしそれを断ったり、斡旋された職をやり遂げられなかった場合、失業給付は3ヶ月間停止される。これは、失業を契約に基づく取り決めにすることを意図している。失業者は国家との契約に従って給付を受けるために働くのだ。その背後にある動機は、失業者が行うように要求される職が明らかになった時にむき出しになる。ごみ掃除に壁の落書き消しだ。

2010年11月の『福祉白書』は、給付依存という「国家危機」が存在するのだと力説した。それは450万の人々が「非就労（out-of-work）」者給付を受給しているという事実が示しているということのようだ。雇用年金大臣のイアン・ダンカン・スミスは、過去10年間で300万近くの職が移民に渡ったと述べ、その一因はイギリス人が社会保障給付「中毒」になっているからだと主張した。ここでは二つの主張が一つの結論にまとめられている。移民が職に就いたのは、その人々が特定のスキルをもっていたからかもしれない。あるいは低賃金で働く用意があったからかもしれない。あるいはオープンでフレキシブルな労働市場なので、移民たちはたまたまいるべき時にいるべき所にいたというだけかもしれない。市民ではない移民の場合、雇用者は何のお咎めなしに解雇できるというまさにそのことによって職を得ることができた人もいるかもしれない。若いイギリス人の労働者が若さゆえに得る機会がなかった経験をもつことで職に就けた人もいるかもしれない。雇い主から能率が悪いと思われている高齢労働者が追いやられ、代わりに入った人もいるかもしれない。これらすべてはあり得る仮説だ。社会給付の存在と「イギリス人の職を奪っている」移民とを直接結び付けるのは単なる偏見でしかない。

膨大な数のイギリス人が国家による給付の「中毒」になっているというもう一つの主張もまた違った形の偏見による議論だ。何百万もの人々が給付を受けているのは、高失業率や、多くの一時雇用やパートタイムの職——そう、プレ

カリアートだ——の稼ぎが少ないこと、もしくは障害や疾病、体が弱いことなどによるものだ。政府は多くの人々が直面している貧困や失業、不安定性の罠を解決すべきだった。そのどれも、給付に依存しているとされた人々のせいではない。

　良く知られた「貧困の罠」は、所得の増加に伴う給付の減少幅がもっとなだらかにされたとしても、資力調査があり続ける限りなくなりはしないだろう。「失業の罠」もまたなくならないだろう。労働市場の最底辺での賃金が下がれば下がるほど、失業給付が生存に適切な水準のままならば所得代替率は高まるからだ。その一方で、「不安定性の罠」はひどくなっている。ある場所である職が創出され、失業者がどこか別の貧しい地区に住んでいるとする。さらにそれが低賃金で一時雇用、そしてパートタイムの職だったとしたら、給付を受けている者がその職に就くには非常に大きなリスクがある。コストをかけて長い距離を通勤しなければならず、生きている意味やアイデンティティを与えてくれる家族や友人、居場所のネットワークを危険にさらすというリスクを負うことになる。さらに、何ヶ月もかけてやっと得たかもしれない給付を手放さなければならない。しかも、その職は数週間だけのものかもしれない。それなのに失業者にはこれらすべてを行うことが求められているのだ。

　誰かが無理やりさせられるかもしれないような類の職が、一般的に職というものへの反感を生み出すことも不安定性の罠の一部だ。失業者が就くように駆り立てられている職が、善く働く習慣や労働への愛着につながると考えるのは中産階級の偏見だ。

　イギリスにおけるワークフェアはプレカリアートを拡大させるだろう。それにより何十万もの人々が、ずっと続けたいと思わないようにわざとつまらないものにされている一時雇用の職に就かされるだろう。斡旋されるのがまともな職であれば、それにわずかな給料が支払われることで、同じような職に就いている他の人々がまともな賃金のために交渉するのは困難になるだろう。しかし、他のすべてのワークフェアの施策と同様、斡旋されるのが「まともな職」だなどと考えるべきではないだろう。強制された4週間の職が働かない習慣を「打ち破る」のかどうかも定かではない。むしろ逆で、多くの人々がむっつりと不機嫌になり、憤慨するだろう。さらに強制されたフルタイムの職をこなす

第6章　地獄に至る政治　211

ことは、まともな職を探す妨げになるだろう。

　ワークフェアの施策は公的支出を減らすこともない。それは高い行政コスト
と生産性の低い「職」を必要とするので高くつく。ワークフェアの主な意図と
は、職を創出することではなく失業者に給付を申請するのを思い留まらせるこ
とによって失業水準を捏造するということなのだ。アメリカでの研究は、1990
年代に類似の枠組みを導入したことに始まる福祉給付受給者名簿の削減分が、
おもに職をもたずに、労働力から退出している人々のものであることを明らか
にした。その政策は人々を貧困化させていたのだ。

　ワークフェアの主唱者は経済学の基本を無視している。市場経済には、効率
性のためやインフレを抑えるためという理由で多少の失業が必要なのだ。失業
者自身が職を探す時の期待や志望を調整しているというだけでなく、他の人々
もまた、互いに競い合ったり、自分たちの生活を向上させる方法を考えたりし
ている失業者の存在に合わせて行動しているのだ。

　社会民主主義者や労働中心主義者はワークフェアの基礎を築くなかで、文字
通り受けとられれば破滅的となり得る変わり種を持ち出している。すべての失
業者が職を「保証され」るべきであり、それがすなわち「働く権利（right to
work）」に実質を与えることだと主張する。要するに、彼らは労働（labour）と
職（job）を最大限に増やしたいのだ。それが権利や、幸福と社会的統合を達成
する手段を与えることだと考えているのだ。この解釈は、多くの人々が職から
はほとんど喜びを得ていないという明白な事実に真っ向から逆らうものだ。多
くの人々は反復的で意味のない作業や、汚くてわずらわしい作業をせざるを得
ないのが、その理由はただ一つだ。自分が暮らし、扶養家族を助けるのに必要
な所得を得るためだ。

　イギリス政府のワークフェアの提案に反応して、労働党の影の雇用年金大臣
であるダグラス・アレグザンダーは、就労不能給付の審査の厳格化や、職を保
証してそれに就くか、さもなくば給付を打ち切られるかの選択を人々に迫るデ
ンマーク・モデルへの支持を表明した。「これが条件付き福祉の一つの形なの
です」と彼は言った。「仕事を実際に保証して、提供された仕事を受け入れな
かった時には実際に制裁が与えられるということです」と。アレグザンダーは、
自分と政府の立場の違いは、政府はアメリカのモデルを採用し、職に就けるこ

とを保証することなく給付を切り下げてきた点だと主張した。これは、労働党は「怠惰な貧民（feckless poor）」に優しく、「汗水たらして働いて搾り取られる中産階級」に厳しいようだとの労働党前書記長からの批判にこたえての発言だ。しかし、そのような政策がプレカリアートにとってどんな意味があるのかを考え抜くことこそより道義に適って首尾一貫した政治というものだろう。

　ワークフェアの主唱者は労働（labour）を仕事（work）よりも上位に位置付ける。だがすべての人を職に押し込めることはソ連の罠につながる。最終的にはこうなるのだ。失業者は寄生虫のようにみなされる。だが憤慨している労働者たちは手抜きをしてひねくれたジョークを言う。「やつらが金を払うまねをするから、俺たちも働くまねをするのさ」。それよりもずっと昔、アレクシ・ド・トクヴィルはそれについて1835年に簡潔に述べた。すべての人に職を保証するとは、政府があらゆる経済を引き受けることだ。さもなくば、すべての人に強制労働させることだと。彼は今ワークフェアがどこに向かおうとしているかをたやすく見通せたことだろう。

プレカリアートを悪魔化する

　大不況が始まって以降、各国政府はグローバル市場経済の犠牲者の悪魔化を一段と進めてきた。四つの集団がターゲットとなった。「移民」、「福祉受給者」、「犯罪者」そして「障がい者」がそうだ。

　移民を悪魔化する傾向は地球規模で起きている。移民はまるで一種の地球外生命体であるかのように扱われている。最悪のシナリオは、ポピュリズム的政治家が国内のプレカリアートがもつ恐怖を扇動し大量の強制送還が発生することだ。そのような事態を阻止するのに十分な良識が存在することを人は願うだろう。幸運にも、狂信者の心が折れるくらいの費用がかかるということもある。ある研究（Hinojosa-Ojeda, 2010）は、「不法」移民の大量強制送還はイラク戦争とアフガン戦争を合わせたよりも多くの費用がかかるだろうと推計している。しかし、強制送還の恐怖は正式書類をもたない移民に低賃金や劣悪な労働環境を受け入れさせているのだ。

　イギリスでは、他の多くの国と同じように、全国紙が反移民感情を煽ってきた。それらは地方紙よりもずっと多く読まれているために、自分たちの地域に

はいないかもしれないのに、人々は移民問題を目にするのだ。移民はイギリス
に住む人のたった10%であるにもかかわらず、平均的なイギリス人はそれを27
％だと思い込んでいる。全国メディアは例外的事例を拡大して報道する。「給
付へのたかり屋」にも同じことが言える。ある一つの事例がピックアップされ、
国中の誰もが、そういう人がすぐそこにいるかもしれないと想像しながらその
記事を読むのだ。もし地方紙だけを読んでいたなら、ほとんどの人々はそんな
事例について知らされることもないだろうし、それを一般化してしまうことも
ないだろう。グローバリゼーションとコミュニケーションの商品化は誰かを悪
魔化したがっている人々に力を与えるのだ。おかげで政府は失業者の大半が自
分たちの「働かない習慣」で苦しんでいることを示すのに二つの例を挙げるだ
けでよく、読者にこれら二つの事例が数百万の人々を代表すると思い込ませる
ことができるのだ。

　別の悪魔化されている集団として、「犯罪者」がいる。国家がいかに多くの
人々を犯罪者化しているのかはすでに見たとおりだ。その多くは、単に市場社
会に合わせて機能することができない人々だ。そうでない人々は、偶然に犯罪
者化されただけだ。公共職業安定所は服従と社会的規律訓練推進のための代理
機関となってしまったため、何人かの失業者は規則を破るようになってしま
う。医師は労働規律訓練の代理機関へと変貌させられ、自分たちの患者が雇用
されているかどうか、雇用可能かどうかについて報告するように求められてい
る。これは怠惰や虚偽への「有罪判決」になってしまう。プレカリアートは不
快で、安全保障のない賃金労働に身をさらしており、そこから逃げ出したくな
るのも、それに叛逆したくなるのももっともだ。刑罰のシステムはその傾向を
抑制し、そうすることのコストを上げている。現在進行中のいっそう洗練され
た監視によって、より多くの人々が捕らえられ、社会的に汚名を着せられるこ
とになるかもしれない。

　いくつかの国では、囚人が投票することは禁じられている。イギリスの労働
党政府はEU法に違反しているこの禁止規定を取り払うことをたびたび先延ば
しにしてきた。さらに新連立政権は禁止規定の撤廃を提案したが、議会の投票
では大差で否決された。他にもいくつかの国が囚人の投票を禁じている。アメ
リカの多くの州では服役経験者までもが投票を禁じられている。これは市民的

関与からの脱落を積極的に助長する一種の終身刑だ。

一般に、安全保障がない経済の仕組みや不安によって特徴付けられる社会では、悪魔化が容易になる。安全保障の欠如によって、まさしくその悪魔化のために雇われた視覚や言語に訴えるアーティストが、恐怖心や「未知の未知なるもの（Unknown unknowns）」やさまざまなイメージを創造し、操作して戯れることが容易になる。これがすべての人が最も恐れていることにつながる。

薄まる民主主義とネオ・ファシズム

民主主義的な価値と自由を信じるすべての人が心配すべきなのは、政治の商品化とともに、民主主義が「薄まっている」ということだ。主流の政党に属する人も少なくなり、ほとんどの選挙での投票率も低くなっている。この薄まりで特に進歩的な政党への風当たりは強まっている。

イギリスでは、政治参加についての調査報告によれば、2010年の初めに「政治的にコミットした」有権者の数は10人に1人にすぎず、その一方で「疎外され、反感を抱いた」人も10人に1人だったことが明らかになった（Hansard Society, 2010）。最も多かったのは、「政治を信用せずかかわらない」人々で、4人に1人の割合だった。下院議員の名前を言うことができた人はたった13％だった。政治にかかわらないという人々は主に（35歳未満の）若い労働者階級——プレカリアートだ。その報告によると、疎外され、反感を抱く人々が「政治に参加するのは極度に困難であり、彼らが投票するように変わるかもしれないと望むのは非現実的だろう」。うんざりして無関心な人々を投票するように動機付けるのも難しいことだ。無関心層の多くは保守党よりも労働党に投票しがちだったが、それも変わってきている。

民主主義の薄まりと若者の散発的な投票、そして右傾化は同時に進行している。2009年のEU選挙の平均投票率は43％であり、1979年以来最低だった。中道左派政党はほぼすべての地域で議席を減らした。イギリスでは労働党の得票率は16％だった。右翼政党はすべての地域で躍進した。ハンガリーでは社会主義政党が大幅に議席を減らしたが、極右のヨッビク（Jobbik）がそれと同じくらいの議席を勝ち取った。ポーランドでは、与党の中道右派政党である市民プラットフォームが勝利した。イタリアでは、中道左派の得票率は26％であり、

金融危機の前の2008年の総選挙よりも７％の減少だった。対してベルルスコーニの自由国民党（自由の人民）の得票率は35％だった。ドイツでは、2009年の選挙での投票率は71％という記録的に低い数字で、右派政党が議席を増やした。あらゆる場所で、社会民主主義政党は後退したのだ。

　一つの問題は、階級に基づいた政治が存在感を失うとともに、いまや政治家がブランドのように売られていることだ。社会民主主義のプロジェクトがグローバル化のなかで生き残れなかったのが原因の一つだ。その結果が共通して新自由主義の経済的な枠組みを受け入れることを土台とする、サウンドバイト効果を用いたワンフレーズの政治やイメージに基づく政治だ。こうして、社会民主主義への支持が失われていく。

　一つの例外と思われるのは、2008年にアメリカでバラク・オバマが進歩的な行動計画を望む若いアメリカ人の動員をやってのけたことだ。悔やまれるのは、彼がパッケージ化され、たたき売りされたことだ。彼のソーシャル・ネットワーキング・アドバイザーはフェイスブックから招かれ、別のアドバイザーは狡猾なマーケティング・ツールを使って「オバマ・ブランド」を作り上げた。ロゴ（星条旗にかかる日の出）や、巧みなバイラル・マーケティング（オバマ着信音）、プロダクト・プレイスメント（スポーツのビデオゲーム上でのオバマの広告）、30分のインフォマーシャル、そして戦略的な著名人との連携（オプラーは最大限多くの人々に向け、ケネディ一族は格式ばった人々に向け、ヒップ・ホップのスターは都会の若者の信頼を得るために）が使われた。後に、オバマは全国広告業協会の年間最優秀マーケター賞を授与された。企業広告は彼をコピーした。ペプシの「チェンジを選べ」やイケアの「チェンジを抱け」などがそうだ。

　これはつかの間のイメージや決まり文句を売り買いし、実質よりもシンボルを好むという商品化された政治だ。実質の伴わない自由と変化のイメージに覆われたブランドとしてある男を使い、卓越したキャンペーンを売りつけるコストのかかる PR と宣伝には、深刻な疎外がある。

　オバマは、破滅的な戦争と金融崩壊の淵にあった経済の真っ最中で弱体化していた共和党の対抗馬に勝利した。彼は新自由主義のプロジェクトを攻撃するリスクを取ることもできただろう。その代わりに、オバマは傲慢不遜な主犯だった IMF を支持し、銀行を救済し、サブプライム・ローン危機の原因とな

る政策を発案したラリー・サマーズを主席経済アドバイザーに指名した。プレカリアートの人々の多くが、オバマは自分たちに手を差し伸べてくれるだろうと希望を託したが、彼がそうすることはなかった。社会民主主義的な構想力は、現実の苦境を理解できなかったのだ。

アメリカでも他の国でも、グローバル化時代の腐敗した諸側面に対する怒りが沸き上がっている。経済全体に蔓延した補助金の利用を思い起こそう。ナオミ・クラインをはじめとする批判者たちはグローバル化時代を「縁故資本主義（クローニー・キャピタリズム）」と呼んできた。それは、グローバルな資本主義それ自体が巨大な「自由市場」などではなく、政治的な支持と引換えに政治家が公共の富を民間のプレイヤーに手渡すシステムであることを暴露したものだ。皮肉なことだが、極右のグループが反コーポラティズム的なバックラッシュ（反動）を牛耳っているのだ。国家が縁故主義に支配されているのなら、いったい誰が「強い国家」を支持するだろうか？　昔ながらの社会民主主義者は、新自由主義の構図を受け入れ、その影で増大するプレカリアートには何の支援もしてこなかったために、確信をもって答えられない。政治的、経済的な必要に応じて資本への補助金が利用されたというのが事実だ。露骨に言えば、ある政治家や政党が「メディア男爵」のような強力な利害当事者に対して補助金をくれてやらなくても、他の政治家や政党がそうするだろうというのが理由だ。金融投資家や「ノン・ドム」（租税回避目的で他の場所に本籍をもつと称する金持ちの個人）に補助金が与えられなければ、他の国が彼らを招き入れるだろう。社会民主主義の一世代はこの露骨な日和見主義に付き合い、事態の進行のなかであらゆる信頼を失ったのだ。

社会民主主義のプロジェクトの末路以上に気がかりな傾向がある。安全保障のない人々は怒れる人々となり、そして怒れる人々は振れ幅が大きく、憎悪と怨恨の政治を支持しがちなのだ。ヨーロッパでは、中道左派の政党が、ワークフェア国家へと向かうなかで不平等と安全保障の欠如が増大するのを許容したとして有権者から罰を受けてきた。極右政党は、最も不安定にさせられた人々の恐怖に明からさまに訴えかけることで成長してきた。

イタリアはその道の先頭を走っている。ベルルスコーニに率いられた同盟はプレカリアートに――イタリア人のプレカリアートに――狙いを定めた。その

政治的気質は「ネオ・ファシズム」と呼ばれるにふさわしいものだ。その背後にあるのは、国内で最大の商業的なTV放送局を保有する、イタリアで最も金持ちの男であるベルルスコーニ自身に象徴されるような、社会のメインストリームの外にいるエリートと、中産階級の下層の人々、そしてプレカリアートに転落することを恐れている人々との間の同盟関係だ。2008年に再選された翌日、ベルルスコーニは「悪の軍団を打ち倒す」という意思を表明した。その言葉によって彼が意味したのは、国内から「不法移民」を追い払うということだ。法と秩序をめぐる人々の恐怖に働きかけ、彼は一連の権威主義的な手法を推し進めた。ロマ民族のキャンプは取り壊され、ロマ民族の人々は指紋を採取された。議会は自警団のパトロールを合法化した。亡命者が「身元確認および排除センター」に収容される期間は6ヶ月に延長され、上陸前に地中海上で移民を引き返させる政策が導入された。リビアにある檻付きの収容センターに送られるのだ。ベルルスコーニと彼の取り巻きは、司法機関を「癌」と呼び、議会を「無用の存在」と断じた。イタリアが非自由主義的民主主義 (illiberal democracy) と呼ばれているのもまったく驚くに値しないことだ。

ローマではレイシストの攻撃が広がりを見せ、それはネオ・ファシズムの活動家だったジャンニ・アレマンノが2010年に市長に再選されたことで正統化された。数人の社会科学者は、レイシスト的な襲撃を犯す若い暴漢が1930年代のレイシストたちほどイデオロギー的でないことや、より個人的なアイデンティティに興味をもち、自分と違う者すべてに反感を抱いている点に注目している。もう一つの変化は、アルコールへのこだわりだ。以前の好印象 (bella figura) への執着は、今では、飲んだくれて歯止めが利かなくなることへの異常な陶酔に変わったのだ。政治的な右派の興隆について書かれた『ローマの乗っ取り』の著者クラウディオ・チェラーザは、アレマンノはネオ・ファシズムが生み出したものであって、その原因ではないとする。彼が最初に当選した年である2007年には、ローマの学生・生徒の4分の1が極右のカザ・パウンド (Casa Pound) の学生団体である学生ブロック (Blocco Studentesco) に投票していた。これが時代の風潮だった。

イタリアで起こっていることは、他の場所でも起き始めている。フランスでは、特に2005年のパリ郊外や他都市での暴動以来、内務大臣として、移民に対

して強硬路線を取ってきたニコラ・サルコジ大統領はベルルスコーニにまったく後れをとらなかった。2009年には何千人もの移民が突如として強制送還され、2010年には膨大な数のロマ民族の人々がルーマニアやブルガリアに追放された。サルコジ大統領は彼の強固な支持者層に働きかけた。プレカリアートの一部は、極右へと変貌しようとしていたのだ。白人の労働者階級やプレカリアートの高年齢層は2010年の地方選挙で国民戦線に投票し、国民戦線は２回目の投票で候補者を立てた12の地方で17.5％の票を勝ち取った。サルコジのUMP（国民運動連合）が方向感覚を失った中道左派連合に手痛い敗北を喫して以来、彼はさらに右翼化していった。2010年の世論調査では、UMPに投票した人の３分の１は、国民戦線との選挙協力の約束を支持すると答えた。

　極右は多くのヨーロッパ諸国を侵食している。政治的な主流派にとって一番衝撃的だったのは、2010年末のスウェーデンの選挙であり、そこでは極右のスウェーデン民主党が大躍進した一方で、国を象徴していた社会民主党は数十年間で最悪の結果に終わった。これは高名な「スウェーデン・モデル」の終焉を象徴している。他の場所でもまた、外国人排斥のメッセージを携えた極右グループが躍進していた。醜いヨッビク党は、真っ黒なユニフォームと軍靴でハンガリーを闊歩した。オランダでは、2010年６月の選挙で躍進した自由党は、移民への制限や小規模ビジネスの事務手続きの削減、低い税率やさらなる高齢者へのケアを要求した。そしてデンマークでも、ポピュリストのデンマーク人民党がヨーロッパで最も厳しい移民法をさらに厳格化することを勝ち取った。リベラル主導の政府は生き残りのために反移民政党の言いなりになったのだ。オーストリアでは、極右の自由党が2010年10月のウィーンの州選挙で４分の１を超える票を獲得した。2005年と比べて支持を倍増させた。

　イギリスでは、イギリス国民党が2009年のEU選挙で大金星を挙げたことで一時的に恐怖を引き起こしたが、党首があまりに愚かだったために自壊に終わった。そのような人気殺到の暗流は過ぎ去ったと考えるのは、おそらく楽天的すぎる。同様に不愉快なイングランド防衛同盟のようなグループもまた、中道政党の議員の何人かが沸き立つ反移民感情に反対を示さないのに乗じて居場所を得てきた。

　ほとんどのヨーロッパの政府がとってきた政策は、ポピュリズムにつながる

環境を生み出してきた。イギリスも例外ではない。フレキシブルな労働市場を支持することで、政府はプレカリアートが増大することを許容してきたが、プレカリアートの不安や恐怖に対して何も対応しなかった。政府は社会的保護を断固として資力調査方式へと転換させた。この方式では最も欠乏した人々に優先順位が与えられ、その一方で、貧困に近い状態にあるかもしれない恒久的な「市民」は、住宅補助を含む給付を後回しにされるのだ。

産業空洞化に見舞われた、所得が低く恵まれないコミュニティは、反社会的な行動を増殖させる。そこに住む人々は汚い環境に囲まれ、相対的な剥奪に苦しむ。そのようなエリアには移民や所得の低いエスニック・マイノリティが集中して引き寄せられるため、「白人」や「市民」の住民は何重もの恐怖を経験する。まず、第一に自分がもつわずかなものを奪われるのではないかという恐怖だ。フレキシブルな労働市場と資力調査方式がそのような環境条件を創り出しているところで、そのような反応や行動を非難するのは道徳的に間違っている。責任は政策立案者にあり、この間の諸政策こそが緊張を高め、過激主義を生み出しているのだ。

労働党政府はポピュリズム的な方策で対応した。失業した移民に片道の航空券をもたせて国に送り返すという試験的なスキームを始めたり、民間の商業犯罪サービス企業を使ったり、「伝統的なコミュニティ」を救済する計画（低所得の白人が住む地域に対する支援への婉曲語法だ）を発表したりした。他の場所でも各国政府はポピュリズム的なアプローチに転換してきている。

アメリカでは、TV コメンテーターのリック・サンテリがオバマ大統領の金融プランに対して怒りの声の表明を呼びかけたことを受けて、2009年にティーパーティー運動が始まった。ティーパーティーに参加した人々は反政府の考えであり、低い税率と自由市場を要求した。最初の標的は民主党だったが、共和党もまた減税と小さな政府へのコミットが不十分であったためにその脅威にさらされた。2010年の共和党全国委員会では、ティーパーティーによって定められた10の基準をクリアし、右翼であることを証明した候補者を支援することを、党の指導者たちに求める規則が採択させられた。

エリートの利害はティーパーティーをもてあそんできた。ティーパーティーは石油企業やウォール街と結び付いたグループからの支持を集めてきた

（Fifield, 2010）。エリートの一部はやせ細る労働者階級やプレカリアートの一部と癒着し、片方は資金調達とマスコミ報道を保証し、もう片方は歩兵と有権者を動員するという関係にある。主流派政党がプレカリアートに経済的な安全保障と階層移動への指針を示さない限りは、かなりの部分が危険な極へと漂流し続けるだろう。

ティーパーティーの初めての全国党大会では、不法移民について大いに、そして「多文化主義というカルト」や「イスラム化」への反対について議論された。Tシャツに書かれたスローガンは「私は私の自由と私の銃、そして私の金を守る」といったものだった。そこにはオバマは外国生まれなので大統領になる資格がないのに大統領になった詐欺師だと主張するバーサー（Birther）たちもいた。イングランドのイギリス国民党と同じく、ティーパーティーは移民がアメリカのユダヤ・キリスト教的価値を蹂躙していると非難する。「ここは私たちの国だ」と叫んだ党の代議員は野蛮な声援に応えてこう結んだ。「取り戻そう！」と。アメリカは乗っ取られてなんかいないよと言ってくれる人が、この人の近くにはいないのだ。

ティーパーティーは、小さな社会国家と権威主義的政府を望むネオ・ファシストだ。ティーパーティーは、主に職の喪失や生活水準の低下による影響を受けた「怒れる白人男性と白人女性」からなる。2008年以降の2年で無くなった職の3分の2は男性が就いていた「ブルーカラーの」職だ。怒れる白人は人々に「金を渡す」ことについて批判的であり、また世論調査は白人男性がいっそう保守的になってきたことを示している。「銃をもつ権利」への支持は、2008年の51％から2010年には64％に上昇した。

アメリカの右翼に崇拝されているフォックスのニュースキャスター、グレン・ベックは、以前はコカインとアルコールの依存症であり、自身を「統合失調症の瀬戸際」と称していたことを告白している。彼は教育をあまり受けていないか、政治の知識のない人々に向けてボールを投げているのだ。自身のベストセラー、『グレン・ベックの常識』では、彼は読者に向けて次のように語りかけている。

　私はあなたが誰であるのかわかっているつもりだ。あなたは「強い信念」の人

であり、「温かい心」の持ち主だ。あなたは一生懸命働き、金の無駄遣いをすることもなく、経済が自分の家族にどのように影響するかを気にかけている。あなたは偏見に満ちた人などではない。しかし、あなたは扱いの難しい問題についてはずっと意見を表明するのをこらえてきた。自分の価値観や大事なもののために立ち上がれば、レイシストだとか同性愛嫌いだとか言われてしまうのが嫌だからだ。あなたは、銀行家や政治家があぶく銭を得るだけのために、政府はあなたにもっと犠牲を払うよう求めることができるということがわかっていないのだ。親愛なる読者諸君、グレン・ベックがあなたに手を差し伸べよう。彼はあなたとともに立ち上がり、こう言うだろう。「私を踏みにじるのをやめろ」、と。

　ベックは億万長者のセレブとなった。過激派の逸脱者が今や主流派になったのだ。旧来の政治的主流派は、経済成長と職を望むだけで、それを超えて人々に提供する別の物語をもっていなかったのだ。また、増大する安全保障の欠如と不平等への答えも持ち合わせていなかった。そんな主流派に心を動かされないまま、進歩的なプレカリアートの人々は2010年の中間選挙では投票場に足を運ぶことがなかった。

　日本でも、プレカリアートは分裂している。ほとんどが若者からなる、大勢の怒れる人々がネット右翼としてメディアを通じて勢力を増したグループに参加している。メンバーはインターネットを通じて組織され、デモのためだけに集まるのだ。そのほとんどは低賃金でパートタイム、あるいは短期雇用契約の職に就いている人々だ。社会学を教える鈴木謙介氏によれば「あの人たちは彼らは自分たち自身の社会のなかで権利を奪われたと感じている人々なのです。だからそのことで誰か非難する相手を探していて、外国人は最もわかりやすい標的なのです」(Fackler, 2010)。そのなかでも、2010年には9000人以上のメンバーを抱える最大のグループは「在特会」と呼ばれている。それは、「在日特権を許さない市民の会」という長ったらしい正式名称を略したものだ。このようなグループは、移民に対する敵対的なデモを広めていった。しかもこのグループは、アメリカのティーパーティーをモデルにしたと言っているのだ。

　政治の商品化が抑制されない限り、人々の民主主義へのかかわりがますます薄まっていくのを私たちは目の当たりにすることだろう。プレカリアートの進歩的な部分については特にそうだ。政治はいまや市場の実務家に支配されてい

る。ぞっとするような事例は国内の財閥と癒着し、窃盗と暴行の前科をもつ男であるヴィクトル・ヤヌコーヴィチが勝利した2010年のウクライナ大統領選挙だ。財閥は、有権者に彼を売り出すためにある企業を使うための資金提供を行った。その企業はアメリカの共和党の戦略家であるポール・マナフォートに率いられていた。彼の会社には何人かのアメリカ大統領のアドバイザーとして雇われてきた実績があった。その企業が動き始める前、ヤヌコーヴィチは2004年に落選し、世論調査では人気がなくなっていた。企業はヤヌコーヴィチを装い新たに詰め替えて売り込んだのだ。ところが、オバマの政治アドバイザーのデヴィッド・アクセルロッドが設立したコンサルタント会社は、別の主な候補者を支援していた。それはジョン・アンザローンがオバマのキャンペーンのために働いたのと同様だった。

　5000万の人々が住むヨーロッパの国ウクライナでの異様な選挙については、三つのことが注目に値する。第一にそれは政治の商品化の例証だ。第二に、それはグローバル化の変異した形態と両立する海外からの商品化だ。第三に、それには犯罪者のエリートが関与しており、候補者という形を取る自分自身の利益のために資金を提供している。だがその間に、膨大な数のウクライナ人が、自分の票を売るという広告をインターネット上で出していた。結局、アメリカ共和党の企業はアメリカ民主党の企業よりもうまくやったのだ。

　グローバルな政治の商品化は特にプレカリアートを苦しめるだろう。アメリカで起こった最も時代に逆行する展開は、2010年の、シティズンズ・ユナイテッド対連邦選挙管理委員会の裁判における最高裁判所判決だ。その法的決定はグローバルな先例となるかもしれない。最高裁判所は、いかなる企業も、労働組合も、業者団体も、政治的キャンペーンに対して無制限に献金できるとしたのだ。それらの団体は選挙に参加するに当たって個人と同じ権利を有するという奇妙な理由付けがなされた。次の下院議員の中間選挙が攻撃的な「非難広告」で埋め尽くされたのもまったく驚くことではない。それらの広告には、資金の出所がどこかを隠すために立ち上げられた団体が資金を出していた。右翼候補への資金は6倍になり、そのほとんどは、減税、より多くの企業への補助金、環境保護の緩和、医療保険改革の撤回、移民や移住へのより厳しい姿勢などのキャンペーンを張っている候補者に流れた。

第6章　地獄に至る政治　　223

その決定により、すべての市民が等しく投票の権利をもち、投票過程におい
て一票の重みは同じであるという民主主義の原則が一挙に侵食された。それに
よる最大の敗者はプレカリアートだ。企業はエリートやサラリーマン階級のた
めのキャンペーンに金をつぎ込み、弱体化した労働組合は核となる被雇用者を
支援する一方で、プレカリアートを代表する力のある利益団体は存在しない。
少なくとも今のところは。

　要するに、プレカリアートはネオ・ファシズムの高まりと社会国家の縮小へ
の圧力に悩まされざるを得ない。現状では、プレカリアートは抵抗できない。
社会経済状況によってプレカリアート状態に置かれている人は、政治的能力を
奪われている。あまりに心配事が多く、安全保障が欠けているため、ポピュリ
ストや、脅威として描かれる人々に対する権威主義的な処置を支持するように
簡単に誘導されてしまうのだ。プレカリアートの人々の多くは、わずかではあ
るがもっていたものを失い（もしくは失うことを恐れ）、悪態をついている。な
ぜなら自分たちをより良い方向に引きよせてくれるような極楽に至る政治がな
いからだ。

結　論

　プレカリアートが職に就くためには、監視、セラピー、強制が必要だとされ
ている。しかし、リバタリアン・パターナリズムのワークフェアという解決策
は、職業的キャリアを積み上げようとするいかなる試みをも水の泡にしてしま
う。社会政策としてセラピーが用いられる場合もそうだ。精神的な能力が欠け
ているという診断と、セラピーの経過予想とが組み合わせられることで、不安
定さの感覚が強まる。それらはプレカリアートが抱える不安や怒りに訴えかけ
る政策ではない。むしろその逆だろう。

　監視は社会のあらゆる制度に蔓延している。各地で下からの逆監視やカウン
ターカルチャーが生ずるだろうが、それは同時により厳しい監視をもたらす
フィードバック効果を生むだろう。監視は、それがひとたび合法化されればも
う止まらない。それは積極的な抵抗によってしか、階級を基盤とする活動に
よってしか止めることができないのだ。

　監視は攻撃性や動機への疑いを助長する。ある男が幼い女の子の頬をポンポ

ンとたたいているところが監視カメラによって捉えられたとする。これは優しさのサインなのだろうか？　それとも襲い掛かろうとする性的な意図を示すものなのだろうか？　そこに疑いがあれば、用心としてのチェックが正当化されるだろう。守護者とは支配者とそう違わないものなのだ。その結果親しさを示す通常の行為が自粛されるようになるかもしれない。それと同じ両義性や、距離を置く傾向はビジネスの世界にも流れ込んでいる。時間厳守、仕事場の勤怠管理、効率性監査を適用することは、それに従わない人を罰する手段になる。だがそこで罰せられる人は、最も革新的で創造的な精神の持ち主かもしれないのだ。何よりも、監視は市民としての友情や信頼を削り落とし、人々をいっそう恐れや不安に陥れる。その恐れや不安の原因のほとんどを抱えている集団こそがプレカリアートなのだ。

　新自由主義国家を支える功利主義は次のように要約できる。それは、多数派を幸福にする際に制裁や促し、監視を用いて、少数派を多数派の規範に従わせればいいという信念だ。これは、新たなレベルへと強度を引き上げられた多数派の圧政。功利主義者は、少数の下層階級を扱う限り、またその所得が社会の底辺で低いまま変化しない限りは、それをやりおおせることもできただろう。だが、ひとたびプレカリアートが増大し、所得が激しく落ち込み始めた時、功利主義的な行動計画や不平等をもたらす者に対する怒りは必然的に爆発的なものになっていったのだ。

第 6 章　地獄に至る政治　　225

第7章

極楽に至る政治

プレカリアートの視点からの進歩的な行動計画を展開するにあたって、今こそ偉大な3原則——自由、友愛、平等——に立ち戻る時だ。共和主義的自由の復活、すなわち行動をともにする力が良き出発点となるだろう。自由とは、集合的な行為の際に現れるものなのだ。

プレカリアートは自由と基本的な安全保障を求めている。神学者のキェルケゴールが述べたように、不安とは自由の一部だ。それは私たちが自由に対して払う代償であり、私たちが自由を手にしていることの印でもあり得る。しかし、不安は適度に和らげられ、安全で安定していてコントロール可能な程度に抑えられる必要がある。そうでない限り不安には、不合理な恐れを引き起こしたり、人が合理的に機能できなくなること、生活し、働くための一貫した物語を作れなくなることにつながるリスクがある。これがプレカリアートが現在置かれている状況だ。プレカリアートは古い労働中心主義的な形での安全保障や、国家によるパターナリズムを拒絶しながらも、生活に対するコントロールや社会的連帯の復活、そして持続可能な自律性を求めているのだ。プレカリアートは、エコロジカルなやり方で手にした未来を見たい、とも思っている。空気がきれいで、汚染が抑えられていて、多様な生物種が再び栄える未来だ。環境の悪化で最も被害を受けるのは、プレカリアートだ。そしてプレカリアートは今、商品化された人々のバラバラで互いによそよそしい個人主義的な自由などではなく、共和主義的自由を待望して動き始めている。

プレカリアートは未だ自覚的な階級（対自的階級）ではないが、形成途上の階級であり、自分たちが何を打ち倒したいと願うのか、何を打ち建てたいと望

むのかをますます自覚できるようになっている。プレカリアートは、功利主義者によって拒絶された価値観である社会的連帯と普遍主義のエートスを復活させることを必要としているのだ。影響力のある『フィナンシャル・タイムズ』紙のある社説には、功利主義者の価値観の独善性がみごとに現れている（Financial Times, 2010b）。その社説は無遠慮にこう言う。「普遍主義とは無駄の多い原則だ」と。しかしそれどころか、普遍主義は今まで以上に重要なものとなっているのだ。それは、増大する不平等と経済的安全保障の喪失を逆転できる唯一の原則だ。それは、資力調査方式やコンディショナリティ、パターナリズム的な後押しの拡大を阻むことのできる唯一の原則だ。そしてそれは、先進国の大半の人々の生活水準を低下させているグローバル化の危機に世界が適応する際に、政治的安定性を保ち続けるために使える唯一の原則なのだ。

　プレカリアートにとっては、20世紀の労働中心主義の魅力はない。当時としては、この社会民主主義のプロジェクトは先進的だった。だがそれは、陰気な「第三の道主義」とともに行き詰まりを迎えた。社会民主主義の政治家は不平等を解決することはおろか、それに言及することすらも恐れ、フレキシブルで安全保障のない労働を取り入れ、自由を軽視し、パノプティコン国家を発展させた。さらに自分たちを「中産階級」と表現し、従順でない人々の生活をより厳しく、より安全保障のないものとしたことで、プレカリアートの信用を失った。今こそ別の道に向かうべき時だ。

　穏健ではあるが堂々とユートピア的な極楽に至る政治が必要とされている。新しい先進的なヴィジョンというものは各世紀の初めに現れるようだが、タイミングは上々だろう。19世紀初頭には、新しい自由を求めたラディカルなロマン主義があった。20世紀初頭には、産業プロレタリアートのための自由を求める革新的な思考が次々と現れた。もうすでに遅いくらいだが、グローバル化の新自由主義モデルの道徳的破産と並んで、労働中心主義が信用をなくしているということは、プレカリアートに向けられた解放的平等主義にとっては希望の瞬間なのだ。

　それがどのようなものになるかを考える時には、次のことを顧みるといい。今日不可能であるように思われるものは、単に可能になるのではなく、大いに実用的になるのが常だということだ。マネタリストの筆頭のミルトン・フリー

ドマンが『資本主義と自由』を最初に出版した1962年には、マネタリズムや新自由主義は嘲笑の的だった。彼は1982年版のまえがきでこう書いている。「私たちの基本的な役割は既存の政策に対する代替案を発展させ、政治的に不可能なものが政治的に不可避なものへと変わるその時まで、それらを活かしておくことだ」（Friedman, 1982: ix）。これこそが、進歩的な思考が今日置かれている立場なのだ。

初めにやるべきことは、労働中心主義者や新自由主義者によって何が否定されてきたのかを力説することだ。人は自分の最善の利益を考え、行動し、他人を尊重する。人とはそういうものだということに信頼をもつべきだ。人は怠け者で、潜在的な犯罪者であり、法を犯す者すなわち生まれつき自己中心的な者として扱われるべきではない。リバタリアン・パターナリズムに基づいて人の後押しをする人には、でしゃばらずに自分自身のことを考えろ、自分自身の選択アーキテクチャのことを考えてみろと言うべきだ。パノプティコンは撃退されねばならない。適切な教育と「クオリティ・タイム」こそが、人々が自分で意思決定を行う助けとなる方法だ。リバタリアン・パターナリズムの教えとは逆で、ほとんどの人々は、情報量に圧倒されているために最適でない選択をしてしまっているのではない。そのような選択をするのは、関連する情報をふるいにかける時間とエネルギーがないから、支払える金額で専門家のアドバイスを受けることができないから、そして自分で選択して行使する発言権がないからだ。

職に関しても同じことが言える。求人中の職が避けられているという事実は、多くの人々が働きたくないと思っているということを意味しない。ほとんどすべての人々が働きたがっているという圧倒的な証拠がある。それは人間の条件の一部なのだ。しかし、だからといってすべての人が職に就くべきで、職に就いてない人は「働かない習慣」に侵されているとみなすべきとはならない。

プレカリアートはシステム全体の安全保障の欠如に直面している。プレカリアート全体を「善き」プレカリアートと「悪しき」プレカリアートに分けるのは過度な単純化だ。とはいえ、一部のプレカリアートは、安全保障を再分配し、すべての人に自分の才能を伸ばす機会を提供する政策や制度によってそのような安全保障の欠如に立ち向かうことを望んでいる。このような人々にはおそら

く圧倒的に若者が多いだろうが、もはやグローバル化時代以前の労働中心主義的な雇用の安全保障を懐かしがったりなどはしない。

それとは対照的に、「悪しき」プレカリアートは想像上の黄金時代へのノスタルジアに襲われている。自分たちの犠牲のうえで、政府が銀行や銀行家を救済し、お気に入りのエリートやサラリーマン階級に補助金を与え、不平等の拡大を容認するのを見て怒りや苦痛を感じる。ポピュリズム的なネオ・ファシズムに惹き付けられ、政府や政府によって特別扱いされているように見える人々を口汚く罵る。「善き」プレカリアートが熱望するものへの対処がなされない限り、もっと多くの人々が「悪しき」プレカリアートの輪に引きずり込まれるだろう。もしそうなれば、社会は脅かされることだろう。それが今、起きつつある。

プレカリアートに真っ先に必要なものは経済的な安全保障だ。それによって人生の展望はある程度コントロール可能となり、ショックや危険を管理できるという感覚を得られるようになる。これは、所得の安全保障が確かなものとなった時にのみ成し遂げられることだ。しかし、攻撃されやすい人々にとっては、自分たちの利害を代表する集合的で個人的なよりどころとなる「代表機関（agency）」も必要だ。プレカリアートは、これら二つの要請を考慮して戦略を考え出さなければならない。

デニズンシップの公正化

プレカリアートは、それぞれ異なるが限定的にしか一連の諸権利をもたない、いくつものタイプのデニズンによって構成されている。その相違が縮まり、諸権利が適切に守られるようになれば、プレカリアートにとっては望ましい。あらゆる立場のプレカリアートが、別のデニズンの諸権利を拡大することに関心をもっている。たとえいくつかの政治グループがプレカリアート内のそれぞれの集団を対立させようとしていてもだ。「デニズンよ、団結せよ！」というのは悪くないスローガンと言える。そして、移民だけがデニズンの地位にあるわけではないということは必ず覚えておかねばならない。国家はますます多くの市民をデニズンに変えているのだ。

言語道断なことに、国家は「犯罪者化」された人々から諸権利を奪い取って

いる。これは二重処罰の一形態だ。ある犯罪が明白に政治的なものでない限り
は、あるいは法的手続きによって投票権をもつべきでない人々が定められてい
るのであれば、一般の犯罪者からの政治的権利や社会権の剥奪を正当化するも
のは何もない。より多くの人々を刑務所に入れ、犯罪者化するという国家の傾
向を考えると、この問題はもっと大規模に公の場で議論されるべきだ。

　移民はデニズンのなかの主要なグループだ。これまで、移民があらゆる諸権
利を完全に含むシチズンシップを得る手順を創り出すために、さまざまな提案
がなされてきた。それには国籍と地位を切り離す、「市民化 (citizenization)」の
手順も含まれる。「レジデンスシップ」の概念は、「帰化」よりも移民をもっと
うまく統合できるだろう。一定の期間を経たのち、自動的に市民となるという
ものだからだ。これは「永住許可」の概念と対照的だ。この許可は恣意的な強
制送還から移民たちを保護しながらも、単にアウトサイダーとしてのデニズン
を認めているにすぎないからだ。普遍性はグローバル化する世界におけるこの
ような差異を乗り越えようとしている。現状では、各国政府はデニズンの地位
を得るための条件さえも引き上げようとしてきた。定住を願う人々に対して
「市民権取得試験 (citizenship tests)」を採用してきた国でプレカリアートが求
めるべきは、政治家になることを願う者は誰であれ、移民も試験に通すべきと
いうことだ。主な目的は障壁を高めることなので、試験そのものを詐欺として
廃止することはなお良いだろう。

　デニズンに影響を及ぼす改革のなかで最も必要なのは、自分が適性をもつ領
域や「天職」と言える領域で働く権利である、開業権 (right to practice) にか
かわっている。何百万の人々がライセンス制や他の手段で、この権利を否定さ
れている。職業の自由化は、それがなければプレカリアートに任されていた領
域を移民に開くだろう。偶然かもしれないがドイツはこの点で一歩前に進んで
いる。2010年の10月に労働大臣は、より多くの技能をもつ移民を呼び込むため
に、ドイツは海外の資格を承認する法律を導入するつもりだと発言した。だが
これはグローバルな問題に対するその場しのぎの対応でしかない。必要とされ
ているのは、国際的な認証システムだ。そのシステムでは各国政府と職業組織
が資格水準と相互認証の基準を制定するので、一つの国で技能資格を得た人は
他の国々で開業することがもっと容易になるのだ。ほとんどの職業で、ライセ

ンス制は必要ない。認証システムでは、業者はサービスを購買する可能性のある人に対して資格証明書を見せることを求められる。それにより、*caveat emptor*（買い手が注意せよ）の原則が公正に適用されるのだ。

　移民や、ほとんどの亡命者には自分たちの利害を代表するメカニズムがない。代表機関が活動を行う場所を与えられ、そこで財政的な支援を受けられるようにすることを平等主義的な戦略は求めるだろう。2010年には、「余所者から市民へ（Strangers to Citizens）」と呼ばれるイギリスのキャンペーン活動は、正式書類のない移民が5年たてば「恩赦を獲得」できるようにするロビイングを行った。登録から2年後の時点で職に就いていて、英語を話すことができれば、自動的にシチズンシップを獲得できるとするものだ。これに難癖をつける人もいるだろうが、デニズンが法律上の諸権利と事実上の諸権利を獲得するために闘う時に、すべてのグループを代表するための、国家により合法と認められた機関が必要とされているのだ。

　他にも、過去の振る舞いや何かの行動のおかげで、経済的または社会的諸権利を失った多くの人がいる。その記録は人格に汚点を残すような、隠された記録として残っているので、権利を失った当事者はそれを知らされないか、それを弁明できない。トニー・ブレアはある時、何も間違ったことをしたことがない人が監視の強化に関心を抱くはずがないと言った。これはゆがんだ物の見方だ。私たちの誰もが、自分たちについて何の情報が集められているのか、またはその情報が正しいのか正しくないのかについて知ることができない、というのが一つの理由だ。プレカリアートは最も保護を必要とする人々なので、このような事実上のデニズンシップが撤回されることを要求しなければならない。

アイデンティティの回復

　プレカリアートは、多文化主義と個人のアイデンティティをめぐる混乱の中心に位置している。すべてのデニズンを規定する特徴は、諸権利の欠如だ。シチズンシップはアイデンティティをもつ権利にかかわる。アイデンティティとは、自分が誰であるか、そして自分が誰と価値観や望みを共有しているのかがわかるという感覚だ。プレカリアートは確たるアイデンティティをもたない。しかし、グローバル化する世界のなかで、私たちは多文化主義と複数のアイデ

ンティティから逃れることはできない。

　国家は複数のアイデンティティを許容しなければならない。誰もが、いくつかの自己規制的なアイデンティティに関する権利をもち、他では権利をもたないという点で、ある種のデニズンだ。どのアイデンティティもそれぞれ異なる一連の「諸権利」をもたらす。そうしてある人は、ある宗教の信者、または無神論者としてのアイデンティティを有している。そのようなアイデンティティは、そのコミュニティのなかでは他の人々がもたない権利（特定の休日への権利や、祈る権利または祈らなくていい権利、等々）を与えてくれる。ヒエラルキーや抑圧、コミュニティ追放のメカニズムの検証、さらに、あるコミュニティの権利の行使が、他のコミュニティの権利やアイデンティティと衝突しないことが保証されているかの検証が決定的に重要だ。

　プレカリアートにとってむしろより重大なことは、特定の職業的アイデンティティへの帰属に由来する権利だ。もしある人が配管工、または看護師であれば、その人はその職業のあらゆるメンバーに与えられる権利をもってしかるべきだ。それらの権利には、自身が資格をもち、仲間から認められていると表明する権利が含まれる。とはいえ、仲間から受け入れられていない人は開業権をもつべきではないと言ってしまうのは、問題の取り違えだ。それによっていかに多くの人々がプレカリアートに陥っているかを考えてみればいい。これこそが、職業的アイデンティティが競争的環境の実現に向けた免許制ではなく、認証システムに基づかなければならないことの理由であり、職業団体内のあらゆる利害当事者が参加できる民主的なガバナンス構造（その方法についてはStanding, 2009を参照）に基づかなければならないことの理由だ。職業民主主義は21世紀の自由の中心的問題なのだ。

　アイデンティティの政治的側面に話を移そう。現代のネオ・ファシズムは、他者のアイデンティティと文化に激しく敵意を抱いている。新自由主義者もまた、市場社会における個人は共通のアイデンティティなどもたないという理由でアイデンティティという概念を退ける。アメリカやフランスの憲法に暗示されているような、共通の人間性や民俗のるつぼを仮定しているのだ。控えめに言っても、どちらの姿勢も役に立つものではない。私たちは複数のアイデンティティをもつことができ、実際にもっており、そして私たちはそれらを守り、

強める制度と政策を構築する必要があるのだと強調したほうがいいだろう。

アイデンティティの危機に最もさらされているのがプレカリアートだ。プレカリアートは多文化主義や複数のアイデンティティの正統化を手放してはならない。それどころか、プレカリアートにはもっとしなければならないことがある。すべてのアイデンティティ組織や団体で自分たちの利害を表明するのだ。新たな形のコーポラティズムを嘆願するわけではない。これはプレカリアートが自覚的階級となることの呼びかけなのだ。

教育の救出

教育の商品化は、商品のように加工されてプレカリアートに加わっていく人々によって打ち破られなければならない。パノプティコンの技術を背景とした教員のいない大学という亡霊は、専門家の組合を巻き込んだ民主的で透明性のある規制や、大学教育も他のレベルの教育と同じように「教員がいない」状態であるべきではないと明記した法律によって追放されるべきだ。

教育内容の決定権は、専門家、すなわち教師と学者に返還されるべきだ。「顧客」である学生は教育の構造と目的を形作る際に発言権をもつべきだ。そしてプレカリアートが、単に人的資本の形成のための教育だけでなく、生涯教育として継続的に人間的解放のための教育を得られるようにすべきだ。これは理想主義でも甘い考えでもない。もちろん、学生は自分にとって何が最善かを知らない。誰もそんなことは知らない。教育を形成する力のバランスをとるガバナンスの仕組みが必要とされているのだ。現在は、商品化を進める力がすべてをコントロールしている。これは恐ろしいことだ。

「人的資本」のための学校教育に関連した愚昧化の針を戻すことが必要だ。アメリカでは、専門家たちは読む能力の喪失や「大衆化した」注意欠陥症候群に言及している。アメリカは特異な例ではない。他の何かのための教育ではなく、人間的解放のための教育が最優先されるように戻すべきであり、商品化を進める力には抵抗しなければならない。その力を完全に取り除くことはできないが、人間的解放のための教育を最優先するバランスをもたらす制度を構築しなければならない。

大学が企業家精神やビジネスのために奉仕し、市場の観点を促進することを

望む人々は、過去の偉大な知性に耳を傾けるべきだろう。哲学者のアルフレッド・ノース・ホワイトヘッドが述べたように、「大学の存在意義は、大学で老いも若きもともに学び、想像をかき立てられながら考えることによって、人が生きる歓びと知識との結び付きが守られるということ」なのだ。

　もっと以前には、ジョン・スチュアート・ミルが1867年のセント・アンドルーズ大学の学長就任演説でこう述べている。「大学は、何か特別なやり方で生活の糧を得るための知識を教える場ではない。大学の目的は、敏腕の弁護士や内科医、エンジニアを育てることではない。それが目指すのは能力と教養を備えた人間を育てることなのだ。」この原則を金もうけの理由で拒絶するようなことは、プレカリアートが嘲り、やめさせるべきことだ。教養のない実利主義者を止めなくてはいけない。

　もう一つ、実際的な論点がある。若者は、自分たちが就ける職と比べて形式的には過剰な教育を受けているので、地位に対して不満を抱いている。この問題に対する部分的な解答は、学位を「余暇財」（投資財ではなく）にすることだろう。より多くの人々が、大人になってからの一時期に自由に勉強する期間としてサバティカルをとることが促進されれば、また中等教育から大学にストレートに進学することがこんなに過剰に強調されないようになれば、人々は長い時間をかけて学位を得るようになるだろう。

　プレカリアートは、ある種の人生の「大学化（universitization）」を夢見ることができるかもしれない。つまり、生涯を通じて、どんなことでも広く学び続けることができる世界だ。そのためには、プレカリアートは自分の時間をもっとコントロールできるという感覚、そしてじっくりと熟考し、議論する過程として教育の価値を高く評価する公共圏とのつながりをもつ必要がある。

労働だけではなく、仕事を

　すべての労働はそれ自体善いものだというのが、現代の道徳性における信仰箇条の一つとなってきた——他人の労働で生きる人々にとっては便利な信条だ。
　　　　　　——ウィリアム・モリス『有用な仕事と無用な労苦』1885年

仕事は、職や労働から救い出されなければならない。すべての形態の仕事は

同等の敬意をもって扱われるべきだ。また、職に就いていない人は働いていないだとか、今日働いていない人は怠惰なたかり屋だというようなことが仮定されるべきではない。社会を害するのは怠惰ではない。ほんとうに怠惰な人々は、放蕩に明け暮れた人生を送って自分自身を傷つけるかもしれない。しかし、このほんの少数の人々を監視し、処罰することは、何か低い生産性の職をやらせることで得られるよりも多くのコストを社会に押し付ける。それに、ちょっとした怠惰は悪いものではないだろう。ある人の見かけ上の怠惰が、静養したり、黙考したりする時間ではないとどうしてわかるだろうか？　どうして、わざわざ出しゃばって非難する必要があると感じるのだろうか？　歴史上の偉人にも怠惰だった時期はあり、またバートランド・ラッセルのエッセイ『怠惰への賛歌』を読んだことがある者なら誰でも、他人に狂ったような労働を要求することに恥じ入るだろう。

　バランス感覚を失うべきではない。労働は必要なものであり、職もまた必要だ。ただそれらは人生のすべてでも、人生の目的のすべてでもないというだけのことだ。他の形の仕事や、他の形での時間の使い方もまた同じように重要なのだ。

　20世紀で最も偉大な経済学者のジョン・メイナード・ケインズは、豊かな社会の人々は今に週15時間より多く、職に就いて働くことはなくなるだろうと予測した。彼の前にはカール・マルクスが、ひとたび生産レベルの向上によって社会の物質的必要を満たすことが可能になれば、私たちは人間としての潜在能力を開花させることに時間を使うようになるだろうと予測した。19世紀末には、ウィリアム・モリスが空想小説『ユートピアだより』のなかで、人々がストレスから解放され、自分たちが夢中になれるもののために働き、自然を再生産するように鼓舞され、隣人との協力しながら繁栄していくという未来を描いた。これらの偉人の誰一人として、あらゆるものを商品化する市場システムが進める飽くことを知らない消費への駆り立てや、終わりのない成長などは予見していなかった。

　いまこそ、あらゆる人を職に押し込めるのは、間違った問いへの回答であると強調すべき時だ。あらゆる人々が労働ではない仕事や、遊びではない余暇のために、もっと多くの時間を使えるようにする方法を見つけなければならな

第7章　極楽に至る政治　　235

い。もっと豊かな仕事の概念を主張し続けない限り、私たちは、人の価値をその人が就いている職によって測るという愚かさや、職を生み出すということが経済の成功のしるしだとする愚かさに翻弄され続けるだろう。

この点でプレカリアートは他のどの階級よりも得るものが大きい。プレカリアートは不釣り合いなほど多くの労働ではない仕事をこなしており、生産的でも楽しくもない仕事をたくさん行うことを強いられている。どれだけ多くの仕事がなされているかを明らかにする、もっといい統計を作らなければならない。それによって、はっきりとわかる「職」に就いていない者は怠け者だとか、福祉へのたかり屋だなどと発言したり、暗示したりする人々を笑い者にできるようになるだろう。プレカリアートが、国の役所や他の中間業者への対応に費やしている時間を示す統計作りから始めよう。

労働の完全な商品化

労働中心主義者の「労働は商品ではない」という宣言とは逆に、労働は完全に商品化されるべきだ。人々の賃金を下げることで、そしてその影響として賃金の下方圧力にさらされた人々の賃金までも下げることで、人々を職に就くよう強制するのではなく、人々は適切なインセンティブに惹き付けられるべきだ。よく主張されるように、職があるのに誰もそれに応募しないのだとしよう。であれば、職を提示する人がその職は彼または彼女が支払う用意のある価格（すなわち賃金）に見合うだけの価値がないと思うか、人々がその職に応じるくらい十分に魅力的になるか、そのどちらかになるまで価格を引き上げればいい。政府が他の市場に要求するのと同じ原則を労働市場にも適用させるべきなのだ。適切な商品化のためには、価格は透明性が保たれ、完全に貨幣化されなければならない。それは、豪華な企業の福利厚生を段階的に廃止し、市場で選択して購入できる福利厚生に転換するという意味だ。社会的連帯という原則の尊重は、それとは別に扱われうるものだ。非金銭的な福利厚生は不平等の主な源であり、効率的な労働市場に反する。プレカリアートには、そんなものを得る見込みはない。それはサラリーマン階級や、どんどん減少していく中核的労働者という特権的少数派のものだ。市場化を促進するために、福利厚生には貨幣所得よりも高い税率がかけられるべきだ。現時点では、福利厚生はしばしば

税金逃れの手段となっているからだ。そして給与支払いの仕組みは、技能や努力、時間に応じた、透明性の高いものとなるべきだ。労働者は時給で支払われた方が満足するということが研究によって明らかになっているからだ。それが最も透明性の高い方法なのだ。

　適切な商品化は進歩的な動きだ。産休という古典的な慣行について、社会的公正とプレカリアートの立場から考えてみよう。ある女性が俸給を得る被雇用者のサラリーマン階級なら、彼女は雇用主からその期間の給与と休暇を得ることができるが、実際にはそのほとんどは政府から支払われている。イギリスでは、女性は最大39週間の有給の産休、そして最大１年間の休暇を取れることが法令で定められている。父親の産休も２週間あり、さらにどちらの親も子どもが５歳になるまでは無給の休暇を取ることができる。雇用主が父母の産休にかかるコストのほとんどは政府から補填されていることを考慮すれば、産休はプレカリアートに犠牲を負わせ、サラリーマン階級をいたわるという逆進的な福利厚生だ。それは労働中心主義者に気に入られるが、低い所得しか稼げない人々のうちでそれを享受できる人はどれだけいるだろうか？　やっと2009年になってから、イギリスの平等・人権委員会は、受給資格を得るために必要な雇用期間を短くすることを提案した。しかし、プレカリアートの多くの女性は、妊娠中のしばらくの間、職から離れることになる。そうなると彼女たちはとうてい新しい職を得られそうにない。したがって産休という福利厚生を得られない。プレカリアートにも、他のすべての人々と同じ受給資格が与えられるべきだ。普遍性こそが問題なのだ。

　このことは、次の要求につながる。職は手段として、まっとうな商業取引として扱われるべきだ。職は幸せの一番の源であり、職という喜びを手にすることを渋る者には、長い目で見た幸せを得させるために職を強制すべきだなどと主張する人に対しては、大きなお世話だと言い聞かせるべきだ。ほとんどのプレカリアートにとって、職は涅槃に至る道ではない。職は幸福の源だと言い聞かせられることで、職の意味は、まったくありえない何物かに変えられてしまうのだ。職は、誰かが何かをやってほしいと思うから創り出される。少なくとも職はそうやって創り出されるべきだ。職を正しく商品化させよう。それが自由市場経済のルールならば、すべての商品にそれを当てはめようではないか。

第７章　極楽に至る政治　237

職業の自由

　プレカリアートは職業という感覚を豊かにすることを望んでいる。職業とは人格的発達や充実を促す方向で、仕事と労働とを一つにする形態である。労働や職からの要求は強まっている。そして多くの貴重な仕事がストレスの多い好ましくない環境で行われているのと同じように、遊びもまた余暇の閉め出しを助長している。第三次的社会の貴重な資産の一つは時間だ。

　職を手段として扱う代わりに、私たちは職こそ人生で最も重要なことだと言い聞かせられている。だが、職の外に、もっとやりがいがあって、社会的にはもっと貴重であり得るさまざまな形の仕事がたくさんある。職に就くことが必要で、それが私たちのアイデンティティを規定するのだと言ってしまえば、現在職に就いている人々は、職を失うとどうしよう、そうなれば、社会的に価値のあるものや地位や生活水準まで失ってしまうと考えてストレスを感じることだろう。

　2009年末には、『ウォール・ストリート・ジャーナル』紙がFRBの元副議長であるアラン・ブラインダーによるコメントを載せた。そのなかで彼は、アメリカ人は「今や三つのことしか頭にない。職、職、そして職だ」と書いた。彼はこの洞察を裏付ける何の証拠も示さなかった。だが、もし大多数の人々が職に就くことによってしか安全保障に近いものを得られないのだとしたら、職が至高の重要性をもち、取扱注意でストレスの多いものとなるのは明らかだ。これが不健全であり不必要だとは、ユートピア主義者にならなくとも言える。私たちは職という物神を作り出すのをやめなければならない。

　「雇用なき成長」や、さらに「雇用減の成長」という現実の証拠が示したように、富裕国の経済成長がより多くの職を要求するかどうかさえ定かではない。さらに、無理やりな職の創出を通じた成長率の引き上げは、環境破壊につながるかもしれない。つまるところ、職や労働は資源の使用や消耗を伴いやすいのに対して、他の形でのさまざまな仕事は再生産的で資源を保護する傾向があるのだ。

　職からの転換を進め、仕事への権利が強められなければならない。その方法は、人々が労働ではない仕事にもっと取り組みやすいようにし、その機会を平

等化することだ。そのような仕事の必要性は増大しているが、そうするのに絶好の位置にいるのは裕福な人々だ。裕福な人には時間があるか、時間を買えるからだ。これは隠された不平等だ。恵まれている人々が、さらに恵まれた人になるのに最も好位置にいるのだ。

　アメリカでは、2008年以降の不況が労働ではない仕事の成長に火をつけた。この皮肉な事態に誰も注目しなかった。たとえば、何千もの人々がボランティアの仕事を紹介する情報センターであるボランティア・ニューヨーク（Volunteernyc.org）に殺到した。これはある程度は、公共のサービスをやろう、というオバマ大統領の呼びかけへの応答であった。コミュニティの精神の復活が再び支持されたのだ。きっとそうだと願ってもいい。だが、このような仕事にインセンティブや機会を提供する戦略は、どの政党にもない。ボランティアへの殺到は、社会的に価値のある活動となるような仕事をしたいと人々が望んでいることの証だ。職を失うことで人々は解放され、自由になることができるのだ。その際、プレカリアートは二面性のある経験をする。ハンナ・アレント（Arent, 1958）が恐れたように、一つの職に縛られることは有識者中心社会（jobholder society）という地獄を作ることなのだ。組織体への帰属からなる社会は、凝り固まって飽き飽きする味気ないものとなる。だが、経済的な安全保障がないことは良いことではまったくない。そのために、プレカリアートはボランティアや社会のための仕事を行うことができない。借金を抱え、不安定な境遇にあることがその妨げになっているのだ。

　ボランティアへの殺到は、活動したいという人々の強い望みを示している。その活動は、仕事と職がまったく等しいとして数十年にわたって教えこまれてこなければ、私たちが仕事とみなしていたような活動なのだ。ポラニー（Polanyi, [1944] 2001）もアレントもこれを理解していたが、どちらも政策の領域にその認識をもちこむことができなかった。ポラニーは商品化を嘆き、アレントは職をもつことにこだわる有識者中心主義（jobholderism）を嘆いた。しかしいずれも、仕事と余暇に基づく社会をどのように作り上げるのかのヴィジョンをもっていなかった。グローバル化の危機が始まった今こそ、その先に進む好機だ。

　最近登場したいくつかの NGO は希望を与えてくれる──「ニューヨーク・

ケアズ」、「ビッグ・ブラザーズ、ビッグ・シスターズ」、「主根基金（Taproot Foundation）」などがそうだ。専門職の人々は、自分たちの能力や熱意を職の外では限定的にしか活かすことができなかったが、これらの NGO が紹介するボランティア活動に眠っていた能力や仕事への関心を注ぎ込むはけ口を見出してきたのだ。ファイナンシャル・クリニックと呼ばれるニューヨークの NGO もまた興味深い。この団体は、低賃金の労働者が個人破産しないようにアドバイスを与えるボランティアの専門家を手配しているのだ。この専門家たちは、一歩間違えばプレカリアートの立場に落ちていたかも知れない専門技術職階級の人々だ。

　政府もこれに一役買っている。成長中の組織のなかには、若者に 1 年間のボランティアを経験させる連邦政府事業のアメリコー（AmeriCorps）、低所得地域の教育困難校で 2 年間の教師経験をする大卒者を送り出す NPO のティーチ・フォー・アメリカのプログラムの受け入れ、ニューヨークの公共的なサービス活動を紹介するボランティア・ニューヨークなどがある。2009年の中頃には、アメリカの非営利組織は940万人を雇用し、さらに470万人のフルタイムのボランティアを抱えていた。さらに、企業は常勤の被雇用者に対して公共的なサービス活動のための有給休暇を認めてきた。これは新たな社会のパターンの前触れかも知れないが、ボランティアの分だけ職が失われるという効果をももつにちがいない。たとえば、2009年の 1 月から 3 月までの間に、アメリカでは 1 万人の弁護士が解雇（レイオフ）された。そしてその多くが、公共利益団体で、スズメの涙ほどの額でプロボノ（社会貢献ボランティア）の仕事をするように誘導されたのだ。2009年の 3 月には、アメリカの議会がエドワード・ケネディ・サーブ・アメリカ法（Edword Kcnnedy Serve America Act）を通過させた。これは1993年に始まった全国規模の社会奉仕プログラムの全面的な改定だった。この法によってアメリコーの規模は実際に 3 倍となり、翌年には700万もの人々が新たにコミュニティでのボランティア活動に従事することとなった。この法律は特に年配のアメリカ人を「第二の人生支援の職業紹介所（encore fellowships）」を通じて動員し、教育、保健医療、非営利組織の経営の分野で「第二のキャリア」を与えている。50歳を超えるアメリカ人を代表する全米退職者協会（AARP）による2009年 1 月の調査では、高齢者の 4 分の 3 近くがお金よ

りも社会的な仕事に時間を割くことを望んでいることが明らかになった。

　ボランティアの他にも、多種多様な形で、近隣のための活動やケア・ワークを促進する動きがある。現代社会の多くの人々は、親族、友人、コミュニティのケアに割くことのできる時間があまりにも短く、さらに自分がケアを必要とする時に他の人からケアを受けることがあまりにも少ないことを感じている。それを仕事と呼び、私たちの職業感覚のなかに埋め込もうではないか。

　要するに、職業の自由は、プレカリアートとその他の人々が、自分自身の職業キャリアの感覚を築き上げる際に、幅広い仕事と労働を行う平等な機会を要求する。国家がある特定の形の労働を他の形の労働よりも道徳的、経済的に優れたものとしてはいけないのだ。

仕事権

　プレカリアートは、いわゆる「労働権（labour rights）」という手段を、仕事権（work rights）を推進し保護する手段に転換するよう求めるべきだ。仕事をしている人は、ますます被雇用者ではなくなっており、労働をベースとした請求権を被雇用者に保証するためだけに、複雑な仕方で定義すると不自然で恣意的になる。仕事権には、「労働」と「資本」の間だけではなく、労働者間の、そして職業コミュニティ内で許される慣行についてのルールが含まれるべきだ。プレカリアートはこの点で不利な立場にある。プレカリアートに発言権を与える「共同交渉（collaborative bargaining）」の制度が、雇用者と被雇用者の代表間の交渉である団体交渉を補完するために求められている。この問題には後でまた触れることにしよう。

　プレカリアートは、国際的な仕事権のための体制（レジーム）の構築を求めていかねばならない。手始めに、労働中心主義の巣窟である国際労働機関（ILO）を根本から見直すことだ。これをいかに進めるかについては別のところで論じた（Standing, 2010）。しっかりした世界規模の団体なくしては、プレカリアートの声はかき消され、無視されることだろう。

　仕事のうち労働ではないものもすべて、仕事権の一部とされる必要がある。たとえば、人々が家計を上手く管理することが期待されているのならば、国家によるパターナリズム的な後押しを受けるのではなく、人々が支払うことので

きる金額で情報を得たり専門的アドバイスを受けたりできるようにすべきだ。またそれらの情報を扱うために十分なだけ集中できる時間が保障されるべきだ。

　ケアの仕事はいまだに、法律や社会的保護の政策によって権利が守られた領域ではない。とりわけ三重の重荷が増大している現在、それはプレカリアートの女性にとって決定的に重要だ。しかし、それは男性にとっても重要だ。ますます多くの男性が、自分自身がケアや、他の労働ではない形の仕事に携わる可能性を実感しているからだ。ここでの仕事権の行動計画は、ケア提供者、ケアを受ける人、それを媒介する人、これらすべての人々が搾取や抑圧、そして自己搾取に陥りやすいということを考慮したものとなろう。

　社会的活動としての仕事もまた、権利が守られる領域であるべきだ。すでに私たちは、特に2008年以降、ボランティアやコミュニティのための仕事がいかに広がってきたかを見てきた。そのリスクは、そのような仕事が少数の人々にとっての特権的活動となり、そのほかの人々にとってはワークフェアの道具となり得るということだ。さらに言えば、その仕事を労働として行い、それによる所得で生きている労働者が従事するサービスの市場に、退職者や不完全雇用の人々が参入するならば、それは実質的に補助金を受けた労働者の参入と言える。そのような場合には、ボランティアの存在がプレカリアートの経済的機会を減少させてしまうのだ。

　最後に、仕事権は倫理規定を含む。あらゆる職業コミュニティは倫理規定をもつべきであり、ほとんどの職業コミュニティは、メンバーに対して倫理規定を課すことを望むだろう。悲しいことに、会計士のような勢力の強い職業のいくつかには長い間このような規定がなかった。倫理的な検討が脇に置かれることで、強欲なエリートが高額の所得をかき集めるのを許容し、広い意味で同じ職業コミュニティのなかでランクが低いとされる人たちの品位を落としてきたのだ。銀行家のように、集団的な倫理の伝統がない職業は、金融危機の顕著な一因となった。プレカリアートは、倫理規定があらゆる職業コミュニティや経済活動の一部となるように主張しなければならない。

ワークフェアとコンディショナリティの打倒

　プレカリアートにとって重要なことは、プレカリアートが周りに迷惑をかけない限り功利主義的民主主義のなかでは無視される。プレカリアートは組織されていない。あるいは無秩序で政治過程に自分たちの声を届けられないために見過ごされている。そんな単純な理由で、多数派の専制が生じてくる。これが今の状況だ。結果として、投票者全体のなかで中央値となるような投票者たちや政治に金を出している人々を喜ばせる政策がたいていは優勢になる。これと闘うためには、プレカリアートは制度的に代表され、倫理原則に合致した政策を要求せねばならない。しかし現状ではそこに制度的真空状態がある。いくつかのすぐれた NGO がそれを埋めようとしているが、せいぜい散発的なものに留まっている。

　アメリカ、イギリス、スウェーデン、オーストラリア、ドイツなどの国々で導入されたワークフェアについて考えてみよう。基本的に、失業者は指示された職に就かねばならない。さもなくば給付を失い、死ぬまで「たかり屋」として、なんらかのデータ監視システム上に記録されることになる。雇用されている大多数の人々はこれが公正だと思うかもしれない。とはいえそれが自分たち（もしくは自分たちの子ども）に適用されるとすれば、とうてい受け入れそうにはない。しかし残念ながら功利主義的な状況では、この不公正は無視され、取り合ってもらえないだろう。大多数の人々はこれで幸せなのだ。

　国家は職業紹介活動を営利業者に委託している。そして、職を斡旋された失業者の数、あるいは（失業給付）受給者の削減数に応じて、それらの業者に対して支払っているのだ。この、かつては公的サービスだったものの商業化は、いくつかのモラル・ハザードを引き起こす。商業化によって、職業紹介活動は対人サービスでも公的でもない、単なる商品化処理と言えるほど非人間的なものとなるのだ。受託業者は企業だ。市場経済では企業は他のすべてに優先する義務を負う。利潤を生み出すことだ。

　次のシナリオを想像してみるといい。受託業者はある男を早く職に就かせたいと思っている。業者自身の所得を増やすためだ。街外れの遠くに、最低賃金を支払う職がある。悪条件だが職は職だ。その男は、通勤その他のコストがか

第7章　極楽に至る政治　　243

かるとか、通勤に長時間取られることで家族と過ごす時間をもてなくなるとか、その職は彼が半生かけて磨いてきた技能と合わないからという理由で受け入れられないと言う。彼は即座に、職を一つ拒絶したと記録される。アメリカの仕組みをコピーしたイギリスの新しい規則では、ある人がこのような職を三つ拒否すれば、彼は３年間にわたって手当の受給資格を失うことになる。それは法の定める手続きや公正なヒアリングではなく、営利を求める業者の決定のみに基づいて決定される。業者が原告であり、判事であり、陪審員なのだ。国家は福祉受給者を削減できて幸せだ。この男には自分に科せられた処罰に対して異議を申し立てる正当な権利がない。それによって市民として役割を果たす生活を送ることは難しくなるかもしれない。彼の経歴には汚点が残される。そして、彼は不安定性の罠に捕らえられるのだ。

　正義の基本原則に通じているものなら誰でも、自分や親族に対するこのような措置を受け入れないだろう。しかし、それが自分自身の問題ではない限り、あるいはそのような規則が注意を引き、この種の不公正について熟考することがない限り、この流れは続いてしまう。

　同様に、イギリス政府は就業不能給付への医学的審査をアトス・オリジン（Atos Origin）と呼ばれる企業に委託した。アトス・オリジンは早速、受給者のうち４分の３は労働に適しているので、給付は３分の１にまで減額できるだろうと宣言した。受給者のほとんどは自分自身が削減対象だと過剰に脅かされたことだろうが、いくつかの地域には受給者を代表するグループがあった。数ヶ月のうちに無数の請願があり、そのうち40％は認められた。医師たちはBBC（英国放送協会）に対して、速くて安上がりの検査をして、患者たちは働けると宣告するようにという医師への圧力があったと答えている。

　ロンドンの低所得地区であるイズリントンには、非営利のボランティア団体、イズリントン法律センターがあり、請願の成功率は80％だったと報告している（Cohen, 2010）。このような団体は公共政策の一部となって、政府資金で運営されるべきだ。そして、そのような機関のなかで受給者代表の発言権が与えられれば、傷付きやすい人々への虐待が削減されるだろう。やはり請願をするにはリスクがあり、費用と時間がかかる。すべての地域が、法律家や活動家ジャーナリストの地元コミュニティのあるイズリントンのようにはいかない。

プレカリアートは、民主主義的な透明性の原則が、政策の展開と実施のすべての段階で適用されるように要求していかねばならない。コンディショナリティと社会的規制の商業化は、自由、普遍主義、意見の不一致の尊重とは相容れないものとして、撃退されねばならない。職がそんなに素晴らしいものなら、人々はそれに引き寄せられこそすれ、引っ張られるべきではない。対人サービスがそんなに重要なものなら、誰でもそのサービスを受けられるように、教育し、入手可能な条件を整えるべきだ。

協同的自由——プレカリアートの代理機関

協同的自由（associational freedom）の概念は、自由というものの本質へと私たちを導く。自由とは私たちがしたいことをする能力ではない。他の人に危害を与えない限りでという但し書きをつけたとしても、それは自由の概念ではない。自由は、コミュニティの一員であることによりもたらされる。そのコミュニティのなかで自由を実践することによってこそ、人々はそれを実感することができるのだ。自由とは行為のなかで露わになる（revealed）ものであり、お上から許可されたり、石板に預言されるものではないのだ。プレカリアートは新自由主義的な意味では自由だ。つまり、互いに競争する自由があり、消費し労働する自由がある。だが、パターナリズム的おせっかいの要求を断り、抑圧的な競争への駆り立てを抑制できるような協同の仕組みがないという意味では、プレカリアートは自由ではない。

プレカリアートは集団的な発言権を必要としている。ユーロ・メーデーの運動はその予兆にすぎない。原初的反抗の活動が集団的行為に先立って起こっているのだ。今こそ、雇用者、ブローカーなどの仲介業者、そしてとりわけ政府の代理機関と交渉するために、プレカリアートを代表する継続的な団体がつくられるべき時だ。

最初にすべきこととして、プライバシーに対するコントロールの回復が必要不可欠だ。プレカリアートは公共空間に生きているが、監視や非民主主義的な行動操作にさらされやすい。プレカリアートは、以下の諸権利をすべての個人に保障するための規制を要求すべきだ。すなわち、あらゆる組織が保持する自分に関する情報を見て訂正する権利。自分たちに影響する機密保護違反が起き

た時に、企業が下請けを含む被雇用者に対して通知することを求める権利。各組織が信認された第三者機関による毎年の情報セキュリティ監査を受けることを要求する権利。情報に対して使用期限を設定する権利。そして、なんらかの行動の蓋然性に基づくデータプロファイリングの使用を制限する権利だ。データ保護と情報公開法は正しい方向への一歩であるが、十分ではない。積極的な発言権が求められているのだ。プレカリアートは、プライバシーや、誤った情報を訂正する権利を復活させ、強化するための行動計画を推し進めなければならない。

　プレカリアートは、周りで起きている生態系破壊についてますます怒りを募らせることだろう。人為的な気候変動の存在を否定する人々は、汚染を抑制するという政府の努力は国家権力を拡張するための陰謀であるとする極右勢力やポピュリズムを動員してきた。プレカリアートはこれに騙されてはいけない。だがプレカリアートは、所得の安全保障の源とされている職が減ってしまい、トリクル・ダウンによって自分たちにも分け前が来るとされている成長が鈍ってしまうという見通しによって脅かされている。豊かな国では、生産コストを上げることは貧しい国々への職の移転を加速させてしまうのだと、プレカリアートは言い聞かせられている。発展途上国では、エネルギーを削減する方法は職の創出を鈍化させるのだと、言い聞かせられている。あらゆる場所で、プレカリアートは現状を受け入れるように諭されているのだ。プレカリアートは、環境よりも職が優先されていることが問題だということに気付くべきだ。これを逆転させるためには、今よりも職の創出に依存しないようにする必要がある。

　仕事や労働の領域におけるプレカリアートの発言権は弱い。原理的には、労働組合はプレカリアートの利害を代表するように改革されうる。だがいくつかの理由から、これは起こりそうもないと考えられる。労働組合は、より多くの仕事と、生産高のより大きな分け前のためにロビイングや闘争を行う。つまり、経済のパイを大きくしたいのだ。したがって、必然的にプレカリアートには対立し、経済中心主義的となる。労働組合は失業者やケア・ワークを行っている人々、「緑」の問題について考えているふりをする。しかし、メンバーの金銭的利害と社会問題または環境問題とがぶつかる時はいつでも、労働組合は金銭

的利害を選ぶ。進歩を望む人々は、組合がその機能に反する何物かになること
を期待するのを止めなければならない。

　新たなタイプの団体は、「共同交渉（collaborative bargaining）」という課題に
取り組まなければならない（Standing, 2009）。このような団体は、プレカリアー
トが行わねばならない最大限広い意味での仕事や労働、そしてプレカリアート
の社会的な希望を考慮する必要があるだろう。そのような団体は、雇用者、労
働を斡旋するブローカー、派遣会社、一連の国家機関、特に社会サービスや監
視活動を扱う機関に対する交渉力を強めていかねばならない。他の労働者集団
と連携することで、そのような団体がプレカリアートを代表することは必ずや
可能になるだろう。なぜなら、プレカリアートの利害は、サラリーマン階級あ
るいは中核的被雇用者の利害とは異なり、それらの階級には自分たちを代弁し
てくれる労働組合があるからだ。そして、そのような団体は社会移動を促進す
るアソシエーションでなければならない。それによって、現状よりも整然とし
た社会移動が実現されるような構造のコミュニティがもたらされるべきなのだ。

　一つの問題は、サービス提供者からなるいかなる団体も市場を歪めるので、
反トラストの見地から阻止されるべきだという主張に基づく新自由主義の罠か
ら逃れることだ。幸運にも、いくつかの国では将来有望なモデルが出てきてい
る。その一つは労働者協同組合（ワーカーズ・コレクティブ）であり、より柔軟
なかかわり方を許容する現代にふさわしいものとなっている。

　ポラニーのメッセージを現代に生かせば次のようになる。グローバリゼー
ションの危機を受けて、経済を社会に「埋め込み直す」手助けとなるために現
れるアソシエーションは、意見の違う者も許容しなければならない。それらは
平等主義を拡大するなかでプレカリアートを包摂すべきだ。これに関して、協
同組合主義の原則が示していることがある。興味深いことに、イギリス首相に
選ばれる前にデイヴィッド・キャメロンは、警察と裁判所と刑務所を除く公的
セクターの労働者が、雇用契約について所管の政府省庁と交渉するために労働
者協同組合を運営することを許可する意思があると発表した。これは現代版の
ギルド社会主義に向けた動きとなるかもしれない。職業の管理を職業団体（ア
ソシエーション）に移譲することになるかもしれない。克服すべき課題には、
透明性、過払い、結んだ契約の説明責任、所得分配や労働機会や内部昇進に関

第7章　極楽に至る政治　　247

するルールのガバナンス、などがある。管轄権や他のサービスとの関係も問題だ。あるサービスで省力化技術が進んだ場合どうするかという問題だ。

　2010年2月にそのアイディアを打ち出す際に、キャメロンはコールセンター、ソーシャル・ワーク、コミュニティ保健看護チーム、病院の病理診断科、刑務所における社会復帰や教育サービスといった例を挙げた。「労働者協同組合」となるのはどのくらいの大きさとすべきだろうか？　もし、ある地方自治体におけるすべての国民保健サービス（NHS）の病院が協同組合を形成する集団として選ばれるならば、稼ぎや技術スキルが大きく異なるグループ間でどのように所得の分配を決定するのかという問題が生ずる。当初の病院関連の収入に基づいた比例配分によって分配されるべきだろうか？　それとも、スキルや、仕事に費やした時間の合計とは関係なく、平等な分配が原則となるべきだろうか？　協同組合の単位が小さく、医師や看護師、または病理診断科に限られれば、内部の原則は単純になるだろうが、内部のどのような変化も、グループ内の個人と密接にかかわることになる。したがって、より良い、またはより安価なサービスを導入しようとする変化が退けられたり、そもそも考慮されないということも当然起こるだろう。

　統合された社会サービスの難しさは、ある特定の部分の金銭的価値を規定することだ。医師は医療サービスの価値のうち70％に値し、看護師は30％に値するのだろうか？　あるいは60対40、あるいは80対20の方が望ましいだろうか？政府省庁が協同組合と交渉するのだから、その割合は民主的に決定されるべきという人もいるだろう。しかし、それを言うなら、取引コストを含めた潜在的な交渉の領域について考えるべきだ。関連する職業グループの間にはもっともな緊張関係があるかもしれないのだ。看護サービスに関する所得分配が70対30で正規の看護師に多く支払われた時、看護助手たちがどのように反応するだろうかを考えてみるといい。だが、それでもこの提案は共同交渉に向けた動きとなるだろう。それによって、第三次的社会において私たちは個人としてだけではなく、集団の自発的なメンバーとして、アイデンティティの感覚をもって存在するということが承認されるのだ。それは19世紀の共済組合や「相互会社（mutuals）」、そしてそれ以前のギルド（同職組合）にまでさかのぼるものだ。

　良く働くためには、強固な権利の土台がなければならない。それは柔軟性を

高め、組織の変化や個人的な経歴の変化に人々が楽に対応できるようにするうえで十分な所得の安全保障を与えるために必要だ。これは、古い雇用保障モデルの過小評価された欠陥にかかわる。公的サービスに従事し、企業や組織で勤めた期間に伴って福利厚生給付や所得が増えたので、個人と組織の両者にとって離れて移動した方が有益であるような時にも、人々は職にしがみついたのだ。金の檻は、あまりにもしばしば鉛の檻となった。協同組合の原則は賞賛すべきものだが、職業移動を抑圧する別の手段となってはならない。

　協同組合のほかにも、プレカリアートの助けとなる別の形の代理機関（agency）がある。それは一時雇用労働者の連合組織（association）だ。これにはいくつかの種類がある。ニューヨークで「パーマランサー（permalancer）（恒常的なフリーランスあるいは一時雇用で働く人）」のために立ち上げられた「フリーランサーズ・ユニオン」は、個人の会員に幅広いサービスを提供している。また、カナダで法律相談をベースに活動している、フリーランス編集者連合という組織もある（Standing, 2009: 271-3）。三つ目のモデルは、インドのSEWA（女性自営労働者連合：the Self-Employed Women's Association）のようなものとなろう。他にもこのような連合組織が現れてきており、それらは進歩的な政治によってサポートされるべきだ。このような組織は、協同的自由（associational freedom）に新しい意味を与えてくれるだろう。

　何にもまして、フレキシブルな労働市場と威圧的な国家があるかぎり、プレカリアートは政策にかかわる政府機関での発言権を必要とする。サラリーマン階級は、官僚機構や複雑な行政手続きから自分の身を守る術を心得ている。声を上げることができる。しかし、プレカリアートは不利な立場に置かれている。プレカリアートの人々には、単に安全保障がないという人が多いが、別の不利な要素を抱えている人々もいる。たとえばイギリスでは、就業不能給付を受けている人々の40％は精神疾患を抱えていると言われている。教育をあまり受けていない人や、うまく英語が扱えない移民も、政策を決定する仕組みのなかで、代弁者や圧力団体を必要とすることが認められてしかるべきだ。このような人々も不当な解雇や、さまざまな給付がまったく、もしくは少ししか支払われないことに異議を唱え、借金の問題に対処できるようになる必要がある。また、見たところでは明らかに審査と給付獲得をできるだけ困難にするために設計さ

れた、ますます複雑になる手続きのなかで、交渉し、問題を解決することを必要としているのだ。

平等の復活

20世紀には、不平等は利潤と賃金に関することと考えられた。社会民主主義者や他の者にとって再分配とは生産手段を管理すること、つまり国有化によって達成されるものであった。さらに、課税を通じて利潤のより多くの割合を得ることによっても達成され、そうやって得られた利潤は国家による給付や公共サービスによって再分配されるものとされた。

このようなモデルの評判は地に落ち、社会主義者は絶望の底にいる。『社会主義をもう一度想像する (*Reimagining Socialism*)』というエッセイ集のなかで、生産手段が中国に移っているのを目の当たりにしたアメリカの社会主義者、バーバラ・エーレンライクとビル・フレッチャー（Ehrenreich and Fletcher, 2009）は次のように書いた。「人々に聞こう。私たちには何かプランがあるのだろうか？　ここから抜け出して、公正で民主的で、持続可能な（他にお気に入りの形容詞を加えてくれ）未来へと続く道筋が見えるだろうか？　せめてそれを議論の俎上に載せることくらいはしよう。今はそれさえしていないのだ。」

勇気をもってほしい。平等主義のエートスは次の段階へと移っているのだ。プレカリアートがバトンを手にしようとしている。生産手段が不明瞭で分散し、またしばしば労働者によって所有されている第三次的社会に出現した階級がプレカリアートだ。あらゆる転換は、その時代にとって鍵となる資産をめぐる闘争によって特徴付けられる。封建社会では、小作人と農奴は土地と水のコントロールを得るために闘った。産業資本主義では、闘争は生産手段、工場、地所、鉱山をめぐるものだった。労働者はまともな労働と、監督者に労働のコントロールを認めるのと引き換えのある程度の利潤の分け前を求めた。だが現代の第三次的社会では、進歩的な闘争は五つの主要な資産への不平等なアクセスおよびコントロールをめぐって起こるだろう。

その五つの資産は経済的安全保障、時間、価値ある空間（quality space）、知識、そして金融資本として要約できる。進歩的な闘争はこれらすべてに関して行われるだろう。周知のとおり、エリート階級やサラリーマン階級は金融資本

のほとんどを所有している。そして前の世代よりも頭脳明晰だとか、努力家だとかいう証拠はまったくないにもかかわらず、以前よりも膨大な所得を得るようになってきている。その豊かさによって、実力主義社会という主張は茶番となる。金融資本から得た所得をコントロールできるということは、より多くの民営化された価値ある空間を購入できるということを意味する。それにより、プレカリアートや他の人々が頼りとするコモンズ（社会的共通財産）が狭められるのだ。さらにエリート階級やサラリーマン階級は、他の人々が夢見ることしかできないような、自分自身の時間に対するコントロールを手にすることができるのだ。

　これら五つの資産を再分配する魔法のような手段は存在しない。どのケースでも、制度変更や規制、そして交渉が必要とされる。しかし、長年議論されてきた次のような政策は、これらすべての点で役立つものとなるだろう。プレカリアートがいかにしてこれら五つの重要な資産のより多くのシェアを得ることができるかを考える前に、鍵となるその発想を明確にし、それに倫理的な説明を与えることとしよう。

ベーシック・インカム

　この提案はすでにプレカリアート運動の一つのテーマとなっている。また、この提案には長い歴史があり、多くの高名な支持者がいる。それは色々な名前で呼ばれているが、最も一般的なのは「ベーシック・インカム（basic income）」だ。他にも、「市民交付金（citizen's grant）」、「社会配当（social dividend）」、「連帯交付金（solidarity grant）」、「民主交付金（demogrant）」等と呼ばれている。ここでは最も一般的な名称を使うが、ここで提案されているのは一つの変種であり、それは二つの望ましい目的を考慮に入れてのことである。それらの目的はこれまで議論されることがなかったものだ。

　この提案の核となるのは、ある国もしくはある地域における合法的な住民なら誰でも、大人だけでなく子どもも、適度の給付が毎月与えられるべきとする点だ。すべての個人がキャッシュカードをもち、それによって、基本的なニーズに合った金額を毎月口座から引き出し、適当と考えるものに使うことが権利として保証されるだろう。障害のような特別なニーズに対しては、追加給付が

第 7 章　極楽に至る政治　　**251**

あるべきだろう。これは一見かなりラディカルに思われるかもしれないが、富裕国のほとんどでは実際はそうでない。それはすでに存在する多くの所得移転の仕組みを統合し、複雑で、裁量の幅があり恣意的なコンディショナリティによって非常にわかりにくいものとなっている仕組みの数々と置き換えるだけだからだ。

　このようなベーシック・インカムは、すべての個人に対して支払われる。議論の余地のある「家族」や「世帯」などの、より大きな集団ではない。ベーシック・インカムは、すべての合法的住民に対して支払われる普遍的なものとなる。実務的な理由から、移民には待機期間が生じるだろう。ベーシック・インカムは、食物や他の決まったものにしか使えないバウチャーというパターナリズム的な形ではなく、現金で配られる。それによって受給者は給付の使い道を自分で決めることができる。ベーシック・インカムは、後押しのような行動操作ではない「自由な選択」を間違いなく促進するのだ。ベーシック・インカムは侵すことのできない権利となるべきであり、ある人が合法的な住民で居続ける限りは、または給付の停止という刑が定められた特定の罪を犯すということがない限りは、国家がそれを取り上げることは許されてはならない。そして、ベーシック・インカムは、定期的に適度な金額が支払われるべきだ。イギリス政府が2005年から2010年まで導入していた「チャイルド・トラスト・ファンド」の下で意図された「ベイビー・ボンド（baby bond）」や「ステイクホルダー・グラント（stakeholder grant）」のような、「意志の弱さ」問題などを引き起こす一時金ではないものとすべきだ（Wright, 2006）。

　給付金は、人々の行動に関しては無条件で配られるべきだ。問題のある行動に対処するためには、法律、裁判所、法的手続きが存在する。それらは基本的な安全保障を提供する政策と混同されるべきではない。そうなれば安全保障と正義のどちらもなくなってしまうだろう。原理的に、現金移転は人々を自由にする。人々に、生き方や能力の伸ばし方にかかわる選択をするための経済的安全保障を与えるのだ。貧困とは、食べるものや着るものが足りないこと、適切な場所に住めないことだけでなく、不自由にもかかわる。条件を押し付けたり、受給者が買えるものを制限したりするのは、人々を不自由にすることだ。一度これが受け入れられれば、政策立案者が次のステップに進む歯止めはなくな

る。自分たちは、所得が低く教育をあまり受けていない人々にとって何が最善かを知っていると安直に考えるようになるのだ。コンディショナリティを支持する人々は、条件を増やし、強制的で懲罰的と言えるほど厳格にしていくことだろう。ベーシック・インカムはこれとは逆の方向に進んでいくのだ。

　ベーシック・インカムは、しばしば比較される負の所得税とはあまり似たものとはならないだろう。ベーシック・インカムは、所得が増えると給付が失われるので労働に対する逆のインセンティブを与えてしまう貧困の罠を生み出さない。人々は、労働によっていくら稼いだかとは関係なくベーシック・インカムを受け取ることができる。また、結婚しているかどうかや、家族状況などにも関係なく支払いを受けられる。すべての勤労所得は一律に課税される。もし国が富裕層に配られる額を制限したいのであれば、高所得に対して高い税をかけて取り戻すこともできる。

　ベーシック・インカムに対する反対論は幅広く検討されてきた。特に議論を広めるために1986年に設立された国際ネットワークにおいて活発な議論が行われている。それは、もともとは BIEN（ベーシック・インカム・ヨーロッパ・ネットワーク Basic Income Europe Network）と呼ばれていたが、開発途上国や他の非ヨーロッパ諸国の会員が増えたことを反映し、2004年のバルセロナ大会で BIEN（ベーシック・インカム地球ネットワーク Basic Income Earth Network）へと名称を変えた。2010年までに、このネットワークはヨーロッパの他にもブラジルやカナダ、日本、メキシコ、韓国、そしてアメリカ合衆国といった各国の国内ネットワークも広げてきた。

　無条件のベーシック・インカムに反対する主な議論には以下のものがある。それは労働供給を減らすかも知れない、インフレを起こす可能性がある、財政的に賄うことができない、ポピュリスト政治家によって利用され得る、怠け者に報酬を与えて労働する者に課税する「施しもの」となってしまう、などだ。これらすべてには、BIEN の文献や他の学者の仕事によって応答がなされてきた。しかしここでは、重要な鍵となる資産の概念に照らして、プレカリアートにとってのベーシック・インカムの利点を（また費用をいかに捻出するかも）考えながら、いくつかの批判に応えていくこととしよう。

　哲学的には、ベーシック・インカムとは過去の投資に対する見返りである

「社会配当」だと解釈できる。何にも生み出していない者に何かを与えるのか、とベーシック・インカムを非難する人もまた、多かれ少なかれ、しばしば富の相続という形で、自分では何も生み出していないのにたくさんの物を受け継いできたのだ。これは、トマス・ペインが1795年に『農民（土地配分）の正義（Agrarian Justice）』のなかでみごとに提示した論点につながる（Pain,［1795］2005）。あらゆる社会の裕福な人は皆、自分の先祖の努力と、現在の自分よりも豊かでない人々の先祖の努力とのおかげで、現在の幸運の大部分を手にしている。したがってすべての人が、自分たちの能力を発達させるためのベーシック・インカムを与えられるとすれば、それは先人たちの努力と幸運からの配当となる。プレカリアートには、他のあらゆる人々と同じように、そのような配当を手にする権利があるのだ。

　ベーシック・インカムに向けた望ましい第一歩は、税と給付システムの統合だ。2010年にはイギリスで、多くの人々にとって思いもよらぬ方向から、ベーシック・インカムに進む動きが起こった。税と給付システムの抜本的改革を目指す連立政権の計画によって、それまでの政権が作り上げてきた51の給付システムが、多くの場合それぞれ異なる受給要件の基準をもち、わかりにくく、モラル・ハザードが蔓延し、貧困の罠や失業の罠につながるものとなっていることが認識されたのだ。国家による給付を二つに——ユニバーサル・ワーク・クレジット（Universal Work Credit）とユニバーサル・ライフ・クレジット（Universal Life Credit）——に整理することで、税と給付の統合を前進させ、勤労所得の上昇に伴って給付額が徐々に減る時の規則性を高めることができるだろう。この統合は、ベーシック・インカムが出現する環境を生み出す可能性さえあった。悲しいことに、カトリック教徒のイアン・ダンカン・スミス雇用・年金大臣は、手当の受給者に対して労働を強制すべきと確信し、ワークフェアを先導し、それを営利企業がコントロールすることを許した。だが、それでもこの統合は普遍主義をベースに、社会的保護のシステムを再構築する第一歩となるだろう。

安全保障の再分配

　安全保障（security）という資産にはいくつかの要素がある——社会的、経済

的、文化的、政治的、等々。ここでは、私たちは経済的次元に焦点を当てる。慢性的に安全保障を欠いていることはそれ自体が有害なものであるが、間接的にも能力や人格の発達に対して有害な影響を及ぼす。このことが認められれば、基本的な安全保障を供給する戦略があるべきだ、ということになる。プレカリアートは、まさしくシステム全体の安全保障の欠如に苦しんでいるがゆえに、動き出しているのだ。

　１人の人間が、過剰な安全保障を手にすることも、過少な安全保障しか与えられないこともあり得る。安全保障が少なすぎれば、人は非合理的になる。安全保障が多すぎれば、人はケアや責任を忘れてしまう。安全保障を強調すると、反抗的になり、変化に抵抗し、時代錯誤的な支配を正当化することになるかもしれない。だが、基本的な経済的安全保障があっても、実存的な安全保障の欠如（私たちが愛する人のことや自分の身体の安全、健康などで気を揉むという不安）や、発達における安全保障の欠如（私たちが自分の能力を発展させ、もっと快適な生活を送るためにリスクを取ることによる不安）は残る。そして、合理的で、寛容で、共感能力をもつためには安定しているという感覚が必要なのだ。基本的な安全保障は、正当で疑う余地のない理由がないまま、誰かの裁量で取り去られることが決してないように保障されなければならない。

　功利主義者や新自由主義者は、人が道義に適った行いを内面化できるようになるためには、普遍的な経済的安全保障が必要だということを無視している。そして、市場社会の失敗者を、集合的な「他者」とみなす傾向がある。「貧乏人」と呼ばれた人々の集団にターゲットを絞るということは、人々を乱暴に十把ひとからげにして哀れみ、そして非難するということなのだ。「その人たち」はお情けの施しに値するか、値しないのか、または論外に罪深いのか、更生させられるべきか処罰されるべきか、ともかく私たち善良な人々が審判を下すのだ。デヴィッド・ヒュームが示したように、「貧乏人」について語ることは哀れみについて語ることであり、それは侮蔑に近い。「その人たち」は「私たち」とは違うのだ。プレカリアートの返答はこうだ。今やその人たちとは私たちのことだ。あるいはその人たちはいつでも私たちになり得るのだ、と。

　普遍的で基本的な安全保障を検討することは、哀れみから、社会的連帯や共感へと発想を切り替えることだ。社会保険は、産業社会での安全保障を提供す

るものだった。それは当初から非常によく機能したわけではなかったが、今は
もう機能し得ないだろう。しかし連帯的な安全保障という原則は賞賛すべきも
のだった。その原則は、「給付に値しない人々」を除外することを狙い、対象
を過度に限定した仕組みが次々に導入されることで失われた。たとえば人々の
0.5％が怠け者だったとして、いったい何の問題があるというのだろう？　政
策は、その0.5％を気にして作られるべきだろうか？　それとも99.5％の人々
に安全保障と自由を与え、社会全体でもっとゆったりとして不安の少ない生活
を送れるように設計されるべきだろうか？　政治家やそのアドバイザー、官僚
が考える、人々をコントロールする政策は、偏見に満ちた心に訴えかけ、票を
集めるかもしれない。だが、それらの政策にはコストがかかり、たいてい反生
産的だ。生産性の低い人々に生産性の低い職を強制することの方が、そのよう
な人々を放置しておくよりも納税者には高くつくのだ。もちろん、本当にその
人たちが放置されたいと望んでいればの話だが。おそらく、まったく他意のな
いアドバイスをサービスとして提供するのが良いだろう。制裁をちらつかせた
アドバイスはもってのほかだ。

　大多数の人々は、ベーシック・インカムだけで生活することには満たされな
いだろう。働きたいと思い、自分たちの物質的、社会的生活をより良くしてい
く可能性に興奮するのだ。ほんの少数の人々を「怠け者」だといって追い回す
のは、私たちの弱さの印であって、何の得にもならない。その点については、
2010年にロンドンの裏通りで行われた小規模の実験が心温まる教訓を与えてく
れる。何人かのホームレスの浮浪者が、一番欲しいものは何かと質問された。
その人々の夢は自分たちの置かれた境遇に合った、つましいものだった。そし
て、それらの夢を叶えるためのお金が無条件に与えられたのだ。2、3ヶ月の
後、その人々のほとんど全員がホームレスではなくなり、地域行政当局のお荷
物ではなくなっていたのだ。そのお金をホームレスに与えたことによって納税
者が節約できた金額は、それにかかったコストの50倍となったのである。

　基本的な安全保障とは第一に、適度な、度を越さない範囲の不確実性をもつ
ことだ。第二に、何か上手くいかないことがあれば、利用可能な範囲で、行動
として受け入れることができる対処の仕方があることだ。第三に、ショックや
危機的状況から、利用可能な範囲で、行動として受け入れられる回復の方法を

もつことだ。厳しい条件付きの福祉の仕組み、それに対する民間の高額なオプション、そして社会移動がほとんどないような市場社会では、このような基本的安全保障の条件は存在しない。したがって構築されねばならない。保険の掛けられない「未知の未知なるもの」に直面するプレカリアートにとっては、不確実性に対処することがその第一歩となる。

重層的な事前の安全保障（万一のリスクに対処するために、社会保険によって提供される事後の安全保障と対照をなす）が必要だからこそ、将来の善き社会には無条件のベーシック・インカムの存在が望まれる。幸運にも、生まれてこの方ずっと私的な福祉に頼って生きてこられた裕福な政治家たちは、「生きるための福祉」は自分たちだけではなく、すべての人にその資格があるということが叩き込まれるべきだ。私たちの誰もが、ほかの誰かに「依存」している。正確に言えば、私たちは「相互に依存する」存在なのだ。それは、何かの中毒や病気の人間ではなく、通常の人間が生きるための条件の一部なのだ。そして、人類の仲間に基本的な安全保障を提供することが、なんらかの道徳的に規定された行動と引き換えだとして条件付けられるべきではない。ある行動が受け入れられないものならば、それは法の問題とされるべきであり、法的手続きに従わせるべきだ。社会的保護にコンディショナリティをつけることは、すべての人を平等に扱うという建前の法に抜け道を作ることだ。

基本的な安全保障は、ほぼ普遍的に人間にとって必要なものであり、国家の政策目標にふさわしい。人々を「幸せ」にしようとするのは、民を操る策略だ。それとは逆に、安全保障の土台を提供することで、人々が、自分自身が考える幸せを追及できる必要条件が整うのだ。基本的な経済的安全保障は、この点で間接的にも有益なものだ。安全保障の欠如はストレスを生み出し、それが脳内の主に作業記憶にかかわる部分に影響する場合には特に、集中して学ぶ能力を下げてしまう（Evans and Schamberg. 2009）。だからこそ、機会の平等を推し進めるためには、私たちは安全保障の欠如の差を減らすことに狙いを定めなければならない。もっと根本的なことだが、基本的な安全を手にしている人々はより寛容で、より利他主義的であることが心理学者によって明らかにされてきた。グローバル化によって、富裕国の人々は遅ればせながら生活水準を下向きに調整することに向き合っている。その際の慢性的な社会的経済的な安全保障

第7章　極楽に至る政治　257

の欠如こそが、富裕国でのネオ・ファシズムを煽り立てているのだ。

　このことは、これまでのベーシック・インカムの提案に対する、一つのあり得る修正につながる（Standing, 2011も参照）。私たちが知っているとおり、グローバル化した経済はより多くの経済的安全保障の欠如を生み出し、激しく変動する傾向がある。また、プレカリアートは経済的安全保障の欠如のなかで、保険なしで波乱の人生を送っている。このことは、所得の安定や自動的な経済の安定装置への必要を生み出している。後者の役割は失業保険や他の社会保険によって果たされてきたが、これらは今や縮小してしまった。もしベーシック・インカムが「経済安定化給付金」として考えられたならば、これこそが激しい経済変動（ボラティリティー）を抑える平等主義的な方法となるだろう。それは、通常の金融・財政政策や、非効率性を高め、死荷重や代替効果の原因となるみじめな補助金よりも、効率的で公平なものとなるだろう。

　ベーシック・インカムの金額を景気循環に対して反循環的に改定できるようにすればいい。景気がよく、収入を得る機会が増えれば、金額を下げ、不況の条件が拡大したら、金額を上げればいい。政治的に間違って使われることがないよう、ベーシック・インカムの水準は独立した機関によって定められるべきだ。その機関には、プレカリアートの代表者もほかの利害当事者と同じように参加する。これは近年設置された、半独立の金融当局と同等の機関となるだろう。その権限は、ベーシック・インカム給付の基本となる金額を経済成長に合わせて、付加的な金額を経済の景気循環の状況に合わせて調整することだ。重要な点は、基本的な安全保障を「過剰に」与えられた人々から、それらを少ししか、もしくはまったく与えられていない人々に再分配することなのだ。

金融資本の再分配

　ベーシック・インカムすなわち安定化給付金の財源を捻出するには多くの方法がある。この点で重要なことは、不平等がかつてないほど長期間増大し、多くの国では、どの時代よりも大きくなっていることだ。このような不平等が必然である証拠はどこにもない。金融資本への高い報酬が、いっそう多くの不平等を生み出している。プレカリアートは分け前を獲得するべきだ。

　富裕国の政府は、あの銀行システムへのショックの際に不平等を削減する機

会をみすみす逃した。政府が市民のお金を使って銀行を救済した時、市民による恒久的な株式の持分を求め、すべての銀行、あるいは公的支援を受けたすべての銀行の取締役会への、公共利益の代表人の参加を要求することができたはずだ。そうすれば、銀行が再び利潤を生み始めた時に、そのうちいくらかは効果的に銀行に投資した公的資金に戻ってきただろう。このようなことを行うのは、今からでも遅くはない。

　二つの改革が助けとなるだろう。一つ目は、資本や労働に対する補助金の段階的廃止である。それらはプレカリアートに利益をもたらさないし、平等主義的ではない。もし銀行を救済するために使われた資金のうち半分が経済安定化給付金に使われれば、何年にもわたってすべての市民に対して毎月適度な金額の給付金を供給することができる（Standing, 2011）。これ以外の補助金は非中立的（distortionary）であり、非効率を生み出すのだ。

　二つ目に、金融資本への高い報酬の一部を再分配する方法が見出されねばならない。グローバル経済の中での戦略的地位から利潤を得ている人々自身の労働とは関係がないような報酬の再分配だ。ある特定の技能（大目にみて技能ということにしよう）をもっている人々は、別の技能をもった人々よりも経済的に遥かにいい生活を送るべきだろうか？

　富裕国は金利生活者（rentier）経済になることと折り合いをつけなければならない。急成長する市場経済諸国に資本を投資し、その投資から公正な配当を受け取ることには何の問題もない。その配当のうちいくらかが投資国の市民やデニズンに再分配された時にのみ、グローバル化のこの側面は双方が得をする状況を作り出すだろう。

　すでに40の国々に存在するソブリン・ウエルス（もしくはキャピタル）・ファンド（政府系投資ファンド）は、それを行うための将来有望な方法だ。そのようなファンドにもたらされた所得が分配されれば、プレカリアートは自分たちの生活をコントロールする手段を得ることができるだろう。経済学者は、職は非貿易部門において生まれるだろうというが、大層なご身分だ。私たちが今目の当たりにしているのは、ほとんどの経済活動が貿易部門になったことだ。不平等を削減する手段として職に期待することは風のなかで口笛を吹くようなものだ。職が消えることはない。職が消えてしまうと考えることは、全社会の労働

第 7 章　極楽に至る政治　　**259**

需要が常に一定だと考える「労働塊の誤謬（lump of labour fallacy）」に陥ることだ。だが、ほとんどではないにしても多くの職が、低賃金で安全保障のないものとなるだろう。

キャピタル・ファンドはベーシック・インカムを支払う助けにするために金融収益を蓄積する目的で利用できる。これには先例がある。1976年に設立されたアラスカ恒久基金は、石油生産による利潤の一部を、アラスカのすべての合法的住民に分配するために作られたファンドだ。今もその活動は継続中だ。このやり方は、プレカリアートや、現在のアラスカ人に対して将来世代を相対的に無視する結果につながるので、完璧なモデルではない。だが、ノルウェー政府年金基金（Norwegian Fund）と同じように、どのような名前で呼ばれようとも、このファンドは適度なベーシック・インカムを賄うために使われうる資本ファンドのメカニズムの核心を提供している。

プレカリアートには、投機的な資本取引に対して課される、いわゆる「トービン税」も有益だろう。短期間の資本の流れを減らすことが、いついかなる時でも有益なのかどうかについては議論がある。さらに、環境税という方法もある。これは環境汚染による負の外部性に対して補償させ、さらに急激な資源の枯渇を緩和あるいは逆転させる方法として設計された。要するに、普遍的なベーシック・インカムが財政的に実現不可能であると考える理由はない。

国際的にみれば、近年開発援助の手段として現金移転が王道となってきたことは将来性を感じさせる。現金移転は、最初は地震や洪水などの大災害のショック後の状況に向けた短期間の仕組みとして受け入れられた。後になって、前述のような条件付現金移転がラテンアメリカを席巻したのだ。ドナー側の援助国や援助機関はそれに合わせて考えを変えたのだ。現金移転は、そのいんちきなコンディショナリティを脱ぎ捨て、援助の主要な形態となるべきだ。それによって援助が生活水準を向上させ、最貧困者を切り捨てて富者を富ますような逆進的または腐敗した目的で使われないように保証すべきだ。

私たちはグローバルな所得再分配について考え直すべきだ。法学者のアイェレット・シャハーは著書の『生得権という宝くじ（*Birthright Lottery*）』（Shachar, 2009）において、富裕国においてシチズンシップ税を課し、それを貧しい国の人々に再分配すべきだと論じた。その議論は、シチズンシップによる物質的な

恩恵を財産として、相続財産として捉えるものだ。これはペインの議論と似ている。それはすぐに実行に移すには、あまりにユートピア的かもしれない。だがそれは、国境が恣意的なものである以上、シチズンシップは自然権などではないという知見に基づいている。シチズンシップ税は、「十分に不運」なことに、現代世界の低所得地域に生まれ落ちた人々への基本となる現金移転を通じて目的税を再分配とつなぎ合わせるものだ。今日これがユートピア的だと思われるただ一つの理由は、グローバル化する市場社会で、私たちが地球市民としてではなく、ひたすら自分勝手に生きることを期待されているからだ。

　したがって、豊かな国と発展途上国の両方で、さまざまな方法でベーシック・インカムに向けた資金投入の動きがあると言って何らさしつかえはない。乗り越えるべき問題は政治的なものだ。プレカリアートが政治過程に十分な圧力をかけることさえできれば、それは単なる可能性から現実になるだろう。幸運にも、プレカリアートがそのような圧力をかけていくにしたがって、たった数年前にはベーシック・インカムなど不可能と考えられていた国々で、基本的な現金移転の有益な効果を示す証拠が蓄積されつつある。

自分の時間をコントロールする

　またベーシック・インカムは、人々がもっと自分たちの時間をコントロールできるようにもするだろう。そして、それはリバタリアン・パターナリズム信奉者に対する応答となるだろう。目の前にあまりに多くの情報があるので、人々が合理的な意思決定を行うことができないと信じている人たちのことだ。そう信じるのなら、合理的な決定を行うための時間を人々に与える政策を支持すべきだ。人々は、労働のための仕事や、労働ではない他の形の仕事を行うための時間も必要としている。もっとゆっくり生きていけばいいのだ。私たちはスロー・フード運動のようにして、スロー・タイム運動を必要としている。そのどちらも、地方主義（ローカリズム）と一体となるものだ。

　人々がゆっくり生きることを促す仕組みはほとんどない。それどころか、財政政策や社会政策は労働に「褒美を与え」、より少ない労働を選択した人々を罰している。あまり労働しないことを望む人々は二重に罰せられる。わずかしか稼げないだけではなく、年金などのいわゆる「社会権」の受給資格を失うの

だ。

　労働と切り離されたベーシック・インカムは、人々が市場の外で生きる能力を高め、人々を労働へと駆り立てるプレッシャーを弱めるので、脱商品化を進めるものとなるだろう。だがベーシック・インカムは、人々が労働市場に参入し、退出することをもっと容易にすることで、社会全体の労働量を増やすこともあり得る。別の言い方をすれば、ベーシック・インカムはより多くの労働を人々に促進することになりうるが、それは、より強固な安全保障があり、市場の圧力から自立している条件の下でそうなるのだ。ベーシック・インカムは市民が低賃金を受け入れることも、またより強い立場で交渉することも可能にする。雇用者がそれ以上賃金を払えないと人々が判断した場合、生きていくために十分なお金をもってさえいれば、人々はどんな低賃金の職でも受け入れるかもしれないのだ。

　時間に対するコントロールは非常に重要なものであり、それを再び手にする必要がある。リスクを管理する決定を行うためにも、それは必要だ。リバタリアン・パターナリズム信奉者の何人かは、教育は良い意思決定を行うという人々の能力を伸ばすことに失敗していると主張し、それによって自分たちが後押しし、アメのように見えるムチを使うことを正当化している。だが、あるイギリスの調査では、投資家は時間の不足こそがリスク管理の主な障害だと考えていることが明らかになった（Grene, 2009）。人々が合理的選択ができるように、リスクについて説明することは可能だ。医師は、手術などの際に「インフォームド・チョイス」を患者が行うことの一部として、患者にリスクを伝えることができる。統計的な知見は、人々の注意を引くことになろう。金融サービスの専門家に対して、リスクのより広い定義を受け入れ、消費者がより合理的な意思決定が行えるように、「リスク・コミュニケーションとリスク認知のツール」を通じて消費者とかかわりあうように義務付けてもいいだろう。重要な点は、人々がリスクを検討するための時間を必要としていることであり、政策がそのために適切な情報が利用可能となるように保証することだ。

　このことは、最悪の形の不安定性の罠の一つを想起させる。プレカリアートは、労働報酬が減少していき、より多くの労働のための仕事や再生産のための仕事を行わせようとする圧力によって、時間圧縮に直面している。それは部分

的には、自分の代役のために支払う余裕がないためだ。不安で、安全保障のないまま、「疲れ切ってしまう」まで、過剰な量の労働のための仕事をこなさなければならず、自分自身にかかわる情報を吟味し、それを利用することなどとてもできないのだ。ベーシック・インカムは時間に対するより大きなコントロールを与えてくれ、プレカリアートがより合理的な意思決定を行うことを可能にするのだ。

コモンズを取り戻す

　最後に、価値ある公共空間の分配問題がある。これには二つの関連する次元がある。知識ある人々のほとんどは、地球温暖化や汚染、種の絶滅によって引き起こされる環境危機の恐ろしさを認識している。だが多くのエリートや、サラリーマン階級の上層に位置する人々は、実はそんなに気にしてはいない。その豊かさと人脈によって、影響を受けないことが保証されているからだ。きれいな青い海に囲まれた島や、山のなかの保養所に避難できるのだ。自分たちの所得や富を増大させる高い経済成長率を望み、資源の枯渇が原因となる環境破壊など気に留めはしない。プレカリアートこそが、共有や再生産的で、資源保護の活動を優先するより平等主義的な社会を要求する、本質的に緑の階級なのだ。急速な成長は、グローバル化が生み出したグロテスクな不平等を維持するためだけに必要とされているのだ。私たちは、狂ったように激しい労働と消費のストレスを減らすためだけではなく、自然を再生産するためにも、ゆったりと暮らす必要があるのだ。

　またプレカリアートは、生存のためのコモンズのためにも闘わなければならない。豊かな公共空間が必要なのだ。もしかすると、元イギリス首相マーガレット・サッチャーが行った最も突出した活動は──この新自由主義の建築家はトニー・ブレアやデイヴィッド・キャメロンといった後継者によって崇敬された──、公営住宅や子どもの遊び場の公園や公立学校付属のその他さまざまな施設の大量売却だ。それにより、低所得の市民やデニズンにとっての公共空間は削り取られてしまったのだ。

　30年後、2010年の緊縮政策によって、この政策は頂点に達した。アメリカで横行してきたように、何百もの公立図書館の閉鎖が決定された。それらは、プ

レカリアートにとっては貴重な公共の場所だ。公立学校のスポーツ予算は狙い撃ちで大幅に削られ、放課後のクラブ活動は廃れてしまった。他の設備への予算も削られており、今後は予算外とされることだろう。さらに、都市の住宅地の区域分けはより体系的に行われるようになるだろう。公営住宅の売却は、市街地で低所得者が住むことができる賃貸物件の不足をもたらした。民間のアパートの家賃は上がり、それにより低所得者向け住宅扶助への総支出額は上昇した。政府が財政を切り詰める時、住宅扶助は格好のターゲットとなった。政府は、給付水準を、地区内で最も家賃の安い30％の住宅に限定し、一家族が受給できる上限を定めた。この改革は、必然的に低所得者を、高コストで生活水準の高い地区から締め出すことになる。これを、保守党のロンドン市長は「社会浄化」、カンタベリー大司教は「社会の区域分け」と呼んだ。

あいにく、この動きは労働市場をもっと混乱した状況に陥れるだろう。低所得で相対的に教育を受けていない人々が低所得エリアに集中するにしたがい、職を得る機会は高所得エリアに集中するだろう。貧困や失業の蔓延したエリアは危険地帯やゲットーのようにさえなり得る。ちょうどパリのバンリューが剥奪や安全保障の欠如、失業、生きるための犯罪の中心となっていたり、アパルトヘイトの下で区域分けされた南アフリカの都市が、いまだに厳重に警備された高い塀で囲まれた白人居住区と、非白人居住地域の煮えくり返るような怒りとに分解しているように。

プレカリアートが集まり、公的な市民の友情を育んでいけるような、より確かな公共空間もまた必要とされている。公共圏を復活させることが必要なのだ。社会学者で哲学者のユルゲン・ハーバーマスは公共圏の分解を嘆き、18世紀のロンドンのコーヒー・ハウスやパリのサロン、ドイツの「卓上談話」に思いを馳せた。ノスタルジアに満ちた彼の見方では、公共圏は福祉国家やマスメディア、PR活動、政党による議会政治の侵食によって破壊された。それが暗示するのは、私たちがコーヒー・ハウスにいる物知りのデニズンでさえいれば、民主主義は復活するだろうという信条だ。

これに関して言えば、プレカリアートは現代の喫茶店やパブ、インターネット・カフェ、ソーシャル・ネットワークに生息する新興の階級であるにもかかわらず、熟議が不足しているのだ。ハーバーマスは、インターネットをコミュ

ニケーション回路の無秩序な波紋を引き起こすものと表現し、公共圏を生み出すことはできないとした。結構だ。だが彼はあまりに悲観的過ぎる。プレカリアートには分解した公共圏しか与えられていないかもしれないが、熟議民主主義が復活し得る公共圏を求めて闘うことができるのだ。そしてベーシック・インカムは、ここでさえ、その力になる。

余暇交付金

　ギリシャ語のスコレー（schole）という意味での余暇が尊重されなくなったことは、有職者中心社会の悩ましい側面の一つだ。余暇が尊重されなくなるとともに、市民の私事第一主義（civic privatism）や、粗野な物質主義に基づいた個人主義が現れた。健全な社会のため、そして私たち自身のために、この傾向を逆転させる仕組みが必要だ。

　薄い民主主義、政治の商品化、PR活動とエリートの金がもつ権力によって、多数派の専制や、協調しない人々への病的な誹謗中傷を強めてしまうというリスクが高まっている。それに逆らう動きとして、プレカリアートは熟議民主主義を生み出す仕組みを必要としている。熟議民主主義は普遍主義と利他主義の価値を称揚する。人々は「無知のヴェール」に即して考えることを促され、社会的、経済的領域での自分たちの立場に影響を受けた視点から離れて考えることを勧められる。だが、熟議民主主義には活発な参加が必要だ。それは、日常的に短い映像のサウンドバイトや決まり文句を詰め込まれ、気を取られてしまった人々には無理だ。熟議民主主義には、論争し、目を合わせ、体全体で語り、傾聴し、熟考することが必要となるのだ。

　古代アテネでは、5万人の市民のなかから政策を考える500人を選出するために、クレロテリオン（kleroterion）と呼ばれた石の装置が使われた。これは女性や奴隷が排除されていた点で非民主的であった。だがこれには熟議民主主義との類似点もある。ジェイムズ・フィシュキンやブルース・アッカーマンらの研究は、公的な議論を行うことで人々はしばしばポピュリスト的な考え方から遠ざかることを示した。不況の打撃を受けたミシガン州で行われたある実験では、高い税率への支持が増加した。所得税の場合、人々が支持した税率は27％から45％へと上昇した。このような実験では、最も大きな意見の変化は、最も

多くの知識を得た人々のなかから現れた。これは、いつでも変化が望ましいという意味ではない。だがこの結果は熟議が変化を生み出すということを示している。もっと以前の心理学の実験では、基本的な経済的安全保障を与えられた人々は、経済的に安全保障のない人々より利他主義的で、寛容で、平等主義的なことが明らかにされた。またその実験では、何人かで関連する提案について集団で熟議を行うことにより、人々に安全保障の土台を保証する提案がいっそう支持されるようになることも明らかとなった (Frohlich and Oppenheimer, 1992)。

　熟議民主主義へと導くために、世論調査にインターネットを利用しようと提唱する人々もいる。これはギリシャや中国のいくつかのプロジェクトで行われた。たとえば、中国の浙江省温嶺市にある半数以上を国内移民が占める人口27万人ほどの町、澤国（Zeguo）でインフラ建設の資金配分の優先順位を決めるのに用いられた。それは人々の不満のガス抜きと考えられている。インターネットを活用することは興味深いが、それは物理的な公共空間に人々が集まる形での参加に取って代わることはできない。

　したがって、ベーシック・インカムの一つの暫定的な変形版を考えてみる価値がある。これはプレカリアートをポピュリズムから遠ざける助けとなるだろう。それは、ベーシック・インカム給付の受給資格をもつすべての人に、受給資格登録時に、全国選挙と地方選挙で投票し、時々の政治的問題について議論するために招集される地元の集会に、少なくとも年に１回は参加するという道徳的関与を求めるというものだ。このような関与は、制裁を伴う法的拘束となるべきではない。人々を解放する平等主義のエートスにふさわしく、それは市民の責任を承認するだけのことであるべきだ。

　さらに、道徳的関与さえなくとも、ベーシック・インカムは熟議民主主義を促進する手段となり得る。薄い民主主義はエリートやポピュリストの行動計画に捕らわれやすい。政治腐敗に取り組む国際 NGO のトランスペアレンシー・インターナショナルが推計するように、民主主義が非民主主義よりも相対的に腐敗が少ないのであれば、参加を促す手法は民主主義を強化するだろう。さらに、民主主義の程度と腐敗との間に線形関係があると想定するならば、それは腐敗をも減らすことだろう。低投票率ならば、地盤の固い候補者がいっそう当選しやすくなる。プレカリアートや専門技術職の人々は、遊牧民的な生き方を

反映して、信頼できると思う政治家をころころ変える傾向が強い。多くの選挙は、投票しない人々によって決まってしまう。これが良い結果をもたらすことはないだろう。

　仕事・余暇交付金（work-and-leisure grants）は、「地方主義」への新たな熱狂と関連付けることができる。「ポスト官僚時代」の題目の下での地方分権への望みは人々を惹き付けており、社会民主主義者からも保守主義者からも支持されている。イギリスでは、保守党が狡猾にも「大きな社会」という言葉を発明した。これは、地方主義を取り入れ、市民的な社会やボランティア活動にいっそう大きな役割を期待するように思える曖昧な言い回しだ。シンクタンクのデモスもまた、『自由な共和国』というパンフレットのなかで地方主義を強調した（Reeves and Collins, 2009）。それは地方主義を「自分で創りあげる人生」と結び付けた。そのなかでは、個人の自律性こそが、それぞれの「善き生」を形作る上で最も重要なものだとされる。

　その前途にはいくつかの問題がある。地方主義は、豊かな地域が他の地域の犠牲の上で利益を得る、社会の区域分けを伴う可能性がある。それは、単なる個人の自律性ではない、協同的自由への必要を無視している。そのことはプレカリアートを不利な立場においてしまう。市民的な社会は、豊裕で人脈の多い人々によって支配され得る。そして地方主義はいっそうのパターナリズムを先導するかもしれないのだ。すでに、地方主義は「社会にとって良い行動」を促進する手法と結び付けられている。市民に、ボランティア活動への参加あるいは公的集会への出席と引換えに、近隣地区でのお金の使い道について投票させるという発想も現れている。この形のコンディショナリティは、民主主義の原則を危険にさらす。投票することは普遍的な権利だ。その目的はインサイダーとアウトサイダーのような差別を作り出さず、熟議民主主義を高めていくことであるべきだ。さらに、地方主義は人々が市民的にそれに没頭する時にのみ成功するものだ。したがって、給付金の受給資格と、民主主義的活動に参加するという道徳的関与とを結び付けることは、より良い道筋となるだろう。

　進歩的な人々に訴えかけたいことは、投票水準を上げることだ。投票率が上がった場所では、リベラルな、または進歩的な価値への支持が上昇するという傾向があるのだ。ブラジルは義務投票制だ。それが新自由主義への支持がほと

んど見られない理由かもしれない。税金はほとんど払っていないが国家からの給付を得ている、膨大な数の貧しい人々は、政治家が社会政策で左派となるよう後押しする。したがって進歩的な人々は投票率を上げることを求めるべきだ。だから進歩的な人々は余暇を取ることを条件とする交付金（leisure-conditional grants）を支持すべきだ。義務投票制は、ブラジルがなぜ他の国々よりも早くベーシック・インカムの導入に向かうのか、なぜ2004年にその将来的導入が法制化されたのかという問いへの答えかもしれない。

　政治参加とベーシック・インカムを結び付けた前例がある。紀元前403年にアテネでは、ポリス生活への参加の証しとして市民は少額の交付金を与えられていた。これを受け取ることは名誉のしるしであり、公的な業務の遂行という責任を果たすことへの激励だった。

結　論

　プレカリアートはまもなく、もっと多くの仲間を見つけるだろう。1930年代のドイツでのナチスの台頭についての、マルティン・ニーメーラー牧師の有名な説教を思い出そう。

> 初めに彼らは、共産主義者を連れ去った
> 私は共産主義者ではなかったから、反対の声を上げなかった
>
> 次に彼らは、労働組合員を連れ去った
> 私は労働組合員ではなかったから、反対の声を上げなかった
>
> 次に彼らは、ユダヤ人を連れ去った
> 私はユダヤ人ではなかったから、反対の声を上げなかった
>
> 次に彼らは、私のところにやってきた
> その時すでに、反対の声を上げる人間は残されていなかった

　あの危険な階級が、ベルルスコーニのような扇動家、サラ・ペイリンのような一匹狼、あちこちのネオ・ファシストたちによって惑わされている今、この警告は重要だ。中道右派が有権者を維持するためさらに右へと引きずられる一方で、中道左派は屈服し大量の票を失いつつある。中道勢力は自分たちに信頼

を寄せてきた世代を失いつつある。中道勢力はあまりにも長い間、「労働」側の代弁者であり続け、廃れつつある生活様式と消え去ろうとしている労働の在り方を支えてきた。新しい階級はプレカリアートだ。世界中の進歩的な人々が極楽に至る政治を提案しない限り、この階級は、社会を誘惑して座礁させる魔的セイレーンの歌声に聞き惚れるだろう。他に行き場のない中道勢力も、新しい進歩的なコンセンサスの支持者として参加するだろう。中道勢力の参加は早ければ早いほどいい。プレカリアートは犠牲者でも、悪者でも英雄でもない──プレカリアートとは私たちなのだ。

文 献 目 録

Aguiar, M. and Hurst, E. (2009), *The Increase in Leisure Inequality, 1965-2005*, Washington, DC: AEI Press.

Amoore, L. (2000), 'International Political Economy and the Contested Firm', *New Political Economy*, 5(2): 183-204.

Arendt, H. (1958), *The Human Condition*, Chicago, IL: University of Chicago Press. (志水速雄訳『人間の条件』ちくま学芸文庫、1994年)

Arendt, H. ([1951] 1986), *The Origins of Totalitarianism*, London: André Deutsch. (大久保和郎・大島通義・大島かおり訳『全体主義の起原』(全3巻) みすず書房、1972-1974年)

Asthana, A. and Slater, C. (2009), 'Most Parents Can't Find Enough Time to Play with Their Children', *Observer*, 2 August, 17.

Atkins, R. (2009), 'Europe Reaps the Rewards of State-Sponsored Short-Time Jobs', *Financial Times*, 29 October, 6.

Autor, D. and Houseman, S. (2010), 'Do Temporary-Help Jobs Improve Labor Market Outcomes for Low-Skilled Workers: Evidence from "Work First"', *American Economic Journal: Applied Economics*, 3(2): 96-128.

Bamford, J. (2009), *The Shadow Factory: The Ultra-Secret NSA from 9/11 to the Eavesdropping on America*, New York: Doubleday.

Bennett, C. (2010), 'Do We Really Need Advice on How to Deal with Boomerang Kids?', *Observer*, 3 January, 25.

Bentham, J. ([1787] 1995), *Panopticon; or The Inspection-House*, reprinted in Bozovich, M. (ed.), *The Panopticon Writings*, London: Verso, pp. 29-95.

Bernstein, R. (2009), 'Don't Trust Anyone Under 30?', *New York Times*, 14 January.

Beveridge, W. (1942), *Social Insurance and Allied Services*, London: HMSO. (一圓光彌他訳『ベヴァリッジ報告：社会保険および関連サービス』法律文化社、2014年)

Blinder, A. (2009), 'How Washington Can Create Jobs', *Wall Street Journal*, 17 November, p. 16.

Bloomberg Business Week (2005), 'Embracing Illegals', *Bloomberg BusinessWeek*, 18 July.

Bourdieu, P. (1990), *The Logic of Practice*, Cambridge, UK: Polity Press. (今村仁司他訳『実践感覚』(全2巻) みすず書房、2001年)

Bourdieu, P. (1998), 'La précarité est aujourd'hui partout' ['Precariousness is Everywhere Nowadays'], in *Contre-feux*, Paris: Raisons d'agir, pp. 96-102.

Browne, J. (2010), *Securing a Sustainable Future for Higher Education*, London: The Stationery Office.

Bryceson, D. B. (ed.) (2010), *How Africa Works: Occupational Change, Identity and Morality*, Rugby: Practical Action Publishing.

Bullock, N. (2009), 'Town Halls Find Fresh Angles to Meet Recession', *Financial Times*, 23 December, p. 2.

Carr, N. (2010), *The Shallows: What the Internet Is Doing to Our Brains*, New York: Norton.

Centre for Women in Business (2009), *The Reflexive Generation: Young Professionals' Perspectives on Work, Career and Gender*, London: London Business School.

Chan, W. (2010), 'The Path of the Ant Tribe: A Study of the Education System That Reproduces Social Inequality in China', paper presented at the Seventh East Asia Social Policy ConferenceSeventh East Asia Social Policy Conference, Seoul, 19-21 August.

Chellaney, B. (2010), 'China Now Exports Its Convicts', *Japan Times Online*, 5 July. Available at http://search.japantimes.co.jp/print/eo20100705bc.html [2 December 2010].

Choe, S.-H. (2009), 'South Korea Fights Slump through Hiring, Not Firing', *International Herald Tribune*, 2 April, p. 1, p. 4.

Coase, R. H. (1937), 'The Nature of the Firm', *Economica*, 4(16): 386-405.

Cohen, D. (2009), *Three Lectures on Post-Industrial Society*, Cambridge, MA: Massachusetts Institute of Technology Press. (林昌宏訳『迷走する資本主義：ポスト産業社会についての３つのレッスン』新泉社、2009年)

Cohen, N. (2010), 'Now, More than Ever, the Poor Need a Voice', *Observer*, 7 October, p. 33.

Coleman, D. (2010), 'When Britain Becomes "Majority Minority"', *Prospect*, 17 November.

Collison, M. (1996), 'In Search of the High Life', *British Journal of Criminology*, 36(3): 428-43.

Crawford, M. (2009), *Shop Class as Soulcraft: An Enquiry into the Value of Work*, New York: Penguin.

Dench, G., Gavron, K. and Young, M. (2006), *The New East End: Kinship, Race and Conflict*, London: Profile Books.

De Waal, F. (2005), *Our Inner Ape*, London: Granta Books. (藤井留美訳『あなたのなかのサル：霊長類学者が明かす「人間らしさ」の起源』早川書房、2005年)

Dinmore, G. (2010a), 'Tuscan Town Turns Against Chinese Immigrants', *Financial Times*, 9 February, p. 2.

Dinmore, G. (2010b), 'Chinese Gangs Exploit Niche Left by Mafia', *Financial Times*, 29 June, p. 5.

Doerr, N. (2006), 'Towards a European Public Sphere "from Below"? The Case of Multilingualism within the European Social Forums', in Barker, C. and Tyldesley, M. (eds), *Conference Papers of the Eleventh International Conference on 'Alternative Futures and Popular Protest'*, Vol. II, Manchester: Manchester Metropolitan University.

Dvorak, P. and Thurm, S. (2009), 'Slump Prods US Firms to Seek a New Compact with Workers', *Wall Street Journal*, 20 October, pp. 14-15.

The Economist (2007), 'Changing How Japan Works', *The Economist*, 29 September, p. 70.

The Economist (2009), 'Public Sector Unions: Welcome to the Real World', *The Economist*, 12 December, p. 46.

The Economist (2010a), 'Too Many Chiefs', *The Economist,* 26 June, p. 72.

The Economist (2010b), 'Dues and Don'ts', *The Economist,* 14 August, p. 62.

The Economist (2010c), 'The Biology of Business: Homo Administrans', *The Economist,* 23 September.

Ehrenreich, B. (2009), *Smile or Die: How Positive Thinking Fooled America and the World,* London: Granta.

Ehrenreich, B. and Fletcher, B. (2009), 'Reimagining Socialism', *The Nation,* 23 March.

Elger, T. and Smith, C. (2006), 'Theorizing the Role of the International Subsidiary: Transplants, Hybrids and Branch Plants Revisited', in Ferner, A., Quintanilla, J. and Sánchez-Rundenchez-Runde, C. (eds), *Multinationals, Institutions and the Construction of Transnational Practices: Convergence and Diversity in the Global Economy,* Basingstoke: Palgrave Macmillan, pp. 53-85.

Environmental Justice Foundation (2009), *No Place Like Home: Where Next for Climate Refugees?,* London: Environmental Justice Foundation.

Equality and Human Rights Commission (2010), *Inquiry into the Meat and Poultry Processing Sectors: Report of the Findings and Recommendations,* London: EHRC.

Esping-Andersen, G. (1990), *The Three Worlds of Welfare Capitalism,* Cambridge, UK: Cambridge University Press. (岡沢憲芙・宮本太郎訳『福祉資本主義の三つの世界：比較福祉国家の理論と動態』ミネルヴァ書房、2001年)

Evans, G. W. and Schamberg, M. A. (2009), 'Childhood Poverty, Chronic Stress, and Adult Working Memory', *Proceedings of the National Academy of Sciences,* 106(16): 6545-9.

Fackler, M. (2009), 'Crisis-Hit South Koreans Living Secret Lives with Blue-Collar Jobs', *International Herald Tribune,* 8 July, p. 1.

Fackler, M. (2010), 'New Dissent in Japan Is Loudly Anti-Foreign', *New York Times,* 29 August, p. A6.

Fauroux, R. (2005), *La lutte contre les discriminations ethniques dans le domaine de l'emploi* [*Combating Ethnic Discrimination in Employment*], Paris: HALDE.

Federal Communications Commission (2010), *National Broadband Plan: Connecting America,* Washington, DC: Federal Communications Commission.

Fifield, A. (2010), 'Tea Party Brews Trouble for Both Sides as Protest Recoils on Right', *Financial Times,* 28 January, p. 5.

Financial Times (2010a), 'Britain's Growing Inequality Problem', *Financial Times,* 28 January, p. 14.

Financial Times (2010b), 'Osborne Preaches One Nation Austerity', *Financial Times,* 5 October, p. 16.

Fiszbein, A. and Schady, N. (2009), *Conditional Cash Transfers: Reducing Present and Future Poverty,* Washington, DC: World Bank.

Florida, R. (2003), *The Rise of the Creative Class, and How It's Transforming Work, Leisure, Community and Everyday Life,* London: Basic Books. (井口典夫訳『クリエイティブ資本論：新たな経済階級（クリエイティブ・クラス）の台頭』ダイヤモンド社、2008年)

Florida, R. (2010), 'America Needs to Make Its Bad Jobs Better', *Financial Times*, 6 July, p. 11.

Forrest, R. and Kearns, A. (2001), 'Social Cohesion, Social Capital and the Neighbourhood', *Urban Studies*, 38(12): 2125-43.

Foucault, M. (1977), *Discipline and Punish: The Birth of the Prison*, London: Penguin. (田村俶訳『監獄の誕生：監視と処罰』新潮社、1977年)

Freeman, R. (2005), 'What Really Ails Europe (and America): The Doubling of the Global Workforce', *The Globalist*, 3 June. Available at http://www.theglobalist.com/storyid. aspx ?StoryId=4542 [6 December 2010].

Friedman, M. (1982), *Capitalism and Freedom*, Chicago, IL: University of Chicago Press. (村井章子訳『資本主義と自由』日経BP社、2008年)

Friedman, M. and Kuznets, S. (1945), *Income from Independent Professional Practice*, New York: National Bureau of Economic Research.

Frohlich, N. and Oppenheimer, J. A. (1992), *Choosing Justice: An Experimental Approach to Ethical Theory*, Berkeley, CALos Angeles, CA: University of California Press.

Gibney, M. J. (2009), *Precarious Residents: Migration Control, Membership and the Rights of Non-Citizens*, New York: Human Development Reports Research Paper 2009/10, United Nations Development Programme.

Giridharadas, A. (2009), 'Putting the Students in Control', *International Herald Tribune*, 7-8 November, p. 2.

Goldthorpe, J. H. (2007), *On Sociology*, second edition, Stanford: Stanford University Press.

Goldthorpe, J. H. (2009), 'Analysing Social Inequality: A Critique of Two Recent Contributions from Economics and Epidemiology', *European Sociological Review*, 22 October. Available at http://esr.oxfordjournals.org/content/early/2009/10/22/esr.jcp046.abstract [2 December 2010].

Goos, M., Manning, A. (2007), 'Lousy and Lovely Jobs: The Rising Polarisation of Work in Britain', *Review of Economics and Statistics*, 89(1): 118-33.

Gorz, A. (1982), *Farewell to the Working Class: An Essay on Post-Industrial Socialism*, London: Pluto Press [Original published as Adieux au proletariat, Paris: Galilée1980.]

Green, H. (2010), *The Company Town: The Industrial Edens and Satanic Mills That Shaped the American Economy*, New York: Basic Books.

Grene, S. (2009), 'Pension Investors Fail to Get the Message', *FT Report — Fund Management*, 27 July, p. 3.

Grimm, S. and Ronneberger, K. (2007), *An Invisible History of Work: Interview with Sergio Bologna*. Available at http://www.springerin.at/dyn/heft_text.php?textid=1904&lang =en [2 December 2010].

Haidt, J. (2006), *The Happiness Hypothesis*, London: Arrow Books. (藤澤隆史・藤澤玲子訳『しあわせ仮説：古代の知恵と現代科学の知恵』新曜社、2011年)

Hankinson, A. (2010), 'How Graduates Are Picking Up the Tab for Their Parents' Lives', *The Observer*, 31 January.

Hansard Society (2010), *Audit of Political Engagement 7: The 2010 Report*, London:

Hansard Society.

Hardt, M. and Negri, A. (2000), *Empire*, Cambridge, MA: Harvard University Press. (水島一憲他訳『帝国：グローバル化の世界秩序とマルチチュードの可能性』以文社、2003年)

Harris, P. (2010), 'Can Geoffrey Canada Rescue America's Ailing Schools? Barack Obama Hopes So', *The Observer*, 10 October.

Hauser, M. D. (2006), *Moral Minds: How Nature Designed Our Universal Sense of Right and Wrong*, New York: Harper Collins.

Hewlett, S. A., Jackson, M., Sherbin, L., Shiller, P., Sosnovich, E. and Sumberg, K. (2009), *Bookend Generations: Leveraging Talent and Finding Common Ground*, New York: Center for Work-Life Policy.

Hinojosa-Ojeda, R. (2010), *Raising the Floor for American Workers: The Economic Benefits of Comprehensive Immigration Reform*, Washington, DC: Center for American Progress, Immigration Policy Center.

Hinsliff, G. (2009), 'Home Office to Unveil Points System for Immigrants Seeking British Citizenship', *Observer*, 2 August, p. 4.

Hobsbawm, E. J. (1959), *Primitive Rebels: Studies in Archaic Forms of Social Movement in the 19th and 20th Centuries*, Manchester: Manchester University Press. (水田洋・安川悦子・堀田誠三訳『素朴な反逆者たち：思想の社会史』社会思想社、1989年)

House, F. (2009), *The Business of Migration: Migrant Worker Rights in a Time of Financial Crisis*, London: Institute for Human Rights and Business.

Howker, E. and Malik, S. (2010), *Jilted Generation: How Britain Has Bankrupted Its Youth*, London: Icon Books.

Human Rights Watch (2010), *From the Tiger to the Crocodile: Abuse of Migrant Workers in Thailand*, New York: Human Rights Watch.

Internal Displacement Monitoring Centre (2010), Available at http://www.internal-displacement.org [2 December 2010].

Izzo, P. (2010), 'Economists Believe Many Jobs Won't Return', *Wall Street Journal Europe*, 12-14 February, p. 7.

Johal, A. (2010), 'Precarious Labour: Interview with San Precario Connection Organizer Alessandro Delfanti', 11 September. Available at http://www.rabble.ca/blogs/bloggers/amjohal/2010/09/precarious-labour-interview-san-precario-connection-organizer-alessan [3 December 2010].

Kellaway, L. (2009), 'Why My Friend's Job Delivers without Paying a Packet', *Financial Times*, 13 July, p. 10.

Kerbo, H. R. (2003), *Social Stratification and Inequality*, fifth edition, New York: McGraw Hill.

Kingston, J. (2010), *Contemporary Japan: History, Politics and Social Change since the 1980s*, Hoboken, NJ: Wiley-Blackwell.

Knox, M. (2010), 'Union Takes on Labor Over "Cheap" Foreign Workers', *Sydney Morning Herald*, 12 February, p. 1.

Kohn, M. (2008), *Trust: Self-Interest and the Common Good*, Oxford: Oxford University

Press.

Kosugi, R. (2008), *Escape from Work: Freelancing Youth and the Challenge to Corporate Japan*, Melbourne: Trans Pacific Press. (小杉礼子著『フリーターという生き方』勁草書房、2003年)

MacDonald, R. and Shildrick, T. (2007), 'Street-Corner Society: Leisure Careers, Youth (Sub)Culture and Social Exclusion', *Leisure Studies*, 26(3): 339-55.

Maher, K. (2008), 'More in US Are Working Part-Time Out of Necessity', *Wall Street Journal Europe*, 10 March, p. 10.

Mallet, V. (2009), 'Soup Kitchen Queues Lengthen as Families Ignore Plight of Jobless', *Financial Times*, 14 May, p. 4.

Maltby, L. (2009), *Can They Do That? Retaking Our Fundamental Rights in the Workplace*, New York: Portfolio.

Marcuse, H. (1964), *One Dimensional Man: The Ideology of Industrial Society*, London: Sphere Books. (生松敬三・三沢謙一訳『一次元的人間：先進産業社会におけるイデオロギーの研究』河出書房新社、1984年)

Martin, P. (2009), *Sex, Drugs and Chocolate: The Science of Pleasure*, London: Fourth Estate.

Mayhew, L. (2009), *Increasing Longevity and the Economic Value of Healthy Ageing and Working Longer*, London: Cass Business School, City University.

McGovern, P., Hill, S. and Mills, C. (2008), *Market, Class, and Employment*, Oxford: Oxford University Press.

Mead, L. (1986), *Beyond Entitlement: The Social Obligations of Citizenship*, New York: Free Press.

Mitchell, T. (2010), 'Honda Presses Staff not to Strike', *Financial Times*, 31 May, p. 1.

Morrison, C. (2010), 'The Relationship between Excessive Internet Use and Depression: A Questionnaire-Based Study of 1,319 Young People and Adults', *Psychopathology*, 43(2): 121-6.

Mouer, R. and Kawanishi, H. (2005), *A Sociology of Work in Japan*, Cambridge, UK: Cambridge University Press. (渡辺雅男監訳『労働社会学入門』早稲田大学出版部、2006年)

Nairn, G. (2009), 'Telework Cuts Office Costs', *FT Report-Digital Business*, 12 March, p. 4.

National Equality Panel (2010), *An Anatomy of Economic Inequality in the UK: Report of the National Equality Panel*, London: Centre for Analysis of Social Exclusion and the Government Equalities Office.

Needleman, S. (2009), 'Starting Fresh with an Unpaid Internship', *Wall Street Journal*, 16 July, p. D1.

Nink, M. (2009), 'It's Always about the Boss', *Gallup Management Journal*, 25 November.

Obinger, J. (2009), 'Working on the Margins: Japan's Precariat and Working Poor', *Electronic Journal of Contemporary Japanese Studies*, 25 February.

OECD (2010a), *International Migration Outlook 2010*, Paris: OECD.

OECD (2010b), *A Profile of Immigrant Populations in the 21st Century: Data from OECD Countries*, Paris: OECD.

Paine, T. ([1795] 2005), *Common Sense and Other Writings*, New York: Barnes & Noble, pp. 321-45.

Parliamentary and Health Service Ombudsman (2010), *Fast and Fair? A Report by the Parliamentary Ombudsman on the UK Border Agency* (fourth report), London: The Stationery Office.

Peel, Q. (2010), 'German Popular Perception Fuels Furious Debate on Immigration', *Financial Times*, 2 September, p. 4.

Pigou, A. C. ([1952] 2002), *The Economics of Welfare*, New Brunswick, NJ: Transaction Publishers. (気賀健三他訳『ピグウ厚生経済学』(全4巻) 東洋経済新報社、1965年)

Polanyi, K. ([1944] 2001), *The Great Transformation: The Political and Economic Origins of Our Time*, Boston, MA: Beacon Press. (野口建彦・栖原学訳『「新訳」大転換：市場社会の形成と崩壊』東洋経済新報社、2009年)

Reeves, R. (2010), 'Why Money Doesn't Buy Happiness', *Observer Magazine*, 25 April, p. 48.

Reeves, R. and Collins, P. (2009), *The Liberal Republic*, London: Demos.

Reidy, G. (2010), 'Young, Single and Labouring Round the Clock', *NYT Business*, 7 September, p. 13.

Richtel, M. (2010), 'Hooked on Gadgets, and Paying a Mental Price', *New York Times*, 7 June, p. 1.

Rigby, R. (2010), 'The Careerist: What You Know Has a Shorter and Shorter Lifespan', *Financial Times*, 22 February, p. 12.

Royle, T. and Ortiz, L. (2009), 'Dominance Effects from Local Competitors: Setting Institutional Parameters for Employment Relations in Multinational Subsidiaries: A Case from the Spanish Supermarket Sector', *British Journal of Industrial Relations*, 47(4): 653-75.

Saltmarsh, M. (2010), 'Far from Home and Miserable in Sweden', *International Herald Tribune*, 8 September, p. 3.

Sawhill, I. and Haskins, R. (2009), *Creating an Opportunity Society*, Washington, DC: Brookings Institution.

Sen, A. (1999), *Development as Freedom*, Oxford: Oxford University Press. (石塚雅彦訳『自由と経済開発』日本経済新聞社、2000年)

Sennett, R. (1998), *The Corrosion of Character: The Personal Consequences of Work in the New Capitalism*, New York: Norton. (斎藤秀正訳『それでも新資本主義についていくか：アメリカ型経営と個人の衝突』ダイヤモンド社、1999年)

Shachar, A. (2009), *The Birthright Lottery*, Harvard, MA: Harvard University Press.

Shildrick, T., MacDonald, R., Webster, C. and Garthwaite, K. (2010), *The Low-Pay, No-Pay Cycle: Understanding Recurrent Poverty*, York: Joseph Rowntree Foundation.

Si, L. (2009), *The Ant Tribe: An Account of the Agglomerate Settlements of University Graduates*, Guilin: Guangxi Normal University Press. (関根謙監訳『蟻族：高学歴ワーキングプアたちの群れ』勉誠出版、2010年)

Simonian, H. (2010), 'Adecco Rejects Slowdown Fears', *Financial Times*, 12 August, p. 11.

Sklair, L. (2002), *Globalization: Capitalism and Its Alternatives*, Oxford: Oxford University Press.

Soysal, Y. (1994), *The Limits of Citizenship*, Chicago, IL: University of Chicago Press.

Standing, G. (1989), 'Global Feminization through Flexible Labor', *World Development*, 17(7): 1077-95.

Standing, G. (1990), 'The Road to Workfare: Alternative to Welfare or Threat to Occupation ?', *International Labour Review*, 129(6): 677-91.

Standing, G. (1999a), 'Global Feminization through Flexible Labor: A Theme Revisited', *World Development*, 27(3): 583-602.

Standing, G. (1999b), *Global Labour Flexibility: Seeking Distributive Justice*, Basingstoke: Macmillan.

Standing, G. (2009), *Work after Globalisation: Building Occupational Citizenship*, Cheltenham, UK, and Northampton, MA: Edward Elgar.

Standing, G. (2010), 'Global Monitor: The International Labour Organization', *New Political Economy*, 15(2): 307-18.

Standing, G. (2011), 'Responding to the Crisis: Economic Stabilisation Grants', *Policy & Politics*, 39(1): 9-25.

Tabuchi, H. (2010), 'Japan Accused of Violating Migrant Workers' Human Rights', *New York Times*, 21 July, p. B1.

Tavan, C. (2005), Les immigrés en France une situation qui évolue [Immigrants in France: An Evolving Situation], *INSEE Première*, No. 1042, September.

Thaler, R. and Sunstein, C. (2008), *Nudge: Improving Decisions About Health, Wealth, and Happiness*, New Haven and London: Yale University Press. (遠藤真美訳『実践行動経済学：健康、富、幸福への聡明な選択』日経 BP 社、2009年)

Thompson, E. P. (1967), 'Time, Work-Discipline and Industrial Capitalism', *Past and Present*, 38(1): 58-97.

Tomkins, R. (2009), 'The Retreat of Reason', *FT Weekend*, 23-24 May, pp. 24-29.

Tulgan, B. (2009), *Not Everyone Gets a Trophy: How to Manage Generation Y*, San Francisco, CA: Jossey-Bass.

Turque, W. (2010), 'D. C. Students Respond to Cash Awards, Harvard Study Shows', *Washington Post*, 10 April, p. B1.

Uchitelle, L. (2006), *The Disposable American: Layoffs and Their Consequences*, New York: Alfred Knopf.

Ueno, T. (2007), '"Precariat" Workers Are Starting to Fight for a Little Stability', *Japan Times Online*, 21 June.

UKBA (2010), *Points Based System Tier 1: An Operational Assessment*, London: The Stationery Office.

Virtanen, M., Ferrie, J. E., Singh-Manoux, A., Shipley, M. J., Vahtera, J., Marmot, M. G. and Kivimäki, M. (2010), 'Overtime Work and Incident Coronary Heart Disease: The Whitehall II Prospective Cohort Study', *European Heart Journal*, 31: 1737-44.

Wacquant, L. (2008), 'Ordering Insecurity: Social Polarization and the Punitive Upsurge',

Radical Philosophy Review, 11(1): 9-27.

Weber, M. ([1922] 1968), *Economy and Society*, Berkeley, CA and Los Angeles, CA: University of California Press. (世良晃志郎訳『支配の社会学』（全2巻、経済と社会、第2部）創文社、1960-1962年、ほか）

Wilkinson, R. and Pickett, K. E. (2009), *The Spirit Level: Why More Equal Societies Almost Always Do Better*, London: Allen Lane. (酒井泰介訳『平等社会：経済成長に代わる、次の目標』東洋経済新報社、2010年）

Willetts, D. (2010), *The Pinch: How the Baby Boomers Took Their Children's Future — and Why They Should Give It Back*, London: Atlantic.

Willsher, K. (2010), 'Leaked Memo Shows France's Expulsion of Roma Illegal, Say Critics', *Guardian*, 14 September, p. 20.

Wong, E. (2009), 'China Confronts Backlash from Its Mass Exports of Labor', *International Herald Tribune*, 21 December, p. 16.

Working Families (2005), *Time, Health and the Family*, London: Working Families.

Wright, E. O. (ed.) (2006), *Redesigning Distribution: Basic Income and Stakeholder Grants as Cornerstones for an Egalitarian Capitalism*, London: Verso.

Zolberg, A. (1995), 'Review of Y. Soysal, Limits of Citizenship', *Contemporary Sociology*, 24 (4): 326-9.

監訳者あとがき

　もう３年以上前になるだろうか。教育学の同僚から、本書の翻訳を勧められた。イギリスの学会講演で本書の著者からそのエッセンスを聞き、これはぜひ日本でも紹介しなければ、と教育学の仲間たちと話したという。そして昨年暮れ、イギリス留学から一時帰国した社会学の同僚も本書とその著者について言う。「いやあ、びっくりしました。大学での講演なのに、普通の労働者がいっぱい聞きに来てるんですよ。すごい熱気です。なんだかすごい力をもってきてますよ、あの本は」。

　本書英語版の初版は、2011年にロンドンとニューヨークで出ているが、以後2015年５月までに、13ヶ国語（ブルガリア語、ドイツ語、ギリシャ語、イタリア語、韓国語、ノルウェー語、ポーランド語、ポルトガル〈ブラジル〉語、ロシア語、セルビア語、スペイン語、スウェーデン語、トルコ語）で翻訳出版されたという。なお本書の続編として、政策論を詳述した『プレカリアート憲章』という本も2014年に出版されているが、すでにイタリア語、ポーランド語、スペイン語、スウェーデン語訳が出されている。

　インドのチベット、ラダックにあるインダス河の上流でラフティングをしたことがある。ゆったりとゴムボートで流されるのだが、はるかに雪を頂いてきらきらと輝くヒマラヤの峰々を眺めていると、突然、急流にかかって水しぶきを浴びるはめになる。人類の歴史もそんな河下りのようなものだ。突然、流れの変わる時がある。本書の著者は、そんな流れの変わり目を見てしまった人だと思う。

　本書は、人類史の大河のなかにあって、流れの変わり目の全体像を初めて描いて示す役割を担うことになった。すでに水しぶきはかかり始めている。このまま進むと、急流のなかで転覆するかもしれない。うまく方向転換すれば、以前よりもゆったりとした流れに出られるかもしれない。本書はその方向も示している。本書が、人類史的規模で翻訳され、読まれていても不思議はない。

　経済のグローバル化と新自由主義政策による雇用の流動化に伴い、世界的に

その比率と絶対数が増大し、ますます増えていく「非正規」一時雇用の労働者たち。著者はこの現象を、プロレタリアートと呼ばれてきたこれまでの労働者階級とは異なる、プレカリアートという自由を志向する新しい階級の出現と規定する。そして、ますます増加するこの新しい階級に対しては、新自由主義政策はもちろんのこと、これまでの労働者階級中心の政治（社会主義や福祉国家の復活）では対応できず、むしろ極右政治の台頭を招くだけになることを論証する。新しい政策の方向は、プレカリアートの命である個人の自由な活動を保障しあうことを前提に、すべての人を対象とするグローバルな経済的な安全保障、すなわちベーシック・インカム保障社会の実現である。世界中で進展する雇用関係の変化を柱に、階級・階層構成の変動、企業の経営政策と各国政府の経済・財政政策の流れ、教育、年金、子ども、女性、高齢者、障がい者、犯罪者、移民などの問題が、グローバル化のなかでの労働過程の変化として整理されていく。当然、人口の面で圧倒的な中国とインドについても周到な目配りがされている。欧米はもちろんだが、日本の事例も、「派遣村」から「在特会」まで登場し、大きな位置を占めている。それは、最近の日本の現象をグローバルに捉え返すという意味でも興味深い。

　なお、このような変化の底にある技術革新が労働と生活に及ぼす変化についても、時間と空間の編成のされ方の変化として、労働、仕事、遊び、余暇の区別として手際よく整理されている。プレカリアートをはじめとする人々の生活のありさまが、うめき声や息遣いまで含めて描かれながら、同時に、グローバルな流れの変化と結び付けられている。

　グローバル化と新自由主義の社会的帰結は、これまで経済学者や社会学者によって、格差拡大、不安定化、個人化、流動化などと捉えられてきた。しかし、個人の自由を志向する文化的にも新しい階級の形成という視点を明確に打ち出して、世界的な「非正規」一時雇用労働者の生活不安の実態を詳細に描き、その政治的帰結の危険性を論証して警鐘を鳴らしたのは本書が初めてであろう。

　政策論の方向性は、ベーシック・インカム導入であるが、これまでのベーシック・インカム論との根本的な違いは、自由志向のプレカリアートの発生と増大という階級構造の変化からベーシック・インカム導入が社会的、政治的に必要となることを論証した点である。この意味で本書は、思考実験あるいは政

策オプションの一つとして議論されてきたベーシック・インカム論の議論のレベルを格段に引き上げるものと言える。

　先述のように本書は、世界的規模で、政治学、経済学、社会学のみならず、社会政策、福祉、労働、教育、開発学などの研究者にとって必読書になりつつある。同時に、一般読者、学生にとっても、階級構造の変化という全体的な視野で現状を歴史的に捉える視点を与えてくれる点で稀有のものと言えよう。

　著者ガイ・スタンディング（Guy Standing）氏は、長年 ILO（国際労働機関）のエコノミストとして実態調査にかかわり、世界の労働の変化を知悉する。その経験は、本書に凝縮して示されていると思う。

　しかし、そのような細かな統計や政策の動向に詳しい労働問題中心の ILO エコノミストとしての経験が生かされているだけでなく、ポラニー、アレント、フーコー、ハーバーマス、ネグリとハートなど、哲学と歴史研究を足場に社会科学全体にわたって展望を示した学者たちの議論にも的確に目配りがされている。本書は読み物としての面白さも追及した総論的なものになっているが、著者はこの本に先立って、さまざまな分野の専門家向けに本書の論点を詳論した多くの本を出している。政策におけるパターナリズム批判、移民のシチズンシップ（デニズンシップ）論などはぜひそちらも当たってほしい。

　そのような経歴もあって、著者の論文、著書は、本書の文献目録にあるもの以外も含めれば膨大な量になる。現在、ロンドン大学 SOAS の開発学教授であり、ベーシック・インカム国際学会（BIEN）の名誉副会長でもある。

　本書の原題は、*The Precariat: The New Dangerous Class* であり、直訳すれば、『プレカリアート——新しい危険な階級』となる。

　翻訳は、3・5・6・7章を藤田理雄、4章を川崎暁子の両氏が担当し、それ以外の部分を岡野内が担当して（ただし2章後半部分の下訳は礒邉由紀氏にお願いした）、岡野内が監訳者として全体の訳文の調整を行った。全員の力も借りて訳文のチェックを行ったが、誤訳があるとすれば、その責任は監訳者にある。ご指摘いただければ幸いである。

　冒頭に述べたような次第で、ずいぶん前から同僚からの勧めはあったものの、まったく翻訳するつもりはなかった。国際機関を通じて、全人類を対象に所得保障を行うグローバル・ベーシック・インカム構想の研究にのめりこんで

監訳者あとがき　　281

いたためだ。また本書の著者は、2011年にはベーシック・インカム・ネットワーク日本支部設立総会の記念講演、2014年夏には横浜で開催された世界社会学会で基調講演を行うなど、日本でも有名になってきたので、そのうち本書の訳本も現れるものと思っていた。

　しかし研究を進めるうちに、本書の著者のグローバルな階級分析は避けて通れないことが明らかとなってきた。2015年4月からの勤務先大学からのサバティカルを利用して、これまでの研究を本にまとめる作業を進めるうちに、自分の議論の前提として、本書の内容を詳しく紹介する必要が生じてきた。ならばいっそ、と思い、ベーシック・インカム研究の国際学会で知り合いになっていた著者にメールを出し、翻訳することになった次第である。

　著者は、非常に情熱的かつ理論的な問題提起に充ち、それじたい貴重な日本語版への序文を寄せてくれた。素人の乱からプレカリアート・ユニオンやシールズに至る日本のプレカリアート運動について触れながら、福島の除染労働にまで目配りするとともに、福祉国家の再建という方向を明確に拒否し、伝統的な労働組合運動の限界を厳しく指摘するなど、日本でも議論を呼びそうな論点が満載である。

　日本に住む読者諸氏が、本書を活用して大いに議論し、人類史の方向転換に使っていただければうれしい。

　最後に、多忙のなかで協力してくれた先述の翻訳チームの諸氏、そして、本書の編集、出版にご尽力いただいた法律文化社の小西英央氏に感謝したい。

　　2016年4月15日

　　　　　　　　　　　　　　　　　　　　　　岡野内　正

索　引

あ 行

ILO　51, 241

アイルランド　78, 115, 133, 139

アフリカ　35, 142, 144, 148, 160, 163

アメリカ　i, v, vi, 26, 38, 41-43, 45, 49, 50, 52
-54, 57, 59, 60, 62-64, 66, 69-71, 74-80, 82,
83, 85, 86, 92-94, 96, 101, 103-106, 108, 109,
111, 112, 115-119, 121, 122, 125-128, 130,
133, 134, 136, 138, 139, 142, 143, 150, 156,
165, 174, 182, 186, 194, 196-198, 200, 201,
203, 207, 209, 212, 214, 216, 217, 220, 221,
223, 233, 240, 243, 244, 253, 263

アラスカ恒久基金　260

alternativi　99, 116

アレント, ハンナ　3, 170, 239

安全保障　15-18, 39, 46-48, 67, 76-78, 87, 88,
136, 140, 165, 170, 183, 186, 189-191, 206,
207, 214, 215, 217, 222, 224, 226-229, 239,
246, 249, 250, 252, 254-258, 260, 263, 264,
266

Ｅ　Ｕ　70, 133, 139, 142, 147, 149, 150, 153,
174, 214

イギリス　i, vi, x, 22, 24, 52, 53, 57, 59, 60, 64,
68, 72-75, 78-82, 84-86, 92, 93, 95-97, 99,
100, 102-104, 106, 111, 113, 118, 120, 121,
130, 133, 139, 141, 144, 145, 149-153, 165,
174, 181, 182, 185, 198, 202, 203, 207-211,
213-215, 219, 221, 231, 237, 243, 244, 249,
252, 254, 262

イスラエル　i, 102

イスラム　147, 221

イタリア　xi, 6, 7, 14, 51, 57, 78, 79, 84, 96, 99,
103, 115, 116, 118, 121, 130, 141, 142, 150,
163, 165, 215, 217, 218

移民の「脱領域化」　136

インターネット中毒　185

インド　6, 39, 41, 42, 74, 123, 130, 139, 140,

149, 159-161, 163, 164, 205

インドネシア　41, 42, 160

インフォーマル労働者　10, 140

インモラル・ハザード　164, 175

ヴァカン, L.　192

ウェーバー, マックス　10, 12

ヴェルヌ, ジュール　167

エーレンライク, バーバラ　32, 250

エスピン・アンデルセン, G.　62

NGO　79, 239, 240, 243

エリート　vii, 11, 37, 74, 77, 107, 108, 116,
218, 220, 224, 229, 242, 250, 251, 263, 266

縁故資本主義（クローニー・キャピタリズム）
217

オーストラリア　59, 133, 139, 150, 152, 153,
243

オバマ, バラク　82, 109, 143, 202, 216, 217,
220, 221, 223, 239

オプトアウト（同意の取り消し）　204

オランダ　59, 83, 118, 121, 130, 164, 165, 219

か 行

開業権　230, 232

カウンセリング　183

家計恐怖症　181

家族賃金　90

カタール　159, 164

カナダ　51, 118, 139, 165, 253

環境税　260

韓　国　22, 32, 82, 83, 91, 112, 150, 253

監視-産業複合体　197

感情労働　176, 178

カンボジア　42, 154

企業の商品化　44-46, 60

技術労働者　107, 108

義務投票制　268

キャッテル, R. B.　126

給付付き勤労所得税額控除　69, 81

283

共同交渉（collaborative bargaining）　247

協同的自由（associational freedom）　245,
　249, 267

共和主義　226

ギリシャ　i, xi, 19, 20, 78, 84, 115, 121, 130,
　163, 170, 173, 187, 266

金権政治支配層　vii

金融資本　8, 45, 160, 250, 251, 258, 259

金利生活者　41, 259

クライン，ナオミ　217

グローバル資本主義に統合。　45

グローバル資本主義　44, 50, 64, 66, 154, 164

ケ ア　89, 91-93, 123, 127, 130, 135, 145, 151,
　170, 174, 182, 183, 219, 241, 242, 246

経営の商品化　61

ケイパビリティ　180, 183

啓 蒙　37, 101, 102, 104

契約化　56

ケインズ，ジョン・メイナード　235

現金移転　260, 261

原初的反抗　ii, 5, 200, 245

高額控除免責金額付き医療保険　63

公共空間　ii, 171, 188, 189, 245, 263, 264, 266

公共圏　234, 264, 265

行動経済学　202, 204

功利主義　166, 193, 206, 225, 227, 243, 255

コーエン，ダニエル　85, 99, 103

コース，ロナルド　44

個人主義　39, 226, 265

戸籍制度　156, 157

コミュニティ　17, 18, 20, 33-36, 40, 60, 66, 67,
　70, 84, 94, 99, 102, 146, 162-164, 186, 188,
　220, 232, 239, 240-242, 244, 245, 247

雇用可能性（エンプロイアビリティ）　97,
　103, 116, 177, 183, 205

ゴルツ，アンドレ　11

コンディショナリティ　204, 205, 227, 245,
　252, 253, 257, 260, 267

コンピテンシー　16, 177

さ 行

サイコロジカル・ディタッチメント　86, 187

再生産のための仕事　180-182

在特会　222

サウンドバイト　216, 265

サバティカル　234

サラリーマン階級　iv, 11-13, 21, 25, 37, 46,
　48, 56, 57, 59-62, 67, 74-76, 78, 80, 89, 115,
　116, 149, 171, 172, 176, 179-181, 224, 229,
　236, 237, 247, 249-251, 263

サルコジ，ニコラ　103, 142, 219

サンテリ，リック　220

幸せの科学　206

自営業　12, 73, 98, 121

シェンチェニズム（深圳主義）　194

時間短縮　82, 83

仕事・余暇交付金（work-and-leisure grants）
　267

仕事権　241, 242

市場社会　87, 101, 105, 167, 171, 175, 177, 186,
　187, 200, 214, 232, 255, 257, 261

下からの逆監視　195, 196, 224

シチズン（市民）　ii, 19-21, 47, 48, 103, 136
　-138, 149, 165, 170, 210, 214, 220, 224, 225,
　229, 244, 266, 267

シチズンシップ　15, 18, 21, 137, 140, 147, 152,
　153, 166, 170, 230, 231, 260, 261

失業の罠　211, 254

自発的失業　178

市民化　230

市民社会　xii, 78

社会工場　57, 171

社会的記憶　35, 188

社会的工場　193

社会的所得　13, 17, 18, 61, 62, 64, 66, 76, 89,
　98, 140

社会的保護　39, 40, 52, 138, 151, 163, 164, 220,
　242, 254, 257

社会的連帯　12, 33, 39, 84, 99, 165, 226, 227,
　236, 255

社会扶助　17, 21, 39, 141, 151, 165

社会保険　17, 33, 34, 58, 67, 84, 127, 151, 152, 157, 255, 257, 258

社会民主主義　xiii, 8, 15, 86, 90, 115, 152, 212, 216, 217, 227, 250, 267

シャハー，アイェレット　260

自由至上主義　4, 8

熟　議　170, 191, 264-267

条件付き現金給付（CCTs）　204, 205

職業移動　26, 27

職業民主主義　232

職場外勤務　57, 58

シンガポール　199

新興市場経済　99, 154-156, 159

新自由主義　1, 2, 8, 9, 20, 39, 40, 58, 59, 67, 76, 85, 101, 106, 117, 188, 189, 192, 193, 198, 216, 217, 225, 227, 228, 232, 245, 247, 255, 263, 267

人種プロファイリング　136

新ダーウィン主義　192

人的資源管理　17

人的資本　100-102, 111, 178, 187, 233

スイス　50, 164

スウェーデン　i, 85, 102, 118, 161, 164, 197, 219, 243

スピーナムランド制　81, 209

スペイン　i, xi, 53, 67, 75, 79, 82, 84, 85, 100, 115, 118, 130, 138, 150, 165

スロー・タイム　261

政　党　xi, 15, 215

世界銀行　48, 103, 205

接続性　184-186

ゼノフォビア（外国人嫌悪）　146

セルフ・サービス　181

ゼロ時間契約　54

選択アーキテクチャ　193, 202, 205, 208, 228

専門技術職階級　11, 12, 22, 37, 59, 126, 172, 176, 180, 181, 240

相　続　254, 261

ソーシャルメディア　28, 184, 185, 195, 196

ソブリン・ウエルス（キャピタル）・ファンド （政府系投資ファンド）　259

ソ　連　41, 52, 53, 61, 213

た　行

タ　イ　41, 42, 154

第三次化　23, 40, 57, 58, 71, 125

第三次的　171

　──企業　48

　──時間　173

　──仕事　172

　──社会　29, 169, 172-174, 176-179, 181, 238, 248, 250

第三の道主義　227

退職金制度　63

脱技能　180

脱工業化　8, 57, 84, 99

多文化主義　231, 233

地方主義（ローカリズム）　261, 267

中　国　6, 7, 39, 41-44, 56, 61, 65, 109, 113, 123, 130, 132, 140, 144, 149, 150, 153, 155, 156, 159-163, 168, 194, 197, 200, 266

中産階級　viii, xiii, 10, 30, 35, 66, 68, 86, 91, 112, 113, 151, 161, 166, 211, 213, 218, 227

チュニジア　i, 148

帳簿外雇用　150

チ　リ　i, 58

追加労働者効果　122

デジタル排除　203

デニズン　ii, 19-21, 130, 137-139, 141, 147, 149, 153, 155-157, 164, 170, 229-231, 259, 263, 264

デニズンシップ　138, 140

デュルケム，エミール　30

テレワーカー　58

デンマーク　xi, 85, 121, 212, 219

ドイツ　14, 23, 36, 42, 45, 53, 57, 61, 70, 82, 84, 92, 107, 108, 118, 121, 133, 139, 143, 147, 148, 165, 216, 230, 243

東　欧　145-147, 149

トービン税　260

トクヴィル，アレクシ・ド　213

独立自営農民　12
土地改革　157
トムスン, E. P.　167
トライアンギュレイション　51, 56
トルコ　i, 147, 148

な　行

二級市民　51
二重処罰　130, 230
日本　ii-x, 2, 13-15, 22, 25, 26, 42, 45, 49-52,
　　61, 62, 86, 88, 90, 91, 98, 110, 115, 118, 125,
　　150, 160, 161, 174, 199, 222, 253
認知行動療法（CBT）　183, 207, 208
ネオ・ファシスト　38, 221, 268
ネオ・ファシズム　218, 224, 229, 232, 258
ネグリ, トニー　3, 190

は　行

ハーバーマス, ユルゲン　3, 264
バーレーン　159, 164
ハイエク, フリードリヒ　58
ハクスリー, オルダス　49
パターナリズム　25, 43, 200, 204, 206, 226,
　　227, 241, 245, 252, 267
　　リバタリアン・――　202, 204, 205, 207-
　　209, 224, 228, 261, 262
パノプティコン　193, 194, 196-198, 200, 208,
　　227, 228, 233
ハビトゥス　189
ハンガリー　121, 215, 219
バングラデシュ　6, 42, 140, 152, 154, 161
ピグー, アーサー　170, 182
非自由主義的民主主義（illiberal democracy）
　　218
ヒューム, デヴィッド　255
平等主義　266
「美容」療法　179
貧困の罠　73, 211, 253, 254
不安定性の罠　72, 73, 100, 109-111, 116, 165,
　　189, 211, 244, 262
フィシュキン, ジェイムズ　265

フィンランド　121
フーコー, ミシェル　3, 57, 130, 193
福祉国家　x, 12, 13, 61, 66, 84, 152, 264
負の所得税　253
普遍主義　227, 245, 254, 265
ブラジル　i, 150, 205, 253, 267
フランス　13, 16, 24, 26, 57, 84-86, 92, 98, 103,
　　118, 121, 125, 130, 142, 148-150, 165, 218
フリーター　i, 14
フリードマン, ミルトン　58, 227
ブルガリア　142, 219
ブルジョワジー　vii, viii
ブルデュー, ピエール　3
ブレア, トニー　198, 231
プロレタリアート　vii, viii, xi, 9-11, 13, 25,
　　31, 37, 55, 61, 90, 140, 154, 157, 167, 171, 191,
　　227
ペイン, トマス　254, 261
ベヴァリッジ, ウィリアム　68
ベーシック・インカム　vi, 2, 165, 251-254,
　　256-258, 260-263, 265, 266, 268
ベック, グレン　221, 222
ベトナム　42, 161, 162, 164
ベルギー　59, 121, 130
ベルルスコーニ, シルヴィオ　7, 103, 141,
　　217, 218, 268
ベンサム, ジェレミー　193, 202, 205
ホームレス　31, 52, 94, 124, 145, 146, 256
ポーランド　xi, 163, 215
保険のための仕事　176
ポピュリスト　v, 134, 141, 143, 147, 224, 253,
　　265
ポピュリズム　v, ix, x, 6, 38, 143, 162, 166,
　　192, 213, 219, 220, 229, 246, 266
ホブズボーム, エリック　5
ポラニー, K.　96, 239, 247
ボランティア　79, 121, 127, 146, 153, 239-242,
　　244, 267

ま　行

マルクーゼ, ヘルベルト　3

マルクス, カール　10, 235
マルクス主義　vi-viii, 14, 57
マルチタスキング　29, 184, 191
マレーシア　154, 164
南アフリカ　51, 133, 144, 264
ミル, ジョン・スチュアート　234
民主主義　x, 191, 215, 222, 224, 245, 264-267
無給休暇　54, 75, 106
メキシコ　134, 142, 143, 205, 253
メリトクラシー　198
モラル・ハザード　83, 164, 175, 243, 254
モリス, ウィリアム　234, 235

や 行

有職者中心社会（jobholder society）　239, 265
優性効果　49
遊牧民　4, 19, 116, 132, 146, 266
ユーロ・メーデー　i, 2-5, 245
余暇の貧困　188

ら 行

ライフ・コーチ　75
ラオス　154, 162, 164
ラッセル, バートランド　207, 235
ラテンアメリカ　205, 260
リモート（在宅）勤務　79, 111, 116
ルーマニア　142, 219

ルンペンプロレタリアート　14
レイシスト　218, 222
レイシズム　143, 147
レジデンスシップ　230
労働運動　12, 64
労働組合　ix, x, 2, 3, 8, 9, 15, 16, 40, 50, 52, 53, 55, 56, 65, 76, 77, 84, 115, 116, 138, 154, 155, 161, 223, 246, 247, 268
労働者階級　vii, viii, xiii, 8-12, 14, 15, 34, 35, 67, 68, 90, 93, 95, 99, 100, 149, 151, 152, 188, 189, 219, 221
労働者協同組合（ワーカーズ・コレクティブ）　247, 248
労働中心主義　viii, xii, 2, 25, 26, 33, 98, 99, 117, 151, 171, 188, 210, 212, 226-229, 236, 237, 241
労働の脱商品化　62
労働のための訓練　176, 177
労働のための仕事　57, 71, 175, 180, 190
労働倫理　36
ロシア　130, 168
ロマ民族　141, 142, 218, 219

わ 行

ワーキングプア　14
ワーク・ライフ・バランス　110, 123, 171
ワークフェア　39, 209, 211-213, 217, 224, 242, 243, 254

著者・訳者紹介

■著　者

ガイ・スタンディング（Guy Standing）

ロンドン大学アジア・アフリカ研究学院（SOAS）開発学教授（2012年～現職）。1972年にイリノイ大学にて労働経済学・労使関係論にて修士、1977年にケンブリッジ大学にて経済学博士号取得。1975～2006年、国際労働機関（ILO）にて、雇用開発局人口労働政策課エコノミスト、雇用局労働市場調査調整役、中東欧センター主任、雇用局労働市場政策主任、グローバル・レイバー・フレキシビリティに関するILO特別プロジェクト主任、ILO再編チームメンバーなどを経て、最後の7年間は、社会経済的安全保障プログラム主任。2006～2009年、オーストラリアのモナシュ大学労働経済学教授、2009～2013年、イギリス、バース大学経済的安全保障論教授を経て現職。ベーシック・インカム研究の国際学会であるBIEN（ベーシック・インカム地球ネットワーク）の創設メンバー、名誉副会長。European Journal of Industrial Relations、Development and Change などの学術雑誌編集委員。

■監訳者

岡野内 正（おかのうち ただし）　　　　　日本語版への序文・まえがき・第1章・第2章
法政大学社会学部教授
〔学歴〕
大阪外国語大学（アラビア語、学士）B. A.
同志社大学大学院（経済学、修士）M. A.
〔著作〕
『グローバル・ベーシック・インカム構想の射程』（法律文化社、2016年）〈予定〉
〔翻訳〕
岡野内正著・訳、クラウディア・ハーマンほか著『グローバル・ベーシック・インカム入門─世界を変える「ひとりだち」と「ささえあい」の仕組み』（明石書店、2016年）

■訳　者

藤田 理雄（ふじた みちお）　　　　　　　第3章・第5章・第6章・第7章
法政大学大学院経済学研究科博士課程　在学中

川崎 暁子（かわさき あきこ）　　　　　　　　　　　　　　　　　　　　第 4 章
法政大学大学院経済学研究科博士課程　在学中
〔翻訳〕
ジェーン・ハンフリーズ著「市場と世帯経済―産業革命期イギリスにおける家族の経
験」（原信子編著「福祉国家と家族」法政大学出版局、2012年）
江沢あや著「戦争と国際結婚―終戦後の日蘭カップルを事例に」（原伸子・岩田美香・
宮島喬編著『現代社会と子どもの貧困―福祉・労働の視点から』大月書店、2015年）

Horitsu Bunka Sha

プレカリアート
──不平等社会が生み出す危険な階級

2016年6月5日 初版第1刷発行

著　者	ガイ・スタンディング
監訳者	岡野内　正(おかのうち ただし)
発行者	田靡純子
発行所	株式会社 法律文化社

〒603-8053
京都市北区上賀茂岩ヶ垣内町71
電話 075(791)7131　FAX 075(721)8400
http://www.hou-bun.com/

＊乱丁など不良本がありましたら、ご連絡ください。
　お取り替えいたします。

印刷：共同印刷工業㈱／製本：新生製本㈱
装幀：谷本天志
ISBN978-4-589-03780-0

Ⓒ2016 Tadashi Okanouchi Printed in Japan

JCOPY 〈㈳出版者著作権管理機構 委託出版物〉

本書の無断複写は著作権法上での例外を除き禁じられています。複写される
場合は、そのつど事前に、㈳出版者著作権管理機構(電話 03-3513-6969、
FAX 03-3513-6979, e-mail: info@jcopy.or.jp)の許諾を得てください。

広島市立大学広島平和研究所編

平和と安全保障を考える事典

A 5 判・710頁・3600円

被爆70年を経過したいま、日本は、そして世界はどれだけ平和となったのか？　200名を超す研究者らが平和と安全保障に関する10分野の約1300語を解説し、平和研究のこれまでの到達点を示す。今後の研究のバイブルとして必携の書。

日本平和学会編

平和を考えるための100冊+α

A 5 判・298頁・2000円

平和について考えるために読むべき書物を解説した書評集。古典から新刊まで名著や定番の書物を厳選。要点を整理・概観したうえ、考えるきっかけを提示する。平和でない実態を知り、多面的な平和に出会うことができる。

上村雄彦編

グローバル・タックスの構想と射程

A 5 判・198頁・4300円

地球規模の問題を解決する切り札となりうるグローバル・タックスの実現へ向け、学際的に分析し、実行可能な政策を追究。公正で平和な持続可能社会の創造のための具体的な処方箋を提起する。

福田邦夫監修／小林尚朗・吉田 敦・森元晶文編著

世界経済の解剖学
―亡益論入門―

A 5 判・296頁・2600円

資本主義が地球全体を覆っていく過程をたどり、多くの犠牲と引き換えに〈繁栄〉がもたらされ、一握りの少数者が資本を独占するいびつな構造を明らかにする。世界各地の事例から最新の問題状況を抽出したコラムも収録。

松島泰勝著

琉球独立への経済学
―内発的発展と自己決定権による独立―

A 5 判・232頁・2500円

米軍統治時代から現在まで続く琉球の植民地経済の詳細な分析を踏まえ、内発的発展と自己決定権による琉球独立への方法とロードマップを明示する。独立後の「琉球連邦共和国」における国家像や経済自立策も提言する。

―――――― 法律文化社 ――――――

表示価格は本体(税別)価格です